大清孤儿

——清末传统士人的宿命解读

扎不棱◎著

九州出版社
JIUZHOUPRESS

图书在版编目（CIP）数据

大清孤儿：清末传统士人的宿命解读 / 扎不棱著 .—北京：九州出版社，2008.6
（历史深处）
ISBN 978-7-80195-816-7

Ⅰ. 大… Ⅱ. 扎… Ⅲ. 中国—近代史—通俗读物 Ⅳ. K250.9

中国版本图书馆 CIP 数据核字（2008）第 076096 号

大清孤儿：清末传统士人的宿命解读

作　　者	扎不棱
出版发行	九州出版社
出 版 人	徐尚定
地　　址	北京市西城区阜外大街甲 35 号（100037）
发行电话	（010）68992190/2/3/5/6
网　　址	www.jiuzhoupress.com
电子信箱	jiuzhou@jiuzhoupress.com
印　　刷	北京捷迅佳彩印刷有限公司
开　　本	720×1020 毫米　16 开
印　　张	16.5
字　　数	210 千字
版　　次	2008 年 6 月第 1 版
印　　次	2008 年 6 月第 1 版　第 1 次印刷
书　　号	ISBN 978-7-80195-816-7/K・141
定　　价	29.80 元

前　言

自汉武帝独尊儒术后，传统士人想要实现这一理想，只能与其他人一样，绑在同一根柱子旁，柱子上写的全是“礼义廉耻，忠君爱国”。两千多年后，一批士人同样被绑在这根柱子旁，并且在努力实践着这柱子上的文字，但让他们想不到的是，这根柱子在一夜之间轰然倒塌。

对此最感痛心疾首、失魂落魄的是一部分传统士大夫们——他们无法面对自己的梦境被击碎，在奔走呼号间，他们几乎动用了全部的身心力量来对抗眼前所发生的一切。

在这群失魂落魄、失去了靠山的传统士人的内心深处，虽然还是承认大清国，但效忠的方法已经改变：康有为用西方思想来救中国；盛宣怀则把眼光投向了他自认为无所不能的经济；岑春煊“不合时宜”地忙于埋头实干；陈夔龙则努力地把官做大做强；王闿运在那里苦心寻觅，想做帝王师；王国维固执于清士名节；罗振玉在“立言”的同时想要“立功”；谭延闿不管是大清还是民国，照旧混世，而冒鹤亭却回首晚明，在祖先的背影里寻找寄托……

正如同无数河流最终都要归于大海一样，当整个中华大地失去了传统帝制存在的土壤，到处是异样的事物，到处是别样的枪声时，没有人可以守住自己的那块传统士人本应该固守的领地，他们最终不可避免地要在时代发展的大潮中渐归消亡……

目录

1. 谭延闿：翩翩混世的“士大夫”

从严格意义上而言，湖南人谭延闿算不得士大夫：大清一亡，他立即转向，毫不踌躇。从此后，开始游走于武夫间，并最终死得其所。观他的一生，从前清的进士到民国的行政院院长，似乎官运亨通，如同五代时期的“长乐老”冯道，任何人，他都能攀得上；任何地方，还都需要他。他的宿命恐怕是每个时代都存在的一种现象，那就是：用明目张胆的无耻与自以为翩翩的态度来混世，以为如此，富贵荣华就会向他敞开大门。

2. 陈夔龙：最传统的中国士大夫

陈夔龙身上有两个地方最符合守旧的传统士大夫的特征：一个是不喜欢新事物，另一个就是懂得如何把官做大做强，做得了无痕迹，却又被人交口称赞。作为守旧传统士人典型的代表，陈夔龙的一生完全是按照其固有的宿命走完的。其坚固不变的“忠”与“节”，在变革的大时代，更充满了悲剧的色彩。

3. 王闿运：“帝王师”之梦的幻灭

王闿运后来对自己求仕与入幕曾作过一番总结：“人各喜用其所短，如儒生言兵，经生言文是也。余少长兵间，人皆以文人待之，而独喜经世。”这正是一部分中国传统知识分子所遇到的难题——本来，他们是希望自己成为厨师，可偏偏有人认为他们是美食家。他们对于时人将自己视为文人深感失望。在王闿运看来，此为用其之短，而其真正之长——辅助帝王将相之才却未被重用。

4. 康有为：一生，一个信念

毛泽东曾在《论人民民主专政》一文中说："洪秀全、康有为、严复和孙中山，代表了中国共产党出世以前向西方寻找真理的一派人物。"康有为，这个寻找真理的人，一生都没有改变他心中的理想。这种精神太值得我们敬佩了！

5. 冒鹤亭：沉于"晚明想象"的死水中

1959年，冒鹤亭去世。冒老先生走得很平静，很安详。四十八年前的1911年，冒鹤亭三十八岁，正沉浸于"晚明想象"中。再向前半年，他正在夕照寺举行那场盛大的宴会。他历仕三朝，安享晚年。却不知，早在他二十岁那年，他的中国名士身份就已经死掉了。

6. 岑春煊：一个彻头彻尾的实干家

当时的一位外国人写过一本书，对岑春煊在广东“屠”官的行为评价说：“（岑春煊在）当今中国是个不合时宜的人。目前中国正处在变革时期，需要的是善于妥协与和解的建设性政治人才，而岑春煊则太过强硬、不屈不挠，因此难当大任。”不过我觉得此话有百分之八十不妥。他根本不了解中国在1900年后最需要的就是岑春煊这样实干型的人。

不过，从另外的角度讲，清廷已是千疮百孔行将入木的腐烂之躯，这样的实干家已经不可能让国家起死回生了。

7. 梁鼎芬：忠贞，永不终结

梁鼎芬先生临死前并没有见到一批爱国青年焚烧民国官宅的那场大火（五四运动）。就在1919年，梁先生已卧病在床多日，有资料说，他当时连一口像样的饭都吃不上。这位清朝光绪年间的进士，最高做到布政使一职的中国士大夫，临死前始终不肯与已生存了八年的民国握手言和。从政治取向考察，他确是一个螳臂挡车的不识时务的悲剧角色，作为传统士大夫，他一直以为民国只是改朝换代的换汤不换药的一个王朝而已。他自己对西学也颇有研究，可他始终不认为，西方的那一套可以救中国，中国只有自救，只有大清皇帝可以救。

可如果我们从道德层面来解析梁鼎芬，他不正是一个具备了高尚人格和完美追求的士大夫吗？只不过，身在此山中，他

永远都不知道，身为传统士大夫的他已经被一种新的政治制度与新的道德终结了。

8. 罗振玉与王国维：恩怨有奇缘，留名别天渊

在20世纪的中国，有两位国学大师承前启后，是学术界最有成就的少数佼佼者，他们共同创立的“罗王之学”，以重建中国上古史为目标，进行了划时代的研究，把中国历史向上推进了一千余年，从而取得了卓越成果。这两人一个是罗振玉，另一个是王国维。但罗振玉与王国维的身后评价却有天壤之别。王国维可谓“一世英名”，而且他的死还让罗振玉背上诸多骂名；罗振玉这位自小立志要做命世名臣，在晚清从民间入仕途，办新农业，办教育，希图革故鼎新，教养天下，一生涉足党争，有浓厚的政治色彩的士大夫，后来不仅以顽固的清朝遗老身份处世，在晚年，还上演了一段出仕伪满的不光彩的闹剧。

9. 盛宣怀：亦官亦商的奇人

作为中国近代士人想要以经济力量来治国平天下的代表，盛宣怀给了人们一个像模像样的答案。

1916年盛宣怀去世，他的子女因为他留下的两千万两银子而大闹了一场。因为这笔两千万的糊涂账，盛宣怀一直遭受着责骂。盛宣怀是一个过渡性人物。他从士大夫过渡到了商人，最后却没有返回到士大夫的身份上去，且在死后，遭到了许多人的诟骂。谁让他亦官亦商，亦中亦洋，又赚了那么多钱呢？

10. 梁启超——“万变不离其宗”的前行者

回顾梁启超先生的一生时，我们会发现，梁启超的一生可谓是“多变”的人生：由改良而倾向革命，复又回归改良，由拥袁（世凯）而后反袁，由投段（祺瑞）而后离段。用他自己的话说是“不惜今日之我与昨日之我斗争”。然而梁启超的一生又是“不变”的人生，他的爱国之情、新民之志、变革之心从始至终都没有变过。生前，梁启超最欣赏的两个政治家是日本的吉田松荫和意大利的加富尔，这两人也是善变之辈。而梁启超则称他们为善变的豪杰：“大丈夫行事磊磊落落，行吾心之所志，必求至而后已焉。若夫其方法随时与境而变，随吾脑识之发达而变，百变不离其宗，但有所宗，斯变而非变也。此乃所

以磊磊落落也。”

从严格意义上而言，湖南人谭延闿算不得士大夫：大清一亡，他立即转向，毫不踌躇。从此后，开始游走于武夫间，并最终死得其所。观他的一生，从前清的进士到民国的行政院院长，似乎官运亨通，如同五代时期的“长乐老”冯道，任何人，他都能攀得上；任何地方，还都需要他。他的宿命恐怕是每个时代都存在的一种现象，那就是：用明目张胆的无耻与自以为翩翩的态度来混世，以为如此，富贵荣华就会向他敞开大门。

谭延闿

翩翩混世的“士大夫”

浊世翩翩小妾儿

湖南人谭延闿年轻时有两件事让他非常难过：一件事是总有人称他为“小老三”；另一件事则是，他考中的本是进士第一名，但因为是湖南人，又姓谭，所以被一些官员生生给抹下去了。

针对第一件事，他特意问过自己的母亲。他的母亲哭丧着脸对他讲：“因为我是你父亲的小老婆，你为庶出，所以大家才叫你‘小老三’呀！”[①]

懂事之后，谭延闿才知道，自己的母亲原是父亲家里的丫鬟，后来被父亲纳为妾，肚子倒有出息，生下了谭延闿，可待遇与尊严上并没有得到太大改善。全家吃饭时，大奶奶二奶奶舒服地坐在那里吃，她必须站立一旁服侍家主，等大奶奶二奶奶吃得肚皮鼓鼓去睡觉了，她才可以上桌。

谭延闿知道自己因为是小妾的儿子而受到这样的待遇后，很是愤怒。所以即使他后来老婆死掉了，他也坚持不再娶。

民国五年，他的妻子病逝，此时，谭延闿正值中年，最该有个女人的时候，可他坚持不续弦。民国九年，他最崇拜的孙中山先生亲自为之做媒，也被其婉言谢绝。谭延闿生母去世时，其住宅在谭家祠堂之后进，灵柩出门，须经过祠堂大门，族中人谓非正室灵柩，不准从正门抬出去。谭延闿乃仰睡于灵柩之上，声称自己已死，令人将灵柩由大门抬出去，族人无法阻挠。这可以看做是为其母亲争了一口气。

不过，他母亲的身份倒是对他后来的为人处世起到了相当大的作用。想想看，一个总看人脸色活着的人，从小就学会了如何委曲求全，如何小心行事。按俗话来讲就是，小心走路，不敢大声说话，不敢得

---

① 《谭延闿——政坛不倒翁》，许顺富著，广西师范大学出版社，2007 年 3 月版，第 15 页。

罪任何人。

而第二件事，谭延闿知道后很是气愤了一阵，但随着年龄的增长，时势的变化，他也就释怀了。事情是这样的：当年会试的时候，谭延闿本是第一名，理应参加殿试，但因为他和谭嗣同同姓的缘故，主考官们怕惹老佛爷慈禧不高兴，于是思量再三，最终决定把他的名字从殿试名单中剔除，后来慈禧看中了刘春霖的试卷，因为当时大清太需要“春风化雨、甘霖普降”了。这个故事我们早有耳闻，却想不到倒霉鬼居然就是谭延闿。①

谭延闿出生于杭州，当时正是他父亲任浙江巡抚时。他七岁开始读书，把书读得很让人吃惊。他父亲虽然有几个儿子，但大都不成器，只有这个小儿子谭延闿被他认定是读书的好苗子。

光绪十八年（1892 年），谭延闿从福州回湖南应童子试，入府学为附生。二十三年（1897 年）应乡试优贡，中。谭延闿二十八岁时中了举人。光绪三十年（1904 年）中进士，被点为翰林，同年七月到职，但不久，他的老父亲死了。谭延闿就请假回到湖南。

回到湖南后，他就遇到了一件古怪事。当时革命党人黄兴、宋教仁等创立华兴会，筹备在长沙发动起义。不过不幸的是，提前就有人把消息放了出来，湖南巡抚密令相关人等捉拿这二人。谭延闿知道这一消息后，请负责追捕两人的官员吃饭，替二人说好话。当时，清政府的大部分官员都是只吃饭不干活的懒狗，吃了谭延闿的饭，大家彼此又很熟，就把追捕的步伐放慢下来，黄、宋二人得以逃脱。

湖南人在赶革命时髦上非常有先天优势，大概是盛产辣椒和穷得要死之缘故，但凡湖南的读书人似乎都看不惯清政府的一切。谭延闿虽然是清政府钦定的进士，可在周围人的影响下，“立宪”、“改良”等让清政府非常头痛的新名词，谭延闿却学得很快。可以说，这个时期

① 《民国遗事》，阎魁著，山西人民出版集团，2007 年 2 月版，第 152 页。

的谭延闿是激进的。

修铁路，或者说让铁路权掌握在中国人手中，是谭延闿一直为之努力的事情，从他回到湖南直到辛亥革命前，谭延闿一直在铁路方面奔走筹办，可以说是功不可没。

辛亥革命爆发之前，他在湖南投入了“保路”运动，与四川的保路运动遥相呼应。但清政府不让人民保护铁路，而是帮着帝国主义争夺铁路，保路运动失败后，谭延闿对清廷失望到极点。但失望归失望，他还是没有革命的想法。因为他是立宪派，立宪派是维护清政府的，革命派是要革清朝性命的。谭延闿即使再激进，他老子当年的谆谆教诲还依稀可闻，他也不可能全都给忘了。

当时，革命派与立宪派准备合作，一起跟清政府摊牌。谭延闿参加了谈判会议，他旗帜鲜明地表明，即使清政府是没有救了，但也不至于每个人都要背着一包炸药冲上去玩命，应该用文明的方式“革命”，即所谓“文明革命”，“换旗换印”。

这一下就把革命派的人惹恼了。想当年，陈胜革命为了什么？还不是为了吃点好的，在社会上有个地位？“文明革命”是什么？不就是清政府把旗换了，把官员的官印换了，然后继续当他们的官！

革命派哪里肯干！他们为什么要革命？目的就是要把清政府推翻！这种“换主子不坏尊卑秩序”的思想显然不能为革命派认可。

于是，好战分子——湖南的新军首领焦达峰、陈作新发动起义，当上了都督。谭延闿只能站在那里看，摇着头。

焦达峰并不会照顾老谭的情绪，他在湖南一宣布革命，湖北方面也开始宣布独立。清政府派出袁世凯进攻湖北，湖北方面慌忙要焦达峰来援助。焦达峰当年二十四岁，胆子大，敢想敢做，立刻着手组织军力支援湖北前线。

谭延闿见焦达峰没有时间理自己了，意识到自己可不能颓废，于是用他在湖南的影响力召开咨议局，要成立军政、民政机构，要搞省宪法。他的目的很简单，就是要限制焦达峰的都督权力，与焦达峰争权。可谭延闿有个致命的弱点——他没有军队。

不过老天很帮忙，焦达峰造反后，从邵阳赶到长沙的新军第五十协（团）第二营管带梅馨向焦达峰要求升官，焦达峰不但不给他，还训斥了他一顿，大意是：此时正是危急之秋，你不想着让湖北兄弟脱离危险之境地，居然要官做？做个屁！

要知道，当时的许多新军领袖都是流氓，至少对于清政府而言，他们骨子里就是流氓。新军，其实就是清政府给自己埋的地雷，后来果然踩上了。

梅馨见兄弟不给自己官做，心里很不是滋味。谭延闿适时地凑了上来，两人谈了谈当下时局，话题就转到焦达峰身上来了。谭延闿那么多书不是白读的，激将法用起来熟练得很。梅馨一气一感激，就答应谭延闿，跟着他再革命。

两人计谋已成，焦达峰却浑然不觉，将忠于自己的新军第四十九协主力悉数派往湖北，他身边一下就空了。

从大局来讲，焦达峰这样不顾自身安危，把所有军队都派上了湖北，的确是一种值得提倡的忘我的精神。如果不是新军第四十九协主力及时支援湖北，湖北的革命军早已经被袁世凯灭掉了。当时袁世凯的军队已经攻占了汉口，架起的大炮构造的火力网牢牢控制着革命军占领的汉阳与武昌。

那时的革命军，革命意志其实并不强。造反如同家常便饭，投降也如喝口凉水一样简单。袁世凯的大炮每轰一下，在武昌和汉阳的革命军心中的投降打算就加重一层。面临随时可能崩溃的局面，新军第四十九协主力来了，力量加强，人心凝聚，队伍就好带了。袁世凯方面，见革命党的人数还真的挺多，让这位盘算着保存实力的清廷大员没有急攻武昌和汉阳。这就使得革命军一方愉快地活了下来，继而赢得了宝贵的时间，这为后来全国响应的革命，促使清廷的倒台创造了一个很好机会。

但是奠定这大局的焦达峰却等来了人生的终点。他在长沙，身边没有多少兵，谭延闿与梅馨正是利用了这个局势，派出军队，将焦达峰及陈作新通通干掉。这一天是1911年10月31日，距武昌起义仅仅二十一天。焦达峰一死，按照事前约定，梅馨派人抬着一顶不知是从哪里找来的破轿子，匆匆地跑到谭延闿家里要抬他去都督府上任。

谭延闿这个时候有点慌了，因为来接他的士兵也是群饭桶，没有告诉他是谁派来的。大家一窝蜂地就冲进了他家，让他上轿。

谭延闿第一次表现出了读书人的懦弱，吓得号啕大哭，抓着门框，死也不肯出去。直到士兵说是梅馨派来的，他这才向老母妻儿大哭一回，然后依依不舍地走出门，再三回首。士兵们实在不耐烦了，就把他的脑袋摁进轿子，又把后半身推了进去，抬到了都督府。

在路上，他见轿子走得疯狂，士兵们的嘴巴里又全都是脏话，他还是不肯相信这是梅馨的士兵，一直在轿子里拼命祈祷。直到梅馨走出都督府，请他下轿，他这才笑成了一朵花。自此，长沙大权被谭延闿掌握在手。

二十多天后，在武昌的黎元洪也效仿他掌握了大权。

谭延闿掌握了长沙的大权，但他知道，这种权力很容易就会丧失。因为焦达峰的新军第四十九协还没有闹明白怎么回事，群情沸腾。谭延闿就将四十九协所有人都送上了湖北前线，他对这些人说，一定要革命，如今湖北正处在革命的困难阶段，我们要帮他们把革命进行到底。

这些人当然不会想别的，全都去了湖北。这些人一走，谭延闿当然还不能闲着，又把第五十协中的愤怒分子编到新的军队里，也送到前线去。他身边只留下梅馨的军队，做完这些后，他心里才有了底。但眼下只是在长沙安全了，湖北的战斗还在继续，谁胜谁负还说不准。

谭延闿一定要走好这一步，否则，将来说不定他会被拉到北京去砍脑袋示众。

他问梅馨，你说这革命算是成功了吗？

梅馨头脑简单，不知道。但他还是说了，应该成功了吧，大家不是一直在为了革命而战斗吗？①

这答案显然不能让谭延闿满意。他对当时的局势作了一番评定，评定结果让他忧心忡忡。在当时，即使新军闹得厉害，但在中国真正拥有强大武力的还是袁世凯。袁世凯被清政府委以剿灭革命党闹事活动的重任，清政府对其的支持可以想见。袁的军队训练有素，并且装备精良，新军在他眼里如同散兵游勇。如果不是袁世凯为了保存实力，武昌的新军恐怕早被他消灭了。

谭延闿衡量再三后，还是作出了决定"革命"的意向。他以湖南都督的名义，向全国发出通电，促使各省参加反清起义。

他这样做，倒不是他真的想革命，而是他怕自己身单力薄，一旦失败，自己去死，太难看了。大有找点垫背的意思。

不过，他鼓动大家造反，也有谋略。他特别对广西巡抚沈秉堃感兴趣。首先，沈巡抚是湖南人；其次，如果从广西向长沙南面出兵攻击湖南，大部兵力已抽调援鄂的湖南很有可能首先崩溃。谭延闿对这位老乡是又爱又怕。所以，连续电报，连续地派人去说服，很快，沈巡抚也是见到大清大势已去，就同意了宣布独立的要求。然后就是福建巡抚孙道仁，他对孙道仁可就没有对沈巡抚那么客气了，写了一封威胁信，说你要是不跟我们与大清摊牌，我们就把你在湖南家的房子充公，如果公家不要，就点火。你家的祖坟我也知道在哪里，到时候派人去给你刨喽！让你没有脸见你的列祖列宗。

孙道仁气得哇哇怪叫，但他也是读书人，不能让祖宗蒙尘，只好通电宣布独立。接着各地宣布独立的消息就此起彼伏，纷纷不断了，据说连云南蔡锷起义，也与谭延闿的督促有关。

---

①《谭延闿书札》，谭延闿著，商务印书馆，1998年6月版，第45页。

你很难想象，清朝末年，仅仅凭一张鼓励电文，就让整个中华大地的大部分省份宣布独立，宣布与清政府划清界限。暂把大时势抛去不谈，只就每个省的当家人本身来讲，他们可都是朝廷钦点的官员，百分之百是传统士大夫。说跟朝廷翻脸就翻脸，可以想见，当时的朝廷气数已尽了。

在帝制社会，尤其是明清两朝，士大夫能够中进士而且点翰林，是科举途上最荣耀的事情。一旦中进士、点翰林后，如果不犯大的原则性错误，仕途根本不用愁。大清末年，有两位进士走上了叛逆之路。一位是后来的北大校长蔡元培，另一位就是谭延闿。

谭延闿中会元在湖南可是一件惊天动地的事，在谭延闿之前，湖南已经有两百年没人中过会元了。那个顶着举人第五名的王闿运听说谭延闿中会元后，兴奋得几天没有睡觉，说是破了湖南的天荒。

但有什么用？这个破了湖南天荒的人让他后来很是愤怒，居然参加了反清革命。从湖南传统知识分子的角度来说，谭延闿后来不但没有让他们自豪，反而让他们大为感到羞耻。但更使他们羞耻的是，谭延闿并非真的革命。应该为他的“革命”二字加上一双引号，才是真正面目的谭延闿。

“革命”的好手

1911年11与11日，武昌新军营里，有人放了第一枪。这一枪有一个标志：书面上结束了中国帝制社会，进入了还不知道是什么的社会。直到现在，也没有人知道是谁放了那第一枪，那第一枪意味着，仅仅靠独立是不行了，必须要革命。

书面上，辛亥革命一成功，民国就建立了。

谭延闿开始了他第一次春风得意的督湘主政。他把形势看得相当清楚，一方面与看似前途光明的同盟会会员黄兴、宋教仁这两个湖南老乡拉上关系，同盟会一改成国民党，他则摇身一变成了国民党湖南支部的支部长，另一方面，他看到袁世凯虽然也宣布革命，但热情不高，就跟袁世凯主动搭讪。不久后，孙中山无奈之下让出大总统之位给袁世凯，谭延闿立即通电拥护袁就任首任民国大总统，不但嘴巴上说，手上也不含糊，拿了百万银子到北京，给袁世凯。袁世凯对这位识时务的俊杰很是满意，就宣布正式任命谭延闿为湖南都督。

不过没有多久，袁世凯在北京坐不住了，反对他的人手中都有兵，就是不反对他的人手上也有兵。他不能把自己的总统位置于火盆上。于是，下令裁军。谭延闿倒是很高兴，本来他就一直主张“文明革命”，打打杀杀的事，他干不来，所以不想干。最先响应袁世凯撤军的就是他，把军队裁撤掉后，他还真准备做点实事。面对湖南的穷困状况，他积极发展地方经济。先建立了省议会，颁布了新刑法；然后兴办大量的民营及省办的实业，修筑了第一条湖南的公路——长沙至湘潭公路；把清朝的田赋制度废除，让总是吃不饱又饿不死的湖南农民减轻了负担。由于自己是读书人，他很能认识到教育的重要，遂拿出大量经费办教育，选派公费留学生，好让他们回来把湖南穷人彻底解救出去。

正应了那句穷山恶水出刁民的话，湖南人好勇斗狠，野蛮之风刮得谭延闿很不舒服。于是，他极力推行移风易俗的新风，严禁斗殴，严禁种植吸食鸦片。

即使是今天来看，谭延闿的这一套政治措施都是非常开明的，湖南经他搞了三年，倒有点起色。可到了 1913 年，风云突变，中华大地又要狼烟四起了。

这一年，袁世凯看宋教仁很不爽，因为宋教仁正在搞民主议会制，一旦这一制度实行，袁大总统的权力就会受到限制，这是他不想看到的。他派人把宋教仁干掉，于是，早就看袁世凯不舒服，准备了多年却没有打响革命第一枪的孙中山发怒，准备重新来一场革命。

首先，国民党将袁世凯定义为人民公敌，然后号召各省都督独立，

⊙ **谭延闿**

谭延闿（1876—1930年）是中国现代史上的风云人物，他二十八岁点翰林，后与时偕行，支持立宪；辛亥鼎革，又赞成革命，追随孙中山，后与汪精卫合作，又与蒋介石结盟，直至逝世。且广交游，有"药中甘草"之誉；能治军，曾多次领军征讨，有"翰林将军"之称；善书法，为民国颜体第一人，时人以得其只字片纸为荣；喜吟咏，著有《祖盦诗集》《慈卫室诗草》《祖盦诗稿》等。

鸣鼓而攻之。

谭延闿急得要死，首先，他自己是国民党，国民党站出来要做事，他是没有任何理由推辞的。但是，要与袁世凯翻脸，他得有这个实力才成。当初，他把自己的军队裁撤了不少，根本就没有力量和袁世凯抗衡。难道他要用脏话和口水跟袁世凯斗争？

他本来想以这不是理由的理由不宣布独立的，但他手下时任湖南军事厅长的国民党成员程潜居然在短时间内编练出了三个步兵团及一个炮兵营，再加上原来剩下的唯一一个湘军第一师，凑起了两个师的兵力。

但谭延闿仍觉得这点力量根本不能与袁世凯翻脸，可国民党认为可以，那就可以。在短时间内，湖南周边的赣、苏、皖、闽、粤、川等省，都纷纷在国民党人的控制下宣布反袁独立。谭延闿当时是能拖一天是一天，但有一天，革命党人送来了一颗炸弹，随后又有人拿着手枪来让他独立。黄兴又再三来电督促，谭延闿只得在1913年7月25日悬挂出了讨袁军的大旗。但他事先已经给副总统黎元洪报告了，说实在是没有办法，人家拿手枪和炸弹来逼我，您得在袁大总统那里替我说几句好话。

他就这样一直活在恐惧中，让他高兴的是，不久，就传来了江西、江苏讨袁军失利的消息。他立即有所动作，开始削弱省内反袁的声音，让袁世凯对自己的恶感减轻。苍天助他，没多久，这年的8月份，黄兴在南京兵败出走，谭延闿马上于8月13日宣布湖南取消独立，然后给袁世凯的总理徐世昌发去密电，说“湖南独立，水到渠成，延闿不任其咎；取消独立，瓜熟蒂落，延闿不居其功”。

但是，袁世凯还是受不了这样一个佳人非要做贼，就让他进京待罪。同时命令汤芗铭为湖南查办使，率军进入长沙，取谭延闿而代之。谭延闿准备进京，老妈哭，老婆哭，他却一脸的无所谓。或许，他此时已经掌握了在这样的时局下生存下去的办法。在起程前，他就秘密遣人进京到副总统黎元洪处打通关节，摸清情况，然后请求黎元洪出面担保。黎元洪答应了他，他这才动身进京。

到北京后，谭延闿的担心劲才上来。在没有见袁世凯的那几天里，他吃什么都不香，睡觉要么睡不着，要么就梦见自己拎着自己的脑袋在街上转。

最终，他觉得还是做好准备，才有活命的机会。于是，打起了见袁世凯的腹稿：袁世凯怎样问，他怎样答，才能使袁满意。

当袁世凯召见他那天，他哆嗦着见到了袁世凯，一见面就诚惶诚恐地说：“延闿罪该万死，请求大总统饶恕！”

袁世凯不看他，他也不敢抬头，袁世凯不说话，他也不敢坐。僵持了一段时间后，袁世凯拍桌子大骂，他一听就高兴了，说明自己的命保住了。袁世凯见他确实悔过，且当时湖南没有比他更忠于自己的人选，但又不好不治罪，最后，才安慰了他一句：“那也不是你的过失。”不久，袁世凯为了儆猴，杀谭延闿这只鸡“四年有期徒刑”。随即又由黎元洪乞请，下令特赦，就这样，谭延闿毫发无损地离开了京城，先去了青岛，后来又到上海居住了一段时间。

谭延闿虽然人不在湖南，但对湖南的一切却非常关心，但他得知汤芗铭这个杂种在湖南不做一件好事后，气愤得要咬人。汤芗铭的所作所为无疑给他三年督湘的成绩画上了一个大叉。一切成就都被汤芗铭毁掉了。

他当时很想东山再起，可只要袁世凯在，他这个愿望就不可能实现。如今的他可是既得罪了袁世凯，又得罪了国民党，除非中华大地再出现一股势力让他投靠。三年后，他终于等来了一点希望。这一年，也就是 1915 年，袁世凯吃饱了想要做皇帝。“皇帝”这个东西又被人们记起，国民党早就等着机会重新拿回北京政权，袁世凯无疑是给了他们一个借口，蔡锷立即在云南举起反袁护国的大旗。

那个曾经在湖南组织了一个师的程潜向云南护国军借了一个营的兵力，取道贵州进入湘西，沿途不断招兵买马，很快就拥有了三旅之众。与此同时，广西陆荣廷的护国第二军也进入湘南，向北挺进。

局势危急，袁世凯希望在湖南的亲信汤芗铭帮自己一把。汤芗铭不但不帮，还跟袁世凯断绝关系，宣布独立反袁。

袁世凯气得死去活来，但无可奈何。一个星期后，他就死掉了。汤芗铭并没有因为反袁而得到湖南人民的欢迎。因为这杂种实在干尽了伤害湖南人民的事情，在湖南三年，他杀掉了近两万人，一向吃辣椒的湖南人恨不能把他当辣椒吃掉。程潜顺应民意，攻击湖南，汤芗铭兵败只好逃出湖南。

民国第二任总统黎元洪上台，一向跟黎元洪关系非常好的谭延闿迎来了第二春。他开始了第二次督湘。

倘若谭延闿是个武夫，可能他的这次督湘还会长点。但因为他是读书人，不尚武力，所以，他上台的第一件事不是大力发展军事力量，而是把矛头对准了驱逐汤芗铭功劳最大的程潜。

当时，北洋政府总理段祺瑞要求各地裁军，谭延闿高兴地将程潜派别的军力裁撤一空，然后把失去兵权的程潜赶出了湖南。

他以为万事大吉了，可没有让他想到的是，北京的大总统黎元洪是一笨蛋，慢慢地就被国务总理段祺瑞架空了一切权力，接着，就干脆被赶下了台。

谭延闿不知道这个时候该站在哪一边，段祺瑞就开始发威了。他决心南下，统一全国，要“兵下两广，饮马珠江”，那么，湖南就是段大总统第一个要打的地方。

段大总统不会跟谭延闿打架，因为他是总统，而在他看来，谭延闿不过是一听话的狗。先是下令免去谭延闿的湖南督军一职，让自己的小舅子傅良佐去代替谭延闿。

谭延闿毫无办法，督军这个掌握兵权的职务一失去，他在湖南不就等于吃干饭的人了吗？于是，他坚决不在湖南，去了上海。这一年离他第二次入湘还不到一年的时间。

段祺瑞不但要武力统一全国，还废除了《临时约法》，解散国会。孙中山当然不干，他立即从南京下广州，召集国会非常会议，组织护法军政府，自己任大元帅。

被赶出湖南的程潜再度受到重用，从广东潜入湖南，召集旧部，自任湖南护法军总司令。几经周折后，程潜率部攻占长沙。

但攻占了未必就能守得住，当时势力有许多股，谁若受到一点打击，谁就反击。北洋的直系与皖系突然联手，曹锟、吴佩孚、张敬尧等几路大军向程总司令杀来。

吴佩孚率部南下，进军衡阳。谭延闿一见吴来，一枪不放，率部退至郴永一带，两人互不侵犯，相安无事。

护法军这一面，湘、桂、粤三省军队各有各的打算，步调自然不能一致，程潜的湘军在岳阳一线死战时，留守长沙的桂军听说前线形势不好，就在长沙掠夺，然后跑回广西去了。这仗实在没有办法打，和北洋军一样，护国军也是一批不讲信义的流氓。程潜自然不能一个人完成三个人完成的任务，从长沙撤走，长沙被张敬尧所占，就任湖南督军。

张敬尧当了湖南督军，护国军还没有生气，吴佩孚倒不服气了。他这一不服气，段大总统没有办法，只好找别人来当这个督军。可要衡量一下，既不能找自己的人，又不能找友军，大家几乎同时就想到了谭延闿。

1920年，谭延闿和他的好朋友赵恒惕重新回到长沙，开始了他的第三次督湘。在回长沙前，谭延闿答应赵恒惕让他当湖南督军。可到了湖南后，谭延闿反悔，原因是，他不想做光杆司令，必须要掌握军队。

革命还得继续下去，孙中山见这次打倒段总统没有成功，就继续搞革命。他提倡“联省北伐”，谭延闿却不这样想，他觉得仗打得太多了，提出“联省自治”。这样一来，双方的冲突就在所难免了。孙中山派人到长沙策动对谭不满的赵恒惕，倒谭发动兵变，谭延闿知大势已去，辞职离湘，这一次，前后时间不到半年。当时，北洋段大总统要求谭延闿反对孙中山，谭延闿不反；孙中山要求他北伐，他不动。他就那样在长沙坐着，看南北打架。结果他一离开湖南，北洋军就不理他了。

1921年孙中山统一两广，在桂林设大本营，准备出兵北伐。这个时候，湖南是赵恒惕的天下，他依旧不帮孙中山，以各种方法阻挠北伐军借道湖南。孙中山咬着牙取道江西，多走了许多冤枉路。为此，孙中山恨不得把赵恒惕咬死。此时，在上海的谭延闿跳了出来，他重新跟国民党表示友好，孙中山觉得湖南还得这个人来管理，于是，任命他为讨贼湘军总司令兼湖南省长，让他主持湖南一切军政事务。

赵恒惕当然不干，两个人自然要分出个胜负，只好打架。

谭延闿先下手，他策动旧部与赵恒惕作对，宣布放弃自己曾极力主张的“湘省自治”的政见，服从孙中山的三民主义与北伐政策。

赵恒惕则随即接招，宣布成立湖南护宪军（维护省宪法），与之对抗。谭的意思是站在全国的立场坚决不让湖南独立，而赵恒惕站在湖南的立场，认为湖南自治。赵恒惕太看得起自己了，也太看得起湖南了。

双方一面打一面谈，前线有人在死亡，后方他们坐着喝茶谈判。三个月后，谭延闿主动撤出，因为孙中山后院起火，孙中山的同道陈炯明叛变，围困广州，急令谭延闿率讨贼军回援。谭延闿率部退出湖南，杀奔广州救孙中山的驾，湖南再次被赵恒惕控制。

接下来，谭延闿的道路就好走多了，先是参加东征，然后是北伐，成了革命阵营的一位好同志。后来，他被孙中山任命为湘军总司令兼大元帅大本营秘书长，凡是孙中山交办的重要文件，他都要亲自拟稿。

1924年国民党改组，谭历任国民党中央执行委员、中央政治委员会主席。蒋介石上台后，他又被任命为国民政府主席、行政院院长等职，可谓官运亨通。

这大概可以看做是谭延闿的人生路线图。从他的这份人生路线图中，我们看到，近代以来，一旦有烽火，湖南人首当其冲。这个原因很好理解，首先，他们占据着一个要地，其次，贫穷导致造反。

谭延闿可谓是见证了民国时期的军阀混战，他是前清进士，一声不吭地进入了革命阵营；他是革命人士，但没有见到他的一点主动。他的一切革命行为都是被动的，孙中山让他成为“革命党”，这三个字，是否名副其实，恐怕只有谭延闿先生可以解释。

要知道，在那个时代，以一介书生，想要混得不但不死，还很风光，谭延闿必须要有行之有效的秘诀。

说起来，这秘诀也很简单，又不简单。就是中国流传了一千多年的混世主义。三民主义，谭延闿放在嘴上，真正放在心上，用在手上的则是这混世主义。

“文甘草”的处世要诀

炼贡烧铅四十年，至今犹在药炉前。
不知子晋缘何事，只学吹箫便得仙。

这是谭延闿写的一首诗，大意是说，我炼汞烧铅四十年，可是我还没有成仙，所以，现在还在药炉前烧呢。但不知道子晋这个小子到底做了什么事呢，不过就是吹吹乐器，就成仙了。

其实，谭延闿的运气太好了，就如同那个子晋，吹了吹乐器，就成仙了。前清有多少进士，多少翰林，改朝换代以后，无数人都不见了，只有他还在国民党里，虽不能呼风唤雨，但活得很滋润。

谭延闿在政治上可谓是近代的冯道，他为官的诀窍首先是藏锋不露，处世圆滑。

1912 年在长沙，他问律师贝元昕："近来怎样？"贝答："混！"他却大笑连伸拇指，道："好！鱼龙混杂是混，仙女游戏也是混，混之为用大矣哉！"

秉承这种主义，谭延闿在国民党内混得人缘极好，大家因为他是文人，就给他起了个"文甘草"的绰号。按中药理论，药不能乱配，各有禁忌，只有甘草跟什么药都能配合一起用。

中国历史上这样的"甘草"很多，凡被人叫做甘草的人，都有一副特别好的脾气。因为"混"这字就有"混沌"的意思，混沌一片，人人平等。①

早在谭延闿在湖南时，下属进门不用报告，有座便坐，有烟自取享用，而谭延闿不论什么时候，都和颜悦色，了无怒容。他三上三下，无论是上还是下，都永远保持着微笑。有时候即使被当面羞辱，他也假装没有听见，被部下出卖了，他事后也不追究。所以，又有人称他为谭婆婆。

有两件事可以让我们看到这位"婆婆"的慈柔。

第一次督湘时，按照制度，守卫兵按日轮流调用，所以，一般人都没有见过"婆婆"的真面目。都督府规定，往来人等，必须检查。

---

①《清代人物传稿》，王思治著，中华书局，1994 年 7 月版，第 121 页。

一日大雨，谭延闿乘轿入府，轿门关闭，卫兵喝令检查。谭居然下轿，冒雨受检。事后，被卫兵营长鲁涤平知晓，欲责罚卫兵对都督无礼。谭延闿立即制止曰："卫兵初来，能尽职检查，乃好兵，不必责罚。"并亲自慰勉卫兵。

还有一天，谭延闿为人写副对联，一侍卫不小心把砚撒在谭延闿写了半时辰才写好的对联上，侍卫吓得胆战心惊。

谭延闿却笑了笑，心平气和地说："不要紧，再买两张格子联来重写就是。"

1923 年，孙中山在广州任大元帅，谭当时是内政部长。有一天，某个湖南人向孙中山说谭不可靠，还是不能太重用。此时，谭延闿和胡汉民在另一间房里听得清清楚楚，胡汉民听得都很气愤，扭头看谭延闿，这位先生面不改色，直到那人走，两人出来与孙中山交谈，谭延闿就好像没有听到那人的话一样，事后，他也没有拿那人怎么样。胡汉民后来说，谭延闿的脾气真的是好极了。

正是靠着这种好脾气，在大革命时期，国共时常有摩擦，左派右派壁垒分明时，谭延闿才能不被两派厌恶。大家都觉得他是自己一派的人，而谭延闿对两派一视同仁，永远笑哈哈。

我们可以做个对比，在国民党内，胡汉民、汪精卫无论是论资历还是能力都要比谭延闿高出一大截，但他们的结果是什么呢？蒋介石对他们关的关，放"洋"的放"洋"，而谭延闿从始至终都安然无恙。他在跟蒋介石合作过程中，奉行的是混世主义的精华版：三不主义——一、不负责，事关重大，他总是推给蒋介石或其他人去处理。二、不建言，他从不轻易发表意见，你们不同意，我就不出声，你们点头，我就赞成。开国民政府委员会议时，他只是主持一下会议，宣布一下程序。别人激烈争论，甚至对骂，闹得不可开交，他却闭目养神，直到散会他才睁开眼，伸一个懒腰，散会走人。有一次，在会议上还打起了呼噜。三、不得罪人，认识他的人都知道，他永远是个好好先生。

谭延闿曾跟人谈起自己的做人法则，那就是《中庸》里的“允执厥中”，其核心就在一个“中”字，他自己还总结出了一个“混”字：“我的妙诀就是一个‘混’，我一生的功名富贵，都是从‘混’的妙诀中‘混’出来的！”后来，胡汉民又送了他第三个字：和。

这“三字当头”的人出任国民政府主席，任何总统都非常放心，这也就是他为什么能永远直线上升而不下滑的原因了。

1929年，谭延闿五十岁生日，一个湖南同乡似乎很看不惯湖南出了这么一个杂种，就为他做了一个寿序，讽刺他的政治生涯：“茶陵谭氏，五十其年，喝绍兴酒，打太极拳，好酒贪杯，大腹便便，投机取巧，废话连篇……写几笔严嵩之字，做一生冯道之官；用人惟其才，老五之妻舅吕；内举不避亲，夫人之女婿袁……立德立功，两无闻焉。”①

谭延闿看了后，照旧哈哈一笑，不以为意。

这样一个老好人，跟他相交的人都希望他活得长一点，不过可惜的是，老天不让他活了。过完五十岁生日的第二年，也就是1930年9月21日那天，恰好周末，他便抽空去南京郊外的小营看骑马表演。看了一会儿，他突然有点不舒服，就叫警卫去开车。警卫把车开来，他向上一站，开始极不舒服起来，据说是脑溢血。警卫本打算开车送他去医院，他却说，要到中山陵去看看。侍从和警卫立即把他扶上汽车，向中山陵开去。车子开到中山陵时，谭延闿眼睛已经睁不开，话也不能说了。

侍从和警卫们见他无法指挥自己了，就掉转车头，把他送回到成贤街他自己的家中。

此时，谭延闿早已失去了知觉，匆忙赶来的一大群医生只能束手无策。到了22日上午，谭延闿终于死了，这一年他才五十一岁。

---

①《民国政要》，闻章著，人民出版社，2000年11月版，第32页。

谭延闿能死，完全是吃死的。

谭先生一向以美食家自鸣，为了不出屋就能吃到好东西，他专门聘请湖南烹饪大师曹荩臣为自己的厨师。

谭延闿在任国民政府主席及行政院院长时更是把吃提升到了前所未有的层次，他常聚亲友在家饮宴。谭家名菜有红烧鱼翅、蟹黄鱼翅、豆腐、笋泥、鱼生，等等。谭延闿宴客时，曹厨子常在帘后偷听客人对菜肴的评价，并按照他们所说的加以改进，日后做出的东西，使来客赞叹不已。①

菜好，自然价格就高。曹荩臣做的菜，价格是出奇的昂贵。一桌鱼翅席，当时一般最多不过二三十个银元，可曹荩臣的却要一百银元。

有人曾问曹厨子，菜为什么那么贵。

曹厨子得意地说："没有别的，只是选料不同。如别人炒一盘麻辣子鸡只用一只鸡，我炒的要用三四只，只取其胸脯肉；辣椒只取全红的，红中带绿的全不要，均先用猪油炸好，再下锅加盐酱等；出锅时鸡肉与辣椒大小、厚薄相同，红白相间，味美至极。价格高就是理所当然的了。"

养了这样一个厨子，可见谭延闿对吃的讲究了。

谭延闿最喜欢吃的一道菜叫"神仙鱼"，这道菜先不用去吃，只是做法就让人惊叹的了。先用砂锅炖土鸡汤，然后在鸡汤上悬挂一条鲫鱼，用锡纸把砂锅和鲫鱼密封好，用文火炖四小时，让鸡汤的蒸汽把鱼肉全部蒸熟，并且一点点掉入鸡汤中，直到鲫鱼变成了一副空骨架。这样的鱼羹无刺，入口即化，味道异常鲜美。

谭延闿不但懂得吃，而且能吃。有一次胡汉民请客，谭延闿前往，胡汉民明明知道谭延闿每天若无鱼翅就睡不好，却大谈鱼翅没什么吃头，味同嚼蜡。

---

①《吃在民国》，王晓华著，江苏文艺出版社，2007年12月版，第65页。

谭延闿虽然十分想吃，但一听胡汉民这样讲，也就不好意思了。菜上齐好，真就没有鱼翅。吃来吃去，谭延闿终于忍受不住了，央求胡汉民说：“给我来一盘嚼蜡如何？”胡汉民听后大笑，说是逗他玩的。说完就命人把已经准备好的鱼翅端了上来，谭延闿这才高兴起来。

能吃的人，而且总吃大鱼大肉的人，总会长得肥胖。历史上许多狗官都奇胖无比，就是这个道理。谭延闿就非常胖，他的医生曾多次劝他，要多吃蔬菜，少吃美味佳肴。他虽然听，可忍受不了一餐无肉的日子。后来，医生总郑重地跟他说饮食要合理。他干脆就把医生给辞了。从那以后，他自己制定了一个评定医生好坏的标准：许他饮食自如的，这位医生通达；如果为他多立戒条的，他便以为不行。

他跟人说：“我以前已经吃错喝错，何必现在戒它，反令我痛苦呢？”他常说的一句话就是：“吃喝嫖赌，人生四大嗜好，嫖赌与我无缘，吃喝在所不辞。”

后来，他到医院做了一番检查，检查的医生把结果告诉他，然后说：“依你的病状，将来有两个死法：一、得急病——脑溢血而死；二、半身不遂而死。”

谭延闿后来跟胡汉民说，这个医生如果说的是真的，那我宁愿选择第一个，如果半身不遂几年，未免太使我难堪了。

结果还真被他选对了。他的死亡就是因为脑溢血。

1931 年 9 月 4 日，国民政府在南京为谭延闿举行了盛大的“国葬”。当时，蒋介石还在武汉指挥战事，听到这位混子死掉，专程从武汉前线返回，令全国下半旗志哀三天，停止娱乐活动三天，他亲自为谭执绋主祭，还专门选定灵谷寺东的风水宝地为谭修陵墓。

蒋介石对谭延闿的死悲痛万分，这或许是因为蒋介石一生都视权力为生命，谁也不能动他一丝一毫，所以，谭延闿在他的眼中就是一个大大的好人。谭延闿一死，他还真找不出一个既肯效忠他又不肯跟他争夺权力的主席了。

民国大人物对谭延闿这个人的评价倒是正面的，因为谭延闿的确让那些人很是满意。这个经常充当润滑剂的人的确在许多时候都能为他们分忧解难。

谭任军长时的副军长鲁涤平就对这位老大很是感激，在他死后，鲁用民脂民膏为谭建了墓园。墓园坐落在南京紫金山前的名胜流觞曲水上，借地造园，沿着曲折跌落的曲水，筑有亭、台、阁、坊等，布置精巧，相映成趣。迎溪建有“临瀑阁”，正面的楹柱上撰有一副对联：

取长江水莫重泉，交集百端，虔钦翕受群流量；

去中山陵不数里，相依终古，仍系弥纶六合心。

可小老百姓就不这样想了，他们认为你在上位的不干活，就是饭桶。饭桶就该被骂。于是，谭延闿活着的时候，百姓不敢说什么，或者说，百姓还不知道该怎么说。等他一死，中伤的话就来了。当时某小报登载了一副“实话实说”而又尖刻的“挽”联：

混之为用大矣哉：大吃大喝，大摇大摆，命大福大，大到院长；

球的本能滚而已：滚来滚去，滚入滚出，东滚西滚，滚进棺材。

这话的确够刻薄了。

做大事的人，非得有得罪人的胆识不可。不懂得拒绝的人或者是混的人永远是三流角色。谭延闿就是这样的三流角色。不过这也不能怪他，在那个每天都有可能发生革命事件的时代，谭延闿能让自己活得那么好已经是非常难得了。

他的一生并没有一点危险，因为他懂得混之道，下面的武夫可以架空他，出卖他，驱逐他，但却没有人杀他。因为任何人都觉得他是个没有用的人，可有时候又觉得他特别有用。这就是他的作用。

民国时，他的弟弟谭泽闿为《文汇报》书写报头。和他哥哥谭延闿不同的是，他选择了一条“以诗酒自娱，以卖字为生”的人生道路。

据说，谭延闿很有意提携弟弟，也有人劝谭泽闿找哥哥谋个官职，但谭泽闿听到这样的话时总是一笑，依旧过着传统读书人在“道不行”

时该过的日子。很多人因此把谭氏兄弟作比较，认为谭延闿是一个醉心政治、玩弄权势的老练政客，而谭泽闿却保持了一个中国文人最可贵的清高和骨气。

不过，也有人提出不同的意见，他们认为，中国文人的传统理想就是“修身、齐家、治国平天下”，谭延闿不也是在做这样的事情吗？

可提这种意见的人往往忽略了一件事：“修身、齐家、治国平天下”当然可以，但平的天下是谁的天下，治的国是什么国，这一定要搞清楚。

书法与马术

除了好吃，谭延闿还非常爱好书法。他的书法，可以称得上是妙绝天下。

当时考试把他顶下来的那个刘春霖书法也相当不错。有人对他二人进行了比较，说：谭延闿“论官比刘（春霖）大多了，论字也比刘好多了”。于右任感叹“谭祖安是有真本领的”。洪丕谟在《古今书法名作鉴赏大成》里说他的书法：“雄浑博大中跃出清气……卓然突立于民国书坛。”《中国书法史话》上说，以政界巨头而对书法有极高造诣，这在几百年间还很少见。他（谭延闿）在当时可谓是学颜第一人。

谭延闿从小就爱好书法，当时科举考试，没有一笔好字是不行的。在他父亲谭钟麟的督导下，谭延闿潜心练习书法。他父亲每天要他写一篇文章、一首诗，还要写大、小楷数十页。

据说，谭延闿第一次在湖南为都督时，省立第一师范学校的学生因伙食不好，每天进餐时大吵大闹，弄得杯盘狼藉，秩序紊乱。这当然也怪不得他们，湖南本来就穷，当时又值非常时期，即使是读书人也爱闹事，毕竟他们是来自穷山恶水之处的。

由于都是些难以驯服的学子，所以学校当局找不到办法制止，只

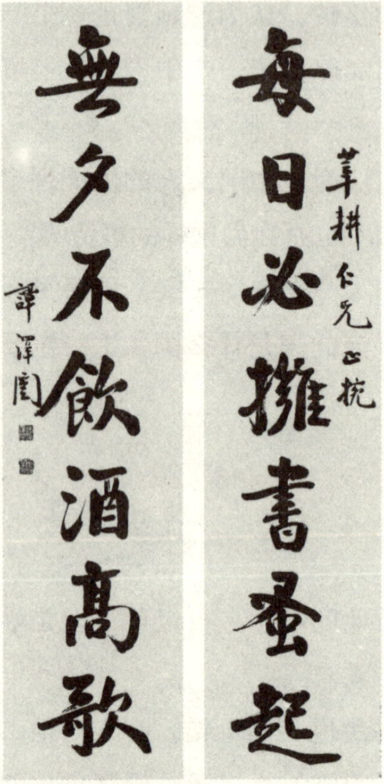

⊙ **谭延闿手书对联**

谭延闿的字如其人，有种大权在握的气象，结体宽博，顾盼自雄。是清代钱沣之后又一个写颜字的大家。

得请都督谭延闿到校训话。谭延闿到校训话后，做一长联，贴于食堂，其联云："君试观世界何如乎，横流沧海，频起大风潮，江山带砺属谁家，愿诸生尝胆卧薪，每饭不忘天下事；士多为境遇所累耳，咬得菜根，方是奇男子，王侯将相原无种，想古人断齑划粥，立身端在秀才时。"①

学生阅读后一方面被他的精神所感动，另一方面，其书法奇绝，更是让这些学生开了眼界。自此，学生们都非常乖了，虽然饭依然是那饭，菜依然是那菜，但都不吵了。

第一次世界大战爆发时，日本与德国在青岛打仗，谭延闿当时被袁世凯搞掉湖南都督的职务，正在青岛吃饭睡觉。为了躲避战祸，和全家离开青岛，从潍县、济南、南京，最终到达上海，住在赫德路六十五号。这个时候，习字、作书就成了他每天的主要内容，在这段时间，他居然将《麻姑仙坛记》临摹了二十遍。或许正是这段时间，他的书法突飞猛进，以颜字为宗，书法盖世，流传甚广，人皆珍之。

后来就是在其担任行政院长期间，由于他的混世主义，所以，时间非常充裕，他把这些时间的一部分用在了写字上。1929 年 4 月，谭延闿因病由南京赴上海休养，住进上海宏恩疗养院。在住院期间，他

① 《中华对联故事》，尹丰著，吉林文史出版社，1995 年 5 月版，第 99 页。

一边治病，一边临摹《麻姑仙坛记》二百零三遍，此时，其书法已进入仙境，时人无可匹敌了。

除了爱好书法外，谭延闿一生最爱的可能就是骑马、看马戏表演了。

年轻时的谭延闿就非常喜欢骑射，蓄志武事锻炼。他的父亲似乎也希望他将来能把马骑得漂亮一点，就给他请了一位老师叫黄凤歧的，这位黄凤歧本是安化县名儒，不仅是深谙儒学的饱学之士，也是精于武功、身怀绝技的武林高手。据说，他的硬气功很是了得，垒叠四尺多高的砖块，他大吼一声，然后一掌劈下，从上到下统统断成两截。

不过，人可不是砖块，一动不动地站在那里让你打。所以，谭延闿没有跟他学硬气功，而是学了一些基本的防身技巧和骑马射箭。

谭钟麟也喜欢带这个儿子一起出去，每当这个时候，谭延闿就经常亲自上阵，骑马射箭。

后来督湘期间，每天早晨，他都要骑马出外，跑上一圈，而且从未间断。在他的马栏之中，都是当时很难得一见的宝马，有的以形状命名，有的以性能取号，有大小白龙、风云飞、四颗珠等许多名马。毛色纯白的就称为白龙，铁青的就称为风云飞，黑色而脊背左右有两玉点的称为四颗珠。

这些马跟他一样胖，毛光色润，配上锦绣的鞍辔，披上绣花的坐垫，一手扶鞍一手扬鞭，蹄声嘚嘚，顿生一股澄清天下的志向。为此，谭延闿还雕刻了两枚章子。一枚章子上写着："生为南人，不能乘船食稻，而喜餐麦跨鞍"；另一枚章子上则写着"马癖"两字，以表明对马的钟爱。

喜欢骑马，他更喜欢看别人骑马。有一次，他特意很隆重地举行了一场别开生面的赛马。他邀请各师师长及其副官、参谋、卫队到湖南省教育会场赛马。然后告诉选手，以五十圈为终，谁先跑完谁就是胜利者。

大家一听书生关心起武夫们的日常工作来了，都非常好奇。看他在那里忙这忙那，突然就有人说："都督是否赏脸露一手，让我们开开眼界？"

谭延闿非常高兴，说："延闿既然邀请诸位赛马，当然要献丑，还望各位不吝赐教！"

参加赛马的人都是武夫，笑着看他上马。谭延闿似乎是故意给这些人找点乐子一样，上马上了三次，也没有上去，最后还是拿了个小凳子，站在上面，爬了上去。

比赛一开始，谭延闿就被将官军佐们远远地甩在后面。不过，他们觉得这样很没有意思，回头看谭延闿正骑着马慢腾腾地在"走"。就都凑过来，前后左右地耍杂技。谭延闿也不生气，稳坐马背，不紧不慢跑在中间。跑了三十圈后，一些将官军佐由于把精力都浪费在逗谭延闿上了，所以开始气喘。四十圈的时候，就有人退场了。跑到第五十圈时，场上只剩下一匹白马，突然加速，疾如风驰电掣，一直跑到终点。马冲过了终点慢下来，大家才看清，端坐马背的竟是他们一直在挑逗的谭延闿！

将官们顿时不由得鼓起掌来。谭延闿跳下马，不出大气，微微笑着，跟大家点头。

在后来跟随孙中山打仗的日子里，谭延闿每天早上都要出外骑马，呼吸外面的新鲜空气。但他的身体因为一直吃美味，体重始终高居不下，被他骑的马恐怕也轻松不到哪里去。

在担任国民政府主席和第一任行政院院长期间，他更是有时间骑马观马了。经常邀请人去观看马戏表演，偶尔还会骑马到郊外，或者是去郊外的马场去看看别人的马术表演。

观谭延闿的一生，从前清的进士到民国的行政院院长，似乎官运亨通，如同五代时期的"长乐老"冯道，任何人，他都能攀得上；任何地方，还都需要他。他的宿命恐怕是某些时代存在的一种现象吧。

陈夔龙身上有两个地方最符合守旧的传统士大夫的特征，一个是不喜欢新事物，另一个就是懂得如何把官做大做强，做得了无痕迹，却又被人交口称赞。作为守旧传统士人典型的代表，陈夔龙的一生完全是按照其固有宿命走完的。其坚固不变的“忠”与“节”，在变革的大时代，更充满了悲剧的色彩。

陈夔龙

最传统的中国士大夫

铺满鲜花的仕途

陈夔龙 (1857—1948)，字筱石、小石、韶石，号庸庵、庸叟、花近楼主，贵州贵阳人。幼时丧父，家境贫寒，母子二人相依为命，于困境中苦读书，大概也干过“凿壁偷光”、捉萤火虫当灯的事情。

清光绪元年（1875 年），陈夔龙考取举人第一名解元。后来到四川总督丁宝桢那里做了幕僚。光绪十二年（1886 年）参加全国会试，中三甲五名进士。历任兵部主事、郎中、总理各国事务衙门章京、内阁侍读学士、顺天府尹、大理寺卿等。

1900 年 8 月 14 日，八国联军进入北京城，老佛爷西逃，陈夔龙与其他七位大臣被留下，跟八国联军谈判，事后，再任顺天府尹。1901 年 12 月，调河南布政使，升漕运总督，历河南巡抚、江苏巡抚、四川总督、湖广总督等。

宣统元年（1909 年）调任直隶总督兼北洋通商大臣。辛亥革命后，寓居上海，1948 年在上海逝世，享年九十二岁。

我们从他的这份简历中可以看到，出身寒门的他只在短短十几年间就成为封疆大吏，用平步青云、扶摇直上来形容他一点都不过分。在这一点上，陈夔龙自己也承认，他说，跟我一同考中的人，虽然也是平步青云，但做到我今天这个位置的还没有。

他说完这话，又给自己总结了一下成功之道，最后认为，我之所以能平步青云，是因为乱世出英雄。也就是说，是这个乱世让我有了诸多机会，才使得仕途铺满鲜花的。①

如果把自己的成功之道归结为这一点，那就过于简单了。陈夔龙的成功当然不仅仅是一个“乱世出英雄”就可以概括的。事实上，陈

---

①《梦蕉亭杂记》，陈夔龙著，吉林文史出版社，2007 年 11 月版，第 64 页。

夔龙能让仕途如此圆满，就在于他会做官，懂得什么时候该做什么事，什么样的事该认真做，什么样的事可以打马虎眼，他都一清二楚，了如指掌。

陈夔龙长得好，又在文学上有相当建树，这对于传统知识分子来讲，就是先天优势，所以，他的起跑线就比别人高。

另外，陈夔龙在人际关系上的灵敏度相当的高。当初，他在兵部任职不久，就受到了尚书荣禄的赏识。有一次，他随荣尚书外出办事，荣禄对他说："我看你的面相，五年内必有非常之遇。"陈夔龙立即就敏锐地感觉到了什么，想要有非常之遇，怎么可以不打理好这位直属长官呢？[①]

但荣禄什么没有见过，靠物质是打动不了他的。所以，他就用自己的才华来让荣禄心花怒放，为此，写了一首诗，在诗中他将荣禄比作父兄。荣禄得到这首诗后，果然高兴异常。

光绪二十二年（1896年），在天津小站练成新军的袁世凯，被人参劾"嗜杀擅权"。朝廷派权臣荣禄前往查办，陈夔龙一同前往。

事实上，当时的陈夔龙已经看出来，荣禄是一心想庇护袁世凯这位崭露头角的新军将领。所以，当荣禄试探性地问他对袁世凯新军的看法时，陈夔龙已经知道了怎么回答，他说："旧军诚不免暮气，新军参用西法，生面独开。"

荣禄听了当然很高兴，任何人都会因别人与自己的意见一致而高兴，他赞扬陈夔龙说得很对，表示袁世凯这个人必须保全，以策后效。陈夔龙按照荣禄的授意，代拟了曲全保护袁世凯的奏稿。这样，在北洋新出壳的袁世凯，不至于因此夭折，几年后，袁世凯终于发达。

后来，中日甲午海战，陈夔龙被派到李鸿章手下负责翻译电文工作。中国战败，北洋水师全军覆灭，光绪皇帝大为恼火，把李鸿章踢

---

① 《国闻备乘》，胡思敬著，中华书局，2007年6月版，第18页。

出国门，让他去考察。两年后，李鸿章回国，在总理各国事务衙门任职，许多人都认为李鸿章这辈子完蛋了，都不去理他。只有陈夔龙常常去拜会，李鸿章真是感激涕零。

不久，李鸿章被升任总理各国事务衙门主官，陈夔龙被李鸿章从荣禄手中抢来，在总理衙门给他谋了个官职。

戊戌政变后，清政府对当初支持变法的一些大臣全部清洗，当时的总理衙门大臣张荫桓就是其中之一。这位一瓶子不满半瓶子晃荡的所谓新派人物一向拿自负当美德。在戊戌政变前，张荫桓总想把陈夔龙拉拢到自己手下，陈夔龙未从。自负的人往往是这样，他总认为别人不会拒绝他，而一旦别人拒绝了他，他心里就非常不高兴。陈夔龙没有跟他混，这让他始终对陈夔龙抱有恨恨之情，总找陈夔龙的茬儿。

一次，大家坐在一起谈天，张荫桓突然就问陈夔龙："陈章京不愿做海关道乎？何对我落寞如此？"他直喊陈夔龙的官职，是一种极为鄙视的做法，但陈夔龙听了这话，似乎是听到了一件非常好笑的事，只是微微一笑而已。

有一次与英公使会谈，陈夔龙负责做记录，由于一时疏忽，没有写张荫桓入座的时间。张荫桓立即捉住了这次机会，他故意当着许多人的面大骂陈夔龙。有人把这件事告诉了陈夔龙，陈夔龙只是点了点头，然后是微微一笑。

不过这个时候，张荫桓已经不是从前那个张荫桓了，他成了罪犯。被判流放新疆。时值他的仇人押解他，给了他太多难堪，让他求死不能。

按照惯例，发配到外的罪犯，都要先到兵部。当张荫桓被押解到兵部时，陈夔龙刚好在职方司，而张荫桓的案子由武库司办理。陈夔龙急忙往武库司与张的那个仇人周旋，并为张买来月饼充饥。之后还将张荫桓送到署门外，看着他上车，让押解的兵士小心侍候，不准兵士三心二意。张荫桓这个时候非常感动，对自己曾经的所为懊悔不已。陈夔龙依旧是微笑着，看着他远去，才慢慢地回到衙门。

陈夔龙正是用这种不跟人一般见识的处世方法赢得了许多人的称赞。而要做到这一点，是非君子不能的。他知道什么事该去较真，什么事一笑而过。

把眼光放长远，得到的就会比你每一步都不肯让的要多出许多。1900年，朝廷举行京察大典，荣禄的两名亲信被查出有问题，被罢了官。按照惯例，要有官员补上这两个人空出的职位。当时，荣禄的另一个亲信和陈夔龙同在补授之列，而陈夔龙排在第一位。当他看到荣禄始终闷闷不乐时，主动提出将自己的第一位让给荣禄的那位亲信。这让荣禄感激不尽。

要知道，在清末明争暗斗的官场中，大多数人为升官发财不择手段，而陈夔龙却肯将难得的升迁机会让给别人，实为失一时之利而得长久之益的高明举措。事后，他得到了同僚们的一直称赞，就是这些小事为他日后的扶摇直上打下了别人不可能动摇的坚实基础。

果不其然，八国联军进入北京后，2月，府丞出缺，先由工部给事中王培佑奉差出京，兼署府尹一职则非陈夔龙莫属。6月13日，王培佑奉调别处，陈夔龙正式成为署理顺天府尹，这是他一生官宦生涯的一个转折点，从此后，陈夔龙真的就是扶摇直上、白日飞升了。

1901年5月，陈夔龙改任河南布政使，李鸿章此时年老体衰，要他协助办完与八国联军的和议再去上任。他义不容辞。这年冬天，他离开北京到河南上任路上，碰到老佛爷从西安返回，受到了老佛爷的召见和奖赏。1901年末，陈夔龙署理令人羡慕得流口水的漕运总督一职。

1903年春天，陈夔龙调任河南巡抚。1905年4月，陈夔龙转调江苏巡抚，到苏州就任。1907年9月，陈夔龙调任四川总督，不久又改任湖广总督。

1909年10月，他调任“北门重镇，屏蔽京师，筹饷征兵，关系最为紧要”之处的山东，做直隶总督兼北洋大臣，由此成为清代最后一位直隶总督。

这个职位，熟悉清末历史的人都不陌生，李鸿章做过这个职务，袁世凯也做过。袁世凯尤为由此职务得利，以至后来民国年间各派原袁世凯的手下统称北洋军阀。

当陈夔龙被调到直隶当总督时，宣统皇帝还是个小孩子，在这个小孩子的任命下，已经白发满头的陈夔龙上任，一个成为末代皇帝，一个是末代总督，少君老臣之间上演了一幕清末“相映成趣”的戏。但两人又有不同，宣统皇帝不能实际理政，可陈总督则是在直隶乃至北洋区域施政舞台上末场“亮相”的主角。

总督的日子不好过

陈夔龙到直隶后的日子很不好过。依他自己后来的回忆记录中谈到的，我们看到，此时的山东已经是一个烂摊子，纵使尧舜复生，也难为计划。

他在没有赴任前的一次酒会上，跟众人说：“直隶为各省领袖，屏蔽京师……形势较他省为要，体制亦较他省为肃。”大家很少见到他这样得意过，不过他说的的确也是实情，作为京师门户，山东直隶一直被清政府所重视，特别是被外国人把门打开后，北洋大臣一职非经过政府反复协商，根本不可能轻易就派个人去。可是，他的这份得意和他所感到的荣耀在到山东后就灰飞烟灭了。

在陈夔龙上任之前，政府让该省的布政使叫崔永安的暂时护理总督，这个人是一条被那个官场训练有素的狗，“一意徇情见好”，乘机笼络和收买人心，在一个月内竟“札委差使达一百五十余人”，造成严重的人浮于事和开支浪费。崔永安这样做的目的当然很明显，他想趁着新总督未来之时，把一切都为自己打理好。如果新总督在这里待不下去，他就是总督的绝对人选。拿官家的饭来给自己收买人心，崔永安做起来非常顺手。

陈夔龙一到任，看到当时的情况真是欲哭无泪。当然，崔永安不过一个小人物，即使再能折腾，也不可能把一个直隶折腾成陈夔龙眼中的乱糟糟模样。他追本溯源，谈到了几个人，这几个人就是他的前任端方、杨士骧、袁世凯。

陈夔龙深深地感到，这几个人根本就没有给他留下一个好的施政基础。事实上，李鸿章在任上时，山东省的存款“不下千余万金”，而继任者（他并没有提到袁世凯这三个字，但人人都知道他就是在指袁世凯）借“练兵”之用，不到三年便支销殆尽，又奏准从各省筹集练兵经费，每年数百万金，“竭天下之膏脂，供一己之挥霍”。不但如此，他还通过调查得知，袁世凯这小子在任上不择手段地夤缘贿赂，接纳权贵，玩弄权术。①

不过抱怨归抱怨，朝廷派他来，不是让他诉苦来的。而是让他做事来的。此时的陈夔龙就好像是几千年前被周武王派到山东的姜子牙。要什么没有什么，都得从新来过。政府名义上是给了你一个总督的大旗，可扛得起来与否，还得靠你自己。

他首先做的一件事就是在人事上进行大刀阔斧的变动。破除情面，不顾同僚的抱怨，将新委差的人全部裁撤，以杜绝浮冒，节约开支，并且肃整风气。

这一招人人会用，只要你想做事，但别的事就不那么简单了。直隶是清政府开放较早的门户，另外，当时的清政府屡屡推行新政，许多新政事项件件需要打理，像整顿军队、兴办文教、发展实业、改革官制、筹备立宪，等等。

其实所谓新政，就如同一个要死的人往身上打各种药品一样，死马当成活马医了。当时，各地的形势和中央一样，都是危机四伏，困难重重，直隶更是如此。

---

①《梦蕉亭杂记》，第 23 页。

陈夔龙到任理政不久，顿感身心俱疲，他在后来的日记中这样写道："直隶地大政殷，最称繁巨，百端丛集，如理棼丝。兼值预备立宪新政克期举行，并进兼营，非英敏宏毅之才，难以措施。"

也就是说，即使是最善于治理的人来到这里，打起十二分的精神，披星戴月努力应对，恐也难有大效。所以，他到任才四个月，本有的"风光"心理就大打折扣，甚至以生病为由提出辞职，清政府先是安慰了他几句，然后告诉他，辞职的事免谈。

因为清政府相信陈夔龙能把直隶搞好，这当然不是政府一厢情愿的想法，而是有真凭实据的。在陈夔龙的官场生涯中，许多难事或者是别人注意不到的事到了他手里，都能轻松化解。似乎在政府人士看来，陈夔龙眼中就没有难事，他如今要辞职，不过是信心的暂时丧失，不久就会好的。

陈夔龙的确是个办事的材料。

1898 年 9 月，戊戌六君子被捉。当时，陈夔龙对荣禄说，太后对这几人深恶痛绝，审理此案的过程完全可以忽略，不论他们是否想要实行兵变，直接送上刑场就完了。9 月 28 日，清政府提审六君子，老佛爷指令军机大臣、内阁学士和刑部长官等人亲自审理。荣禄就把陈夔龙带在了身边。也就是在这一天，六君子被杀。

如果说，这是老佛爷的心中所想并最终要实施的话，那么，陈夔龙对荣禄的建议就推进了这一想法的实施时间。

其果敢、手黑的作风的确令人佩服。

老佛爷将光绪皇帝囚禁之后，荣禄被其钦点管理各部事务，在军机大臣上行走，荣禄特派陈夔龙以兵部司员参议一切事宜。在此期间，陈夔龙曾多次向荣禄报告各军情况，建议成立最高幕府，更番调动各军入卫京师，以便对他们加强监视和控制。荣禄对这一招很是赞赏，老佛爷听了这建议后，也对陈夔龙的办事作风和想法有了很深的印象。

陈夔龙的办事能力最主要体现在庚子之变时。在老佛爷向八国宣战后，军机大臣刚毅密令陈夔龙护送各国使领人员到天津，让他们从那里乘船回国，借此想给日后进城的洋人拍一次马屁。但陈夔龙接到任务后，考虑到此举不仅危险太大，还会给人以“勾结洋人”的口实，于人于朝廷都没有好处，就含糊其辞，设法拖延。两天后，各国公使就联名给清政府写信，说不愿意离开北京。

6 月 14 日，义和团对洋人采取了暴力行为，将北京的金融中心四恒银行烧毁。第二天，老佛爷召见陈夔龙，要他借官钱给四恒银行，务必在三日内开门，以免引起更大规模的市民暴动。但是，官员不想把钱借出来，就希望陈夔龙能向当铺借钱。

陈夔龙脑袋大了，当铺的钱是好借的吗？那可都是朝廷要员开的，如去触犯这些人的利益，自己的官位不但不保，还可能连性命都没有了。所以，他不理会，依旧向官员借钱。

这个月的 17、18、19 日，陈夔龙连续几天被召见，对八国联军正式开战事宜进行商议。但陈夔龙知道，战争很快就会结束，中国必败。于是，身为“京兆特区”顺天府的府丞、府尹的他提醒老佛爷，必要的时候得给自己留条后路。

老佛爷对前线战事的频频吃紧也非常慌张，但如何逃跑，以什么名义逃跑却无措。如果在这个时候逃跑，岂不是被天下人骂死。

陈夔龙有主意，一方面，他准备各种物资，说是接济前方战事的，另一方面他对前来北京勤王的岑春煊说，不要到前线去，去了也是死。要他驻军南门，意在一切准备就绪后，掩护老佛爷西逃。同时，他还为老佛爷准备了二百辆马车，以待急需时使用。

8 月 15 日，老佛爷用陈夔龙为她准备的一切西逃，就在这一天，陈夔龙对当时主持京城事宜的王培佑说：和议即在目前，洋人必来询问。我和你一起迎接他们，希望能找到补救之法。

王培佑始终不相信大清可以战败，根本不理陈夔龙的那一套。陈夔龙只好主动与洋人商谈，各国公使见他职位太小，就希望一直跟他们打交道的王爷奕匡出来跟他们谈判。

陈夔龙当即提出，指名要王爷奕劻出面谈判，未免太露骨，不如奏请老佛爷“钦派亲信大臣会同庆诋来京”比较妥当。这样，既为王爷奕劻留了面子，又为老佛爷留了面子。

于是，他立即草拟奏稿，并以功名诱使一个小官员送信到西安去面交老佛爷。老佛爷对此很满意，就派当时在河北的王爷奕劻出面与外国人谈判。

在双方的谈判过程中，一切重要事宜，陈夔龙都参与了拟订与商议。议和成功后，老佛爷回到京城，在对其指派的谈判人员中唯一的一个汉人陈夔龙赞赏不已。

在署理漕运总督时，陈夔龙的工资相当可观，每年正式工资一万两，另外还有九千五百两的“养廉银”，这种“养廉银”是让官员别去贪污，政府给的安慰奖。

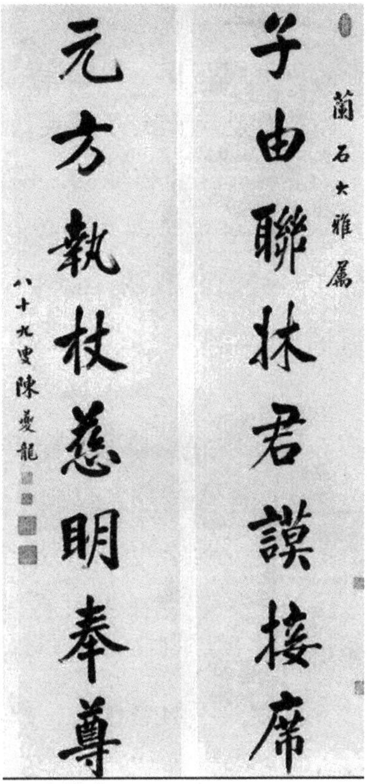

⊙ 陈夔龙

陈夔龙（1857—1948 年），字筱石，号庸庵，清光绪进士，历任漕运总督、河南巡抚、江苏巡抚、四川总督、湖广总督、直隶总督兼北洋大臣。他的书法、诗文自成一家。著有《梦蕉亭杂记》《庸庵尚书奏议》《花近楼诗存》。

陈夔龙到任之时，恰逢淮安监督出缺，遂得循例以副监督的兼职代理，负责征收运河南北的商税。这又给他注入了一笔新钱：每年经收款额达数十万两银子。

由此可以知道，为什么有人喜欢做官，尤其是做大官了。因为太有钱了。

但陈夔龙和别人不一样，他不是貔貅，只吃不拉。他知道什么事该办，什么事必须要办。

八国联军进北京时，把北京正阳门城楼摧毁。陈夔龙在离开北京时，就有过这样一个想法，要把这城门修好。

当他在河南有了钱后，就主动提出官员们如果有能力，应“报效”一万两银子来重修城楼。但是，当政府下令后，居然没有人响应。

这件事拖了许久，政府才陆续筹齐了三十万两银子，大体恢复了北京城战前的旧观。而各省所交的钱，都是从府库中提来的正款。没有谁肯像陈夔龙那样自己掏腰包的。

当时有人提出这样一个想法，三十万两银子完全可以盖几所好学校，请几位好老师了。陈夔龙得知这一想法后，很是愤怒，他说：“学堂之害，于今为烈。试问今日革命巨子，有哪个不是学生？”

陈夔龙对学生的恶劣印象直到死都没有改变。

虽然陈夔龙在直隶总督任上觉得事情非常难做，但他始终把一件事做得非常好，那就是在对待洋人的问题上。

陈夔龙不但是直隶总督，而且还是北洋大臣，那就意味着在内政之外，还要兼涉外交，尤其是要与各国的驻津领事交往，当属分内之事。

按照之前的惯例，每当新一任的直隶总督兼北洋大臣到职，都是外国驻津领事先往拜谒。但陈夔龙抵任前，护理其职的崔永安为表示谦虚，开了个先去拜谒各国领事的歪例。

陈夔龙到任后，各国领事以为还是如此，就都不去拜会。陈夔龙并没有恼火，他将这件事冷处理。那就是，你不来我也不去。因为他意识到这不是个人交往问题，而是外交上事关国格的事情，绝对不能随便让步。

外国方面一见他居然改变传统（其实这传统还不到一年）就组成“领事团”联合对抗，可以说，在当时还引起一场“礼仪之争”。

陈夔龙照旧端起了架子，总之，按照之前的惯例，你们必须要来我这里，而不是我去你们那里。大家在僵持时，非常绅士的美国新任领事到津，可能他对这个惯例还不太了解，还是按照以前的惯例，先去拜会了陈夔龙。

有人开了先例，自然就有人跟随，不久，德国领事因为急于解决华商对德商的欠款问题，也去会晤了陈夔龙。两个比较大的国家的领事都已经开始破了例，几个小国的领事组成的领事团自然而然就解体了，这些国家的领事终于先后也去与陈夔龙晤见，有的还对因“误会”而迟见表示了歉意。

惧内的总督

虽然陈夔龙在外总是以大男人的形象出现的，但在家里，他却是一个十足怕老婆的懦弱小男人。

其实，在中国，没有几个男人不怕老婆的，怕老婆其实是一门学问，并且也是一门历史。清代小说《八洞天》虽然乏善可陈，但对男人“惧内”的阐述和分类倒是很有意思，其所概括的情形大致有三种：势怕、理怕和情怕。而这三种“怕”又可以进一步分成九大类：“势怕”——畏妻之贵、畏妻之富、畏妻之悍；“理怕”——敬妻之贤、服妻之才、量妻之苦；“情怕”——爱妻之美、怜妻之少、惜妻之娇。

在中国古汉语中，“惧”解释为“畏”，很大程度上是包含了一种人类出于本能的对于德行修养高尚之人尊重的意思。因为“尊重”和“敬仰”，所以“畏惧”。这与看到鬼后的惊慌恐惧完全是两回事。所以，倘若把“惧内”一味归结于懦夫的行为，恐怕不恰当。

那么，出身寒门，又是汉人，靠自己的精明能干以及善于处理人际关系而平步青云的陈夔龙到底是哪一种怕呢？

陈夔龙身体很好，曾娶过三任老婆，前两个都是因病离世，最后娶的徐夫人出自浙江的名门望族，这位夫人的老爸老妈一点不知道计划生育，靠着自己有钱，一股劲地生了八个。其中这七个儿子全是科第出身，徐家门楣上有“七子登科”的匾额。

徐夫人为人大方，深懂礼节，中国传统女子之品德，尽在她身上展现。她的交际能力也相当强，到京城后很快就同王公眷属混得面熟，旗门子的福晋、格格，对这南国佳人非常喜欢，很快，这位徐夫人就和王爷奕劻的三个女儿以姊妹称呼，并时常到庆王府家中串门。

庆王府奕劻的福晋见她和气不过，便认她做了干女儿。事实上，这位老人家足可以当人家的奶奶了。有了这一层关系，奕劻就成了陈夔龙的干老岳父。时人一直以为陈夔龙是主动把夫人送上门当人家女儿的。这种说法似乎有点小人之心。当时就有人写了一首诗："居然满汉一家人，干女干儿色色新。也当朱陈通嫁娶，本来云贵是乡亲。"

不过有一点倒是真的，自从自己突然多了个老岳父后，陈夔龙的仕途好走了许多。陈夔龙升任漕运总督后，后又历任河南巡抚、江苏巡抚、四川总督、湖广总督等要职，奕劻自然是出力不少。这当然也是人之常情，试想，奕劻有那样一个好的干女儿，而这个干女儿又和他的老婆非常好，他又是个怕老婆的人，这之间当然有许多扯不开的关系了。正是通过这些关系，陈夔龙才得以白日飞升。当然，原本就怕老婆的陈夔龙到了这个份上，就更把怕老婆当成是人生必修课了。

他的这位老婆，把女性必修课也读得很好，但有一点却不尽如人意，那就是没有给陈夔龙生儿子。两人只生有一女，虽只有十五六岁，但丽句清辞，却是朗朗上口，徐夫人视之如掌上明珠，甚是疼爱。

这个小丫头死时，陈夔龙正在河南巡抚任上。小丫头死时，陈夔龙夫妇真是悲痛万分，尤其是徐夫人更是肝肠寸断，想死的心都有了。

陈夔龙无可慰情，便在府衙花厅里为掌上明珠设下灵堂。一时河南省几乎所有官员都到场吊丧。但这样，徐夫人也仍旧是要死要活。最终，她还是按爱女生前的遗愿，亲自将其棺木运回西湖安葬。杭州是她的老家，她就在附近买了一所房子，带了几个侍婢，静居家里。

陈夔龙在河南急得要死，怕老婆的他很担心老婆有什么闪失，就跟干老岳父求情，不久后，他就被调任江苏巡抚，夫妻团聚。

又是不久后，陈夔龙被调任四川总督，可是，徐夫人坚决不让。因为她听说四川之地没有道路，即使有道路也非常不好走。陈夔龙没有办法，就请老岳父出马，为自己在朝廷说话。最终，在奕劻的帮助下陈夔龙又调任湖广总督。让赵尔巽任四川总督，后人评论这一事时，说了这样一段话："以一女子之爱憎牵动数省督、抚，当时用人之得失盖可睹矣！"

但这并不影响陈夔龙作为高级官僚的资格，因为这里虽然有人情上的问题，可陈夔龙并非是昏官，到任何地方，他都可以胜任。

民国成立后，陈夔龙眼见天下沦落，就跑到上海当起了居士。可在上海住了没有几年，徐夫人就去世了。陈夔龙自然无限悲伤，可他没有再续的打算，有人说他是担心徐夫人晚上来找他。不过有一天，他用实际行动打碎了这一流言。陈夔龙在徐夫人死后，经常喜欢出去走走，一次，在一家服装店里他看见一具木制的模特儿，他就站在那里，竟然看呆了。第二天，坐了车来，又在玻璃窗外踱着瞧着，店员见一须发斑白的老者，长袍马褂寿头鞋，连日对着玻璃窗尽瞪眼，却也奇怪。第三天，第四天，他一直来，然后站在那里呆呆地看。[①]

终于有店员开口问他，有什么需要帮助的。他就指着那模特说，能不能卖给我？

店员经过经理的同意卖给了他，陈夔龙又在店中定制了几件高级绸缎衣裙。回到家中，他把模特摆在房间，然后给它穿上衣服，就那样，始终看着模特。

他的一位朋友后来说，那模特儿塑的，在眉目之间和徐夫人有几分相像，所以，陈夔龙老人才把它买回来，以寄哀思。

由此可见，陈夔龙的怕老婆，应该属于"情怕"——爱妻之美、怜妻之少、惜妻之娇。

---

①《国闻备乘》，第 78 页。

忠实的士

陈夔龙是典型的旧官僚，典型的中国传统知识分子。这样的人，具备保守的政治态度，施政上做出种种被后人认为的恶举是自然而然的事。

他一生都在对“激进”的“政敌”进行限制和不计后果的镇压。

陈夔龙有一个“三不”法。即“一不联络新学家，二不敷衍留学生，三不延纳假名士”。

在后来的上海，还有人讥他“太旧”，有人笑他“自苦”，可他仍旧保持着自己独门的微笑，只是微笑而已，从不理睬。在上海时，已经是民国，有人给他介绍和联络上述三种人物，他坚决摇头。总之，在他的一生中，凡是与新学、新人、新事物有关联的事物，他都要跟它们划清界限。

宣统二年（1910年），清廷“立宪”步伐走得非常缓慢。立宪派为了让清朝政府走得快一点，就领导了“国会请愿运动”，并最终掀起高潮。

清政府真是无计可施，只好一面宣布缩短成立国会的准备年限，另一方面严厉警告不许再闹，否则便要诉诸暴力手段。

请愿者中的激进派当然不会被吓倒。在那个时候他们这些激进派人物的心中，清政府就是纸老虎，他们继续组织活动，并强烈要求尽快召开国会。

作为激进派的主要活动地点之一的天津，有各团体代表近四千人联名上书，并发动学界罢学请愿，还与东北省区的同道们联络集结活动。

总督陈夔龙没有任何跟他们谈判的想法，发出严重警告，警示他们，这样做的行为是“大干法纪”、不得宽恕的行为，同时严饬各学堂校长传谕学生一律上课。

大家才不会去上课，好不容易闹将起来，几句话就摆平他们，他们自己都看不起自己。陈夔龙当然知道这些人是什么德行，他一方面发出警告，一方面不管那些人是否回去上课，就令警方将活动的主要组织者之一、天津学界请愿同志会会长温世霖秘密逮捕。逮捕后，他下令可不经任何司法程序，只是电奏清廷后，便火速将其押解起程，发配新疆。整个过程干净利落，使人叹为观止，更让激进人士咬牙切齿。但有人听到这个消息正准备营救时，温世霖已经在去新疆的路上了。

多年以后，陈夔龙忆及此事，仍对自己当时处理此事的速度和手段大为夸赞。

1911 年，武昌起义爆发，陈夔龙审时度势，为清政府出谋划策。当时的四川总督岑春煊正卸掉总督的位置准备去担任湖广总督，当时刚好走到湖北。陈夔龙建议清政府先撤去岑的湖广总督之职，把岑调进湖北，让他收复武汉。在分析报告中，他说，武昌兵变，都是一群乌合之众，如果调配得当，必能顷刻收复。

但是，清政府愚蠢到家，只是让陆军部编成一混成镇，兵不认识兵，将不认识将，又在路上磨蹭，到了汉口时，革命党已布置完毕，陈夔龙的提议等于是纸上谈兵了。

武昌兵变，袁世凯止在老家休养，他听到这个消息后，准备东山再起，就联合许多人替他在朝廷那里说情。陈夔龙也是被联络的人之一。

但他严词拒绝。

可惜的是，当时在朝中颇有声望的徐世昌把袁世凯从家乡拎了出来。陈夔龙得知这事后，长叹道：“袁世凯一出，清室遂危矣！”

他根本就没有时间在这种事情上长叹，因为他的地盘也开始了骚动。

新兵镇张绍实行兵谏，向清政府提出了政治改革纲领十二条，主要内容是要求速开国会，组织责任内阁，制定宪法。他们一面跟清政府谈，一面就把清政府的大批军火劫了下来。

陈夔龙不管，坚决镇压。

当时天津士绅和许多立宪派的议员纷纷恳请他顺应潮流宣布独立，并答应他，独立后的一切军事、行政仍由他主管，决不干预。

陈夔龙依旧拿出他的招牌，微微一笑，说道："君等所言，我已经仔细考虑过，武昌起义后，各省纷纷独立也是大势所趋，但直隶情形与各省不同，现在北京尚有皇上，如此大事必须秉承谕旨，岂能仿效各省私自独立。我作为直隶总督，在此动乱之时，只有保卫地方才是本职。"

大家还要说点什么，陈夔龙立即变脸，道："勿论新党旧党，或官或绅，遇有作乱犯上，扰乱地方者，杀无赦。"

不过，他的话并没有阻住清政府的垮台，1912 年 2 月 3 日，陈夔龙见大势已去，就以病为由，辞职而去。2 月 25 日，清帝下退位诏，清朝灭亡。

这年的 9 月份，陈夔龙一家移到上海，从此，他就过起了无可奈何的隐居生活。

他在袁世凯想要复辟的日子里大喜过望，但转眼就成失望，他在张勋复辟的日子里欢喜跳跃，但转眼又成颓唐。直到 1924 年 10 月，冯玉祥率兵进入北京，把宣统驱逐出宫。陈夔龙这才彻底打消了大清帝国归来的梦。

1948 年 8 月 17 日，陈夔龙为清政府效尽"余忠"，死掉了。第二年，新中国成立。他没有见到另一个世界，倘若见到，恐怕心情会好一点。

作为中国传统士大夫的一员，陈夔龙可谓非常"优质"，作为大清朝堂上的一位官员，他更是无可挑剔。他就是受到中国传统影响非常深的一个知识分子，一个帝国的官员。他向上爬的动力是为了实现传统士人的理想，他向上爬所使用的方法是中国封建时代官员都善于使用的方法。

这就是陈夔龙，即使民国将他的士大夫身份终结，在他心中和他曾经的履历的空白处，始终刻着"中国士大夫"五个大字。

王闿运后来对自己求仕与入幕曾作过一番总结："人各喜用其所短，如儒生言兵，经生言文是也。余少长兵间，人皆以文人待之，而独喜经世。"这正是一部分中国传统知识分子所遇到的难题——本来，他们是希望自己成为厨师，可偏偏有人认为他们是美食家。他们对于时人将自己视为文人深感失望。

在王闿运看来，此为用其之短，而其真正之长——辅助帝王将相之才却未被重用。

王闿运

"帝王师"之梦的幻灭

不过一个举人

湖南人王闿运出生于1833年。据他自己讲，出生前，他老父梦神仙贴四字于他家大门曰："天开文运。"所以，他老父亲则以"闿运"起名。但小时候的王闿运不但不聪明，反而愚蠢至极，每天读书不过百言，还一知半解，同学们笑话他愚蠢，他也只好"以勤补拙"。但终究以自己不喜中国传统文化而成为半瓶子醋。

传统中国，一般士大夫求仕为官的第一步是必须要通过科举考试的。王闿运可谓是典型的志大才疏之人，想要做官，却天生就不喜八股制艺。事实上，明清两代的优秀士大夫大都是做八股的好手。也就是说，在那个时代，人才的一个基本标准就是，你必须要通过科举考试。

王闿运一生参加三次科考：第一次为省城乡试。这一年他二十四岁，他原本不想去考，因为他知道自己是什么水平。但被母亲所逼，他只好硬着头皮去了，考试结果出来后，他中举人，但一点都不值得称道，因为不过是个第五名。但在当时的湖南，这样的成绩已足以让其家族欢欣鼓舞。①

因为不管是第几名，只要中了举人，就意味着离官近了一步，更为重要的是，举人的身份可以获得当时人们的认可，同时获得了入京参加会试的资格。王闿运当时踌躇满志，以为自己就要"天开文运"了。

两年后，1859年，王闿运仰着脑袋进京会试。湖南人此次进京不少，在考试完毕，等待发榜的日子，湖南人聚在一起，高谈阔论，天下大事仿佛是他们家的芝麻蒜皮小事一样。王闿运最好发立异之论，

---

①《天下残局：断章取义晚清史》，谭伯牛著，同心出版社，2006年6月版，第169页。

引得愚人鼓掌、小人发狂。

可当发榜之日，王闿运从榜首一直看到榜尾，两整面墙都看了，居然没有自己的名字，他大为愤怒。湖南人这次落榜的很多，大家叫骂一阵后就都耷拉着脑袋回老家去了。王闿运却没有，他留在京城，认为北京是文化与政治的中心，在这里，肯定能使自己得到好运。

王闿运家境不好，穷困之下，只能住在寺庙里。每有文人聚会，他就主动凑上去，但从不请客。不过，吝啬的人如果运气够好，总会有饭吃。在京城一年后，王闿运就结识了众多朋友。这些朋友中就包括当时的户部尚书肃顺。肃顺也不是一个学识渊博之人，不然，不会对王闿运极为赞赏，甚至还将王闿运请到自己府中，谈时局，谈古往今来。由于肃顺的传播，王闿运在京城有了很高的名望。

王闿运后来又参加了第三次也是最后一次科考。时间是1871年，这一年，王闿运年已四十。但是，这一次考试又让他名落孙山。

据他后来自己讲，一打开试卷，他就傻眼了："题纸下。一问经注篇目；二问正史得失；三问嵌辅水利；四问练兵；五问农官。"

如何应对呢？他当然不知道，于是回答了第四个问题："练兵无益。"第五个问题，他更不知道了，就随便写了一堆空话。

他知道这次自己又成废物了。但如果处理得当，坏事就能变好事。于是，他在试卷中写下了这样一段话："独修于家，则悔吝无因而至；一接与世，而荣辱忽已在人。"意思是说，我参加这样的考试，真是耻辱，从今以后我再也不考这样的八股了。

你看，就如同吃不到葡萄说葡萄酸一样，湖南人王闿运很懂得如何提高自己的才气，虽然他在试卷上的成绩狗屁不是。所以，王闿运终其一生，不过是个举人，而且是第五名。

大概是连考连败的原因，王闿运出了考场就写了一首罢试诗。并且，立志要让自己成为一个纵横家（帝王师）。

但这不可能，从历史上来看，没有哪个人不中科举而成为学问家的。但许多人都有自知之明，比如山东人蒲松龄，考不中，就去写短篇小说，成为小说家；梁山上的那个王伦，考不上，就去做强盗；唐朝时的黄巢考不上，就造反。王闿运哪样都不做，他非要做帝王师。

其实，王闿运真的是死要面子，非得考朝廷出的试卷。清末，只要你认识一个大官，就能得到功名。而王闿运一生中至少有两次机会可以得到功名，但最终还是竹篮打水一场空。

第一次是在给肃顺任幕僚时，上面谈到，肃顺这个人很是器重他。许多在朝堂上解决不了的大事，都会回来与王闿运一起商议。王闿运就会给他出主意，这些主意或馊或好，都能得到肃顺的认可。

但肃顺这个人虽然是满人，可他是个明白人。要知道，咸丰一朝，如果不是这位明白人左右支撑，时刻为皇帝解决朝廷危机，大清王朝恐怕真的不能再延续几十年。肃顺最让后人记住的是整顿吏治，杀满族大臣。他这样做，全是为满族人着想，杀人不是目的，目的是吓唬一下那些窝囊而又贪婪的八旗子弟。有一次，他对皇帝说，旗人全是混账。皇帝大为惊讶，但一想八旗子弟从人到废物的转变，也就认可了。

可话又说回来，历史上真正优秀的混账并不多，混账可以做出让你震惊的大事来。八旗子弟就做不出来，称他们为废物倒差不多。肃顺之所以是个明白人，还在于，他敢重用汉人。若不是这种眼光，太平天国恐怕已经取代大清王朝了。

这样一个明白人，如何看不透王闿运？

一次，他给咸丰皇帝解决难题，解决完毕，咸丰皇帝就问，这是你想的？肃顺说，是湖南举人王闿运。咸丰皇帝问道："怎么不让他到朝中效力？"

肃顺回答：此人很狂，非要中翰林。

咸丰皇帝就说，那就让他做。①

但肃顺没有让他做，有人说是王闿运拒绝，事实却是，肃顺并没有跟王闿运提到此事。正如他自己所言，王闿运太狂妄。

虽然没有做成大清的官，但王闿运在肃顺眼中仍然是最好的高参（也只能是个参谋）。

有一次，升任浙江布政使（副省级）的徐宗幹进京述职，专程到肃府送上五十两银子的“炭敬”；肃顺得知王闿运正在与一群人吃饭，就吩咐徐宗幹将“炭敬”转赠给王先生，意思是，你去给王参谋埋单吧。

王闿运后来提起此事，仍旧眉飞色舞，可见其虚荣心有多强。

肃顺的强烈重视，让王闿运受宠若惊。他不想仅做一个参谋，还想做点实事。恰好当时俄国在东北闹事，朝廷大惊。王闿运觉得这是一个显示自己能力的好机会，就向肃顺请缨，说要学习汉代张骞去做一番和戎的大事业。肃顺只是一笑，没有回答他。

肃顺把王闿运看透了，他只能在文章和嘴巴上建立成绩，让他去实践中，肯定不成。王闿运大为恼火，自尊心受到了严重伤害，不久，就拜辞了肃顺，去山东济南散心去了。

打他一到济南，生活就成了问题。如你所知的，穷人最怕穷，王闿运只待了两个月，就跑回京城来找肃顺。肃顺微笑着接纳了他，并且还赠他高级伏特加酒一瓶，聊表未能让他出使俄国的歉意。

但不出一个月，就有事发生了。南方的太平军出了两个牛犊——陈玉成和李秀成，在两人“不怕虎”的进攻下，大清军队连连败北。肃顺养了许多湖南人，比较著名的有六个，被称为“肃门湖南六子”。王闿运就是其中之一。这六位一商量，向肃顺提出一个建议：奏请皇帝将东南军政大权授予湖南人曾国藩。

这个提议不是没有道理，因为自曾国藩率领湘军战斗在长江两岸，

① 《大变局与狂书生》，王开林著，中华书局，2006 年 11 月版，第 199 页。

六年来，已经有力扼制了太平军的攻势。正是因为这样，太平军才找了两个猛人，要北伐。

而湖南人曾国藩此时没有朝廷支持，他无法调动其他军队来进行部署。肃顺听取了这些湖南人的意见后，就答应下来，果然，不久就有圣旨下给曾国藩，让他署理两江总督，并督办江南军务。

此举虽然是湖南六子的集体功劳，但王闿运仍然很高兴。毕竟，让老乡放开手脚去搞事业，其中也有他的功劳。

肃顺虽然待他不薄，可王闿运却是一个瘪三。有人对他说，肃顺的政治前途并不被看好，因为肃顺跟那位老佛爷的关系一直不好，而且肃顺整治朝纲时得罪了很多满族贵族。一旦皇帝有个三长两短，肃顺的脑袋在肩膀上的时间不可确定。

王闿运脑袋自然很灵活，对当时的朝中矛盾也有所了解，所以，他开始深入了解湘军的情况及太平军一方的“匪情”。当他自以为了如指掌了，就对肃顺请命，要去前线大展拳脚。肃顺这次居然让他走了。

于是，当年考了个第五名的王举人上路了。

据今天的有识之士来看，王闿运在肃顺幕府虽然只有一年多时间，但对后来的历史产生了很重要的影响。他们认为，王闿运最重要的一个行为就是鼓励肃顺用汉人，然后才产生了后来的影响，比如，太平天国被镇压了，使满汉贵族地主的联合政权得到了暂时的巩固；使得清廷的中央集权有所削弱，汉族官僚的地方势力逐渐抬头；还有就是，促成了清王朝的崩溃，政权落入袁世凯之手，以致有后来的军阀混战。

可如果我们仔细分析当时的形势，就知道，肃顺重用汉人是情非得已，因为满人几乎全成了废物，后来的老佛爷也重用汉人就是明证。恐怕从这一点上来讲，王闿运鼓励肃顺用汉人即使存在，也不过是蜻蜓点水，肃顺不可能以他的意志为转移，更何况，重用汉人本来就是肃顺的想法。

当逃兵的“帝王师”

做“帝王师”，是千百年来许多知识分子内心深处的一个梦想。

王闿运似乎永远没有这样的好运，他连皇帝是否长胡子恐怕都不清楚。但这并不影响他退而求其次，去做重臣师。

他与曾国藩早已相识。

1853 年初，曾国藩以丁忧侍郎奉寄谕在长沙举办团练时，提倡人人上书言事。王闿运就上书言事，被曾国藩召见。一来，他的上书的确有点水平，二来，大家都是湖南人，曾国藩就喜欢上了他。

随后，他又游历杭州、苏州，于咸丰九年三月抵达北京，参加会试。十几岁时，王闿运便已成为湖南著名的新锐诗人，此后岁月也顺风顺水。但是，这次考试却令人失望。在京城四月的晚风里，在寓所法源寺的丁香花下，二十八岁的王闿运吟诵着朋友的赠诗：“行藏须早决，容易近中年”，不禁感到一阵眩晕。

1858 年 3 月，曾国藩父亲去世时，王闿运曾亲自去拜过曾老爷子；

⊙ **王闿运**

王闿运，字壬秋，又字壬父，长沙府属湘潭人。由于他曾题居所为“湘绮楼”，人们又称他为湘绮先生。他生于 1833 年（道光十三年），卒于 1916 年（民国五年），基本与中国近代历史相始终，是近代卓有盛名的经学大师和诗文大家。

7月时，曾国藩受命从长沙起程到浙江，王闿运到长沙送行，这加深了他与曾国藩的感情联络。同年11月，湘军在三河镇大败后，王闿运又赶到曾国藩驻扎的江西建昌拜见曾。其时，曾国藩在军中大力提倡“艰苦耐贫”，他却不以为然，因为他是苦孩子出身，再也受不得半点苦了。所以他就身体力行地进行反抗：军中皆着棉布衣服，他却里绸外裘；晚餐大家都吃酸菜罗卜，他却有肉，而且有肥有瘦。不过，这似乎并没有影响到曾国藩对他的器重，几天后，王闿运就去了京城。不久，曾国藩就逐渐取得了清廷的信任。

当王闿运于1860年从京城来到曾国藩的大营祁门后，曾国藩对他的器重却不如从前了。

此时，曾国藩正准备攻打安庆。王闿运觉得进攻路线图不好，他给曾国藩提建议：“宜从淮阳进规常镇，使您的弟弟国荃攻安庆，左宗棠出浙江与安徽相响应。”但曾国藩没有听。

事实上，曾国藩虽口口声声说这个老乡很有才华，但他从来就没有听从过这个老乡的意见。1854年，太平军围攻岳州，官军溃退。太平军就攻陷了湘潭。王闿运此时正在军中。他给曾国藩出主意说：“您应该全力去救湘潭，如果败了就退到衡州。”

曾国藩当时向东下，所以并未采纳王闿运的意见，结果东下大败。

还是后来塔齐布将军采纳王闿运攻湘潭的建议，率官军大败太平军，致使靖港的太平军撤退，湘军这才保住了根。

还是在这一年，曾国藩占领武昌、汉阳，准备攻打九江，王闿运认为不好。但曾国藩依旧不听，他想直取南京，结果就是，他的水师被太平军袭击，险些全军覆没。1856年2月，王闿运通过对当时战局的考虑，劝曾国藩：“撤团防、废捐输、清理田赋以舒民困而清盗源。”曾国藩还是没有接受。总而言之，王闿运在曾国藩眼中似乎就是个屁。

王闿运似乎也觉察到了，很是恼火。不过，为了实现自己的梦，他又从另一个角度来给曾国藩出主意。他居然劝曾国藩与太平军达成协议，推翻满清政府，建立汉人政权，曾国藩觉得既可气又可笑。要知道湘军之所以建成，就是靠了他的“剿灭长毛贼”的煽动。现在与长毛贼合作，不是让天下人耻笑吗？

曾国藩表面上还是个君子，是重声誉的人，怎么可以做这样的事！

曾国藩不听王闿运的纵横之术倒没有什么损失，但他不听王闿运的军事建议，可就吃亏了。不久后，他的计划失败，太平军反攻，并团团围住湘军大营，曾国藩想突围已难于上天。

于是，他写好了遗书，准备一死了之。大家的心情都不怎么好，有位忠诚之士和大家谈话，说：“死在一堆如何？”

王闿运倒抽几口凉气，他想，他妈的，我千里迢迢跑到这里难道就是跟你“死在一堆”来了！他决定走，但又拉不下脸来在曾国藩面前说。幸运的是，曾国藩倒有知人之明，他把大家聚集到一起，下令：“有欲暂归者，支给三月薪水；事平仍来营，吾不介意。”①

我疑心曾国藩是想用这种激将法留住一些有血性的人，王闿运听了这道命令后，当然也是热血沸腾，因为他终于可以名正言顺地走了。仅仅三个月，王闿运就跑回了京师。一路上，他还在想，老乡曾国藩现在不知道怎么样了。

“帝王师”做了逃兵，并不是什么丢人的事，因为他还没有做上帝王的师傅。所以，他日成为帝王师，大家也会秉承着英雄不问当年的信条，不会问起他这次做逃兵的事情的。

王闿运回到京城不久，咸丰皇帝就在热河避暑时去世。得知消息后，王闿运咬着牙最后一次给曾国藩建议。他希望这位老乡能自请入京，阻止慈禧太后垂帘听政。并且教给了曾国藩怎样实现这个美梦的方法：“申明祖制，庶母后不得临朝，则朝委裘而天下治。”

据说，这一次，曾国藩有点动心，但终究未行。原因是，朝中已

---

①《湘绮楼日记》，王闿运著，中华书局，1987年11月版，第48页。

有载垣、端华、肃顺等八大臣理朝政，汉人曾国藩这样做，只能引起朝廷的猜疑，曾国藩可是表面上的君子，他不会干这种有损自己声誉的事情。

不过，王闿运的建议似乎是给曾国藩下的咒语，只要他不听，事情肯定就会与曾国藩的所想反着走。不久后，辛酉政变发生，肃顺等人被诛，慈禧太后垂帘听政，王闿运当时在山东，听到这消息后，痛哭不已。有人说他是为肃顺而哭，也有人说，他是为曾国藩不听他的建议而哭。

不论如何，王闿运在那段时间把所有理想都放在了曾国藩身上。1864 年 8 月，他在广东潮州听说湘军已攻破南京，急忙想去南京拜见曾国藩；还没有起程，又听说曾国藩正准备解散湘军时，他居然连声叹息，大概还怀有“朽木不可雕”的感慨吧。

不过，附在曾国藩身上的理想破灭后，王闿运似乎清醒了很多，他跑到衡阳石门归隐，准备从此后，专攻学术。

曾国藩为什么屡屡不听王闿运的？似乎原因很明显，曾国藩和肃顺看法一样，王闿运这个人是个狂妄之徒，说话没谱。听了这样人的话，岂不是自寻死路？

或许还有一个原因，他当初当了曾国藩的逃兵，一向标榜礼义廉耻的曾国藩当然看不惯这样的人了。

不过，这并不影响王闿运的未来。十四年后，四川总督丁宝桢又向他伸出了友谊之手。丁宝桢是贵州人，咸丰进士，曾在湖南岳州、长沙做过知府，还当过山东按察使、山东巡抚之职，1876 年升为四川总督，请王闿运出山那年是 1878 年，正是丁总督在四川活力充沛的一年。

丁宝桢任山东巡抚时认识了王闿运，此后，两人友谊深厚，并结为儿女亲家（王闿运的女儿王莪嫁给丁宝桢的第八子丁体晋）。

1878 年时，王闿运已经不是从前的王闿运了。十四年时间，他博览群书，把从前没有读懂的书全部读懂，而且也不如从前那样敢想敢冲，想象力大为减退。所以，丁宝桢曾几次邀请他，都被他婉言谢绝。后再三催促，王闿运才出山。

1882年，也就是中法战争爆发前一年，英俄两国窥视西藏。丁宝桢对此非常重视，力主加强边防。王闿运一眼就看透英国的目的是想将西藏从中国分割出去，与毗邻西藏的印度、缅甸，一起纳入其殖民体系之中。于是，他给丁总督作了一份报告，中心就是："经营西藏，通印度、取缅甸，以遏英、俄、法之窥伺，且自请出使以觇夷情。"

但这份计划后来并没有实行，因为丁宝桢老了，身体非常不好，精力有限。王闿运在给好友的信中也谈到这个问题："稚公折节不交，非为兴学，豫知英人必窥西藏，欲储幕府材耳。今国有谬议萌芽，养兵待用，而此公衰病日增，闿运又丧去长妾，明春议起，恐俱不待矣。天意难回，诚可三叹。但世事梦幻，就令真成事业，收场时亦复何有？有此一段愿力，便隐然有鞭笞鳞介之形，虽一无成，不足恨也。后世当有知者，况见在尚未遽散乎？"

1886年，丁宝桢病逝。王闿运神情平静，只说了一句话："丁之殁，吾志之不行也！"自此后，谁也没有听到他关于西藏的经营之语。

这一次，王闿运没有当逃兵，而是默默地走出四川，回湖南教书去了。

有人推测王闿运官运不通是因为他被肃顺之党牵连，或以为他不喜为官。

事实上，根本就不是这么回事。

"名满天下，名谤天下"

"肃门四学士"中有个叫郭嵩焘的后来在讨平太平天国的战事中得到升迁。虽然只是六部堂官，但至少证明了所谓老佛爷给肃顺一党贴

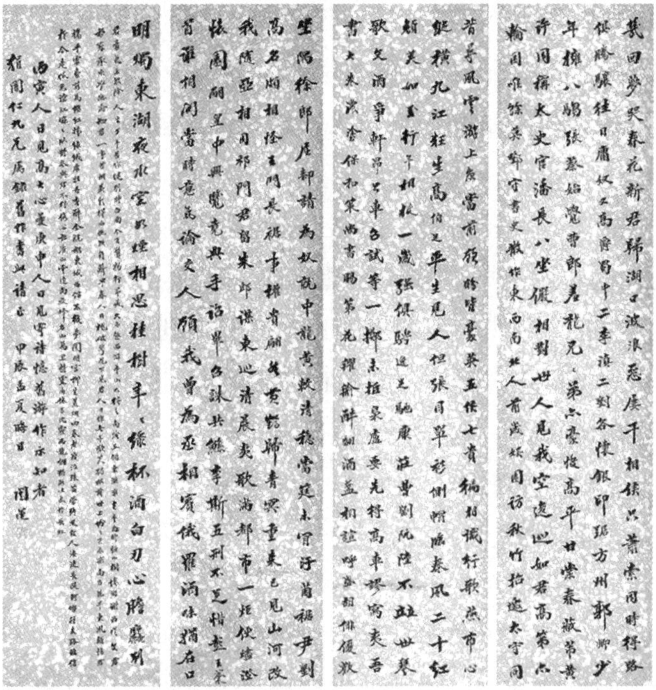

⊙ **王闿运诗作**

王闿运是一代诗文大家，民初汪国垣作《光宣诗坛总录》列他为诗坛头领，冠于一代诗人之首。左图为王闿运手书诗作。

标签的事情并不可靠。

所以，王闿运的官运不通是因为他被肃顺之党牵连的说法就不攻自破了。

王闿运最终没有得到重用，其狂妄应该是原因之一。这种狂妄早被肃顺看在眼里。当时的恭亲王奕䜣也有过这样的认识，王闿运没有考中状元在北京的那段日子，恭亲王奕䜣听人说起这个人才，就去拜访他。两人谈起国事，王闿运大出狂言道：“国家强盛，需要各种各样的人才。依我看，李鸿章搞洋务太差，大学士络宝鋆这样的人，居然让他管行政，想要图强，想都别想。”

恭亲王出了门就冷笑道：“此处士之徒为大言也。”从这以后，再也没有见过这位好大言之徒。

讥评别人的同时，他常自炫已才，经常对人说：“余殆所谓有圣人之学，而无圣人之材者。以外观之，余才胜人十倍，正以多才乃无才也。”

中国古代不乏狂人，单就“狂”来解，有两种。一种如孔圣人所谓“狂者进取”，对此我们可以作褒义的理解；一种则是丧心病狂，是病症。

但中国人一旦得知狂的人是一个读书人，就肯定用第一种解释来为其开脱。

王闿运之狂自然属于第一种解释，但又高于第一种，他狂在想做“帝王师”。论级别，皇帝的老师在官阶中算最高一级，属于“三公”之列，称“太师”。但是，终其一生，王闿运连进士身份都不是，一般的座师、房师——进士出身、派任科举考官的人，被其录取的举人、进士尊其为师——他都做不了，他竟要做太师！看来，他确实有够狂。

这是一种什么狂呢？不自量力，未尽然。

我们还得从各个方面来分析他的狂。

王闿运家境贫寒，父亲又早死，母亲辛苦将其养大。他饱受艰辛，就连读一本课外书都要去借别人的。这当然要怪湖南，因为那个地方一直就是个穷地方。所以，读书人多，大家都想走出这个穷山恶水之地。在清代，其他地区的人出去是为了做一番事业，唯独湖南人是为了生计。

穷人是可怕的，穷人的孩子更可怕。因为他们饱受富人的冷眼，所以，湖南的穷人一不留神就造反，没有能力造反的就揣着一颗强烈的自卑心闯世界。而王闿运属于后一种。①

从心理学上来分析，王闿运的狂妄在性格类型上可以看成是高自卑型性格。自卑是人本主义心理学的一个重要概念，它是指人对自我概念的评价，实质是人是否喜欢他本人所认为的自己。高自卑的人倾向于较高地评价自我，但同时又贬低别人。他们惯用的一种手段就是，以自己的短处去攻击别人。比如他的眼睛有问题，他就经常攻击别人是瞎子。

王闿运的自卑心开始恐怕没有那么强烈，因为他在外地所遇到的

① 《曾国藩和他的幕僚》，史林著，中国言实出版社，1997年1月版，第66页。

大都是他们湖南的穷人。但是，他的这些同乡都有个功名，而他只是个举人。这一比较，他的自卑心就更强了。四十岁那年，他一见试卷就傻了眼，因而他自我安慰道“举人乃人材之薮”，如此可笑的议论正说明了他内心的热衷与自卑。

这个世界上有一种自卑的人，遇到挫折后，不会把自己锁在深屋里哭泣，相反，他们会有言行来证明自己的存在，引起人们的注意。可用主流言行，又不是他们所擅长。于是，他们就剑走偏锋，做出了被后人认为是狂或者是怪异的事情。

言论上，王闿运标新立异，行止上，王闿运当然不会落后于言论。他曾经收过一个铁匠为徒弟，被时人议论纷纷。铁匠叫张正阳，平时打铁，晚上无聊时总会借景生情，小吟一首。一日，见院中白桃花盛开，月色又好，忽然吟道：“无上清高月，知无好色心。夭桃今献媚，流盼情何深！”有人听到了他这首诗，大惊道：“您的诗跟孟郊有一比啊？但是想要成名，非得请王先生指导不可。”张铁匠暗下决心，一定要成为王阁下的徒弟。一日大雪，张铁匠冒雪前往王府。看门的见他粗糙得很，便不让他进。张铁匠大怒，道：“我有诗给王先生看，你们不要狗眼看我！”看门的见他怒气冲冲，又见他强壮得很，只好请他进入。王闿运正跟一群士大夫吃饭，张铁匠就把诗递了上去，王闿运看完，赞叹不已，对众人说道：“你们谁能做出这样的诗来？”没有人回应，从此后，王阁下就收了张铁匠为徒。

但这种事做多了，就没有意思了。读书人想要引起别人的注意，自然要在见解上下工夫，于是，王闿运在八国联军入北京，国人纷纷要求爱国保国时，他就发了这样一段思想：“彼入京师而不能灭我，更何有瓜分之可言？即令瓜分，去无道而就有道，有何不可？……”

他的意思是说，八国联军如果真把中国给瓜分了，那就是中国之福，因为满清政府是无道的，瓜分后，八国肯定要实行有道之政。

够惊世骇俗了吧！

这种“无耻”话语居然被后人记录下来，还分析其爱国的进步性，认为中国应摆脱爱国（“狭义的国家主义”即狭义的民族主义）而去爱制度。也就是说，大家要在“民主”与“民族”的排序中，要以民主优先，民主比民族更重要。

等于说，英国在国外建立的许多殖民地，由于实行了好的制度，那么，这些殖民地的人倘若反抗，就是不知好歹，该天诛地灭。

仅凭这种言论，王闿运就该被中国人诛十族！

王闿运不光有惊人之语，也有惊人的失语之时。王闿运曾对西洋人发明的轮船就大发“狂语”：“火轮者，至拙之船也。洋船者，至蠢之器也。船以轻捷为能，械以巧便为利。今夷船煤火未发，则莫能使行；炮须人运，则重不可举。若敢决之士，奄忽临之，骤无所恃，束手待毙而已。”

这话的确糊弄住了当时许多愚蠢的国人，不过后来西方人用这种“至拙之船”和“至蠢之器”打开了中国的国门后，王闿运却死鸭子——嘴硬，仍然坚持自己的判断没有错，以为西人的“‘奇技淫巧’原无足道者”。

据说，王闿运的这种狂言险些没有要了一个英国水兵的命。当时，这位英国水兵在甲板上听到了王闿运有关轮船的“高论”后，笑得差点没有上来气。

钱钟书的父亲钱基博先生曾说，王闿运无论是当时还是后来，八个字足以概括其生平，即：名满天下，谤满天下。

可以看做是名士

说到王闿运“谤满天下”，也许对他太不公平了。现在，我们可以说说关于他作为名士的那一面了。

王闿运幼年聪慧，三岁识字，九岁读完五经，十四岁就已“文翰颇翩翩”。他十九岁参加县试，取中第一名。后入长沙城南书院学习，与李寿蓉、龙汝霖、邓辅纶兄弟以诗歌唱和，结“兰林词社”，人称“湘中五子”。他一生著作丰富，著有《湘绮楼诗集》《湘绮楼文集》《湘绮楼笺启》《八代诗选》《唐七言诗选》等。他对于经学的研究自有特色，创获颇多，是影响晚清经学的走向和转型的一位经学家。王闿运的经学著作有《周易说》《尚书笺》《尚书大传补注》《诗经补笺》《礼经笺》《周官笺》《礼记笺》《春秋例表》《春秋公羊传笺》《论语训》《尔雅集解》等十余种，两百多卷。著述之众，用力之深，影响之大，在近代罕见。

王闿运的文章在时人和后人那里，都被认为是汪洋恣肆、见解独到的优秀文章，往往给人以振聋发聩之感。民国的大总统黎元洪在给王闿运的挽联这样写道：“司马笔精堪接轨，公羊学统在传经。”可谓一语中的。

光绪三十二年（1906年），在湘绮楼讲学的王闿运被巡抚岑春煊推荐给清政府，清政府终于授他翰林院检讨的官职，辛亥革命前，又加封他为翰林院侍讲。民国二年，袁世凯聘他为国史馆任馆长，编修国史。兼任参议院参政，后来，逊清遗老们与袁世凯搞复辟，王闿运见不是路，就辞职了。

1916年，八十三岁高龄的王闿运在家乡无疾而终，他给自己写的挽联终于把自己定义为名士：“春秋表未成，幸有佳儿述诗礼；纵横计不就，空余高咏满江山。”

人之将死，其言也善。恐怕这副自挽联真的就说中王闿运的身份了。

作为中国传统之名士，王闿运的确有合乎标准的地方。比如他隐居于衡阳石门时写的《湘军志》可谓秉笔直书，把曾国藩的弟弟曾国荃在攻下南京后的无耻行径全都写了下来，曾国荃见到这本书后要杀他。王闿运就把原版交给了曾国荃，说，以后我不印了，绝版。

可他到丁宝桢那里做幕僚时，又写了一本《湘军志》，还是那些内容。曾氏也无可奈何，他们当然也想明白了，再让他交出来，只要他不死，还是会写。

后来，民国大总统袁世凯请他做国史馆馆长，他到北京赴任。到了新华门里面，他慢慢地抬起头来看，对旁边的人说，我老眼昏花，新华门什么时候改成新莽门了？

新莽就是汉朝的王莽，篡位而建立新朝。

大家都知道，他这是在骂袁世凯。袁世凯本来是清朝大员，居然做了民国大总统，王闿运心里很瞧他不起，所以就开了这样一个很正经的玩笑。

在国史馆上班后，他见袁世凯把民国搞得太不像话，就写了一副对联："民犹是也，国犹是也，何分南北；总而言之，统而言之，不是东西。"横批是"旁观者清"。[①]

他把"民国总统"四个字都镶进去，意思是，"民国总统，不是东西"，袁世凯你到底想把国家搞成什么样子，有人看着呢。

有一次，湖广总督张之洞请他吃饭，可能吃的是火锅，吃着吃着就热起来了，王闿运趁势就把裤子脱掉了，上面穿了小褂。大家都觉得他很没有礼貌，张之洞也觉得他有点过分，就问他：您不一直号称名士吗，名士还不穿裤子？

王闿运一面吃，一面解释说，伏羲神农可都是古代的圣人啊，他们都不穿裤子，我这个名士穿裤子做什么？

张之洞大为不解，王闿运就继续说道："咱们中国在汉武帝以前，都是不穿裤子的。您刚才提到名士，孔老夫子可是大名士吧，他就不穿裤子，孟子当然也不穿裤子，因为当时没有这个习惯，都是上下盖住就算了，裤子可是后来才发明出来的东西。

---

① 《李敖有话说（5）》，李敖著，中国友谊出版公司，2006年1月版，第71页。

张之洞也不知道是真是假，见他一本正经的样子，只好一笑了之，继续吃饭。后来，他在一次饭桌上又一次重申了这种思想。

有一次，湖南主席谭延闿来为王闿运祝寿，王闿运仍旧穿着清朝服装，脑袋后拖一条小辫，还是满洲人的服装。在饭桌上，他一边跟谭延闿聊天，一边就开这位主席的玩笑，说你看，咱们俩穿的都是外国的服装。

谭主席一愣。

王闿运就哈哈一笑，解释道："我穿的是外国的服装你明白吧，我之所以说你穿的是外国的服装，因为你这是西装，西装也是胡服啊，也不是我们中国的衣服。"

谭主席还是一愣："我们中国的衣服是什么样的？"

王闿运很正经地说道："我们中国的服装没有裤子。"

王闿运虽然是读书人，但他看不起一般的读书人。因为他觉得知识分子都没有什么用。可他自己呢？他自己一生为了让自己有用而奔波，到最后，仍旧是没有用的。

王闿运还有一个特点就是许多名士的特点，那就是在近乎恶作剧的戏谑中，发泄着自己的不平。他晚年时，最喜爱的女儿所托非人，女婿不仅吃喝嫖赌，不务正业，而且还对其女儿大打出手。女儿写信向他哭诉，他在信旁一笔一字地批道："有婿如此，不如为娼。"

表面上看，他是非常愤怒，但却是写给自己看的，其实还是一种对自己的戏谑。

大概是太标新立异了，王闿运的风流韵事的女主角居然是一个老妈子。

王闿运早年曾有过妻妾，但都在他之前走了。丧偶的王闿运，已经没有了续弦的想法。但他却有一个年轻人才会有的癖好——每夜如果没有妇人陪睡，他就失眠。可是，他又没有妻子和小妾，又不想找妓，只有一个办法，就是家里人。于是，王家的老妈子就纷纷走进了他的房间。

这里最有名的就是周妈。周妈一进王闿运的屋子，从此就是“万千宠爱在一身”了。王闿运睡非周妈不香，饭非周妈不饱。有一次，他把周妈气走了，周妈走了三天，他就三天没有吃饭。周妈回来后，他已要不行了。周妈走到他床前，说，吃饭了。他一听到是周妈的声音，两眼放光，居然跳了起来。[1]

爱之深，自然宠之切。他跟周妈的事，从不避人，不仅在写给别人看的日记里写，而且每次出行必要带着周妈。甚至有一次，居然当着自己的弟子与周妈亲热。

他到北京做国史馆馆长时，就带着周妈上路，路过武汉时，湖北督军王占元请客，按照规矩，老妈子是不能上桌吃饭的。可王闿运居然让周妈坐了上席，周妈狼吞虎咽，陪坐的先生们瞪圆了眼睛，王闿运哈哈大笑，笑他们没见过世面。到京后，袁大总统设宴招待，周妈就坐在王闿运的旁边，吃饭时，大家都跟王闿运说话，可王闿运却忙着给周妈碗里夹菜，袁世凯有几次问话，他因为给周妈夹菜都没有回答。

但是，正应了那句俗话，女子与小人难养也。王闿运对周妈越是好，周妈越就登鼻子上脸。

国史馆馆长王闿运慢慢地就发现这个老妈子很难缠了。首先就是，在国史馆的杂役人员的安排上，周妈要插手——她要用自己家乡的亲戚。

王馆长本来就不想管这些琐事，自然很高兴地将招聘人手之事交给了她。周妈搞定这些后，突然觉得原来自己手中还有权力，就开始运用这种权力。京城上下都知道想要让王馆长办事，只要通过周妈就可以。

于是，来走周妈后门的人日益增多。周妈见人太多，又见这里果然有捞头，就给自己弄了张名片，名片上是王闿运的亲笔，上面六个大字：王氏侍佣周妈。

---

① 《大变局与狂书生》，王开林著，中华书局，2006 年 11 版，第 78 页。

王馆长写了这几个字，本来是哄她玩的，可谁想周妈居然用这种名片假借王闿运的名义，写信替人求官，后来还带了一帮人跑去妓院闹了一场。

这下，王馆长出名了。京城上下无人不知他有个周妈。王馆长作为名士，脸上自然就挂不住了，把周妈叫来，先是一顿训斥，然后是让她把做过的好事一一说来，把收到的钱财拿出来。

可惜晚了，女人，倘若在开始时管束不住，将来就永远也别指望。周妈是什么人，是一典型的农村妇女，她哪里受过王闿运这样的气，先是站在那里，然后突然把头发弄乱，大叫一声，躺在地上打滚，又哭又闹。泼妇表演了几分钟，王大名士可就受不了了，还得跟她赔不是。我们真替王大名士感到悲哀。不过，谁让他标新立异，搞了这么一个中年妇女呢？

如果不是后来王闿运的学生杨度帮助袁世凯闹恢复帝制，还真不知道将来会发生什么事情。但是，袁世凯闹帝制是想自己做皇帝，可逊清遗老们却以为袁世凯想还政于清。于是，他们欢呼着起来大叫。两方都挂着羊头，袁世凯却是在卖狗肉。为了让卖羊肉的懂点事，安静一点，袁世凯捉了几个卖羊肉的。王闿运见形势有点不对头，就对弟子杨度说，风声有点紧啊。杨度对老师说，您传授给我帝王术，我现在正在为老师开路呢。

王闿运知道，大事不好。他可不想在这浑水里摸，摸到鱼还好，一旦摸到地雷，那就是粉身碎骨了。于是，他就找了“周妈瞎搞”的借口，辞掉了国史馆的馆长，袁世凯也知道他家里有那么个不懂规矩的玩意，就准备批准放人。可还没有下令，王闿运早已经收拾行李上路了。这样讲来，周妈瞎搞倒还帮了王闿运一个忙。

事实上，王闿运把周妈抬得这么高，除了满足原始本能之外，还附带有笑骂官绅贬损官场的意思。不论你什么大场合，来的人有多么高贵，我不管，我就带周妈一起，事先讲好，她必须要时刻不离我左右，也就是说，款待我，就得款待这个乡下来的粗鄙的老妈子。王闿运的想法其实可以这样来理解：我带了这样一个上不得台面的东西，而你们带的却都是有头有脸的人，我们让这么个东西跟你们在一起，平起平坐，我不就是捉弄你们了吗？！

或许，这只是一种猜测。而王闿运先生的一生倒容不得我们半点猜测。

王闿运的求仕旅程完全可以忽略不计，但他的参谋生涯却一直是后人研究他而关注的焦点。因为在没有成为他自己所谓的名士之前，“经世致用”精神一直在他的头脑中，牵引着他的所言所行。正如一个想要成为修建大厦的工程师没有机会画蓝图，就去当盖楼工一样，他想亲身实践，把自己在纸张上所学到的东西运用到实践中来。

他也曾意气风发、踌躇满志过，他也为了实现传统知识分子所追求的“修身、齐家、治国平天下”的美好愿望而打拼过。

但由于他所表现出来的言行大多不合时流，在别人看来，带有很大的理想成分，所以难以与他人达成共识，有曲高和寡之意味。当然，因他自卑心理而表现出来的恃才傲物等性格因素也制约了他的施展。

王闿运后来对自己求仕与入幕曾作过一番总结：“人各喜用其所短，如儒生言兵，经生言文是也。余少长兵间，人皆以文人待之，而独喜经世。”

这正是一部分中国传统知识分子所遇到的难题，本来，他们是希望自己成为厨师，可偏偏有人认为他们是美食家。他对于时人将自己视为文人深感失望。

在王闿运看来，此为用其之短，而其真正之长——辅助帝王将相之才却未被重用。事实上，如果从他自身的总结来看，他不被重用，是一部分传统知识分子曾经面临过的事，如战国时的韩非、西汉时的贾谊，等等。但同时，正是由于这种真正之长的不被重用，才让他们回头，成为纯正的名士，而不仅仅是知识分子。

毛泽东曾在《论人民民主专政》一文中说：“洪秀全、康有为、严复和孙中山，代表了中国共产党出世以前向西方寻找真理的一派人物。”康有为，这个寻找真理的人，一生都没有改变他心中的理想。这种精神太值得我们敬佩了！

康有为

一生，一个信念

能折腾的书生

康有为是个很能折腾的读书人，这位生于咸丰八年（1858年）二月初五的广东南海人，天生就继承了广东人“冒险犯难”的优良传统。尤其是在他拜于义理学大师朱次琦门下后，更让他的“冒险犯难”的秉性慢慢演进成以“救国救民”为己任的思想。但实事求是地讲，朱大师并没有传授给他“在思想上突破传统，开创新境”的胆识。康有为后来所做的一切大概都是从娘胎里带来的，一年后，他辞别朱大师，跑到家乡附近的西樵山白云洞隐居起来，专攻学问。不过，此时的他，或是面壁日久，灵光突现，他抛弃了义理之学，投身于佛道之学。

光绪八年（1882年），在母亲的要求下，曾靠着祖父“连州公”因公殉职的功绩而得了荫监生的康有为去北京考试。

不过，这次考试在康有为看来，不过是给母亲一个安慰。清末，一部分知识分子对国家考试的态度已经成为了应付父母之命了。这年的5月，康有为才不紧不慢地起程，5月底，才经天津入京城，心不在焉地应付完这场考试之后，就开始了京城观光。在北京游玩了一个月后，他就乘船沿运河南下，沿途游过扬州，看过镇江，登平山堂，泛舟金、焦二山，顺长江，直抵上海。等他在上海乘船南下返乡回到老家时，已是这一年的农历十二月初了。

这趟几乎走遍了半个中国的旅行，给康有为印象最深的就是上海之行。五光十色的大上海，让康有为仿佛进入了一个梦幻般的世界。最使康有为感慨无限的是上海与沿途所经之处的巨大反差，在仅仅四十年的时间里，上海在外国人的治理下，发生了翻天覆地的变化。

他想知道西方人到底有什么奇技，就在上海的书店里购买了许多西书，回到老家后，这些书成为他不离手的东西。

这些西书在康有为面前重新为他展现了一个全新的世界，由此，康有为在头脑中构筑了一个崭新的体系，他也正在以全新的目光重审着这个泱泱大国五千年的文明史，重审着身边周围已经被人们熟视了的一切。

第一桩被他看不顺眼的便是裹脚！

为此，他特意成立了一个叫南海戒缠足会的组织，这个组织的出现，在南海、在南粤都引起了极大的震动。可以想象，当时更多的声音是指责和侮骂。

要知道，对已经把缠足当成人生不可分割的一部分的中国妇女来讲，康有为的提倡简直是伤风败俗，不得好死。

康有为虽然喜欢折腾，但群众的口水可以淹死人，他倒是见识了。不久后，这个南海戒缠足会就关门大吉。康有为不能闲着，他又把目光对准了八股制。

1884 年，法国向驻军越南的清军宣战，法国人分两路进逼中国：陆军屯师于中国西南门户镇南关下，水师游弋于东南各海港，整个中国南方处于一片恐慌之中。是年 8 月下旬，即法军攻入马尾军港数日之后，清朝廷下令对法宣战，南国门户广州也就此宣布戒严。

康有为在这段时间写下了自己对哥白尼、牛顿这两位天文学和物理学巨子崇拜和倾心的文章，文章中其“勇于开拓的勇气和魄力”毕现。

1885 年 3 月（光绪十一年二月），凭借着刚刚接触的天赋人权的平等观念，康有为写成了《人类公理》一书，在这部书中，他用了最天真的想象力为人类社会设置了一套恢弘博大的“实理”——几何学中所谓的公理——从议会制度到民权民主，从男女平等到婚姻自由，从宗教法律到政制民事……①

写成这本书后，他原本是要去京师的，但就在准备好一切后，他

① 《大同梦幻：康有为文选》，姜义华著，百花文艺出版社，2002 年 1 月版，第 3 页。

突然头痛，如同中了邪，在床上翻来覆去睡不着。据今天的医学水平，可以断定其得了神经性头痛。但当时中医却很难看得出来。在此后的一连好几个月里，康有为坐卧不宁，每天只好用毛巾裹住脑袋，在室内徘徊呻吟。各处名医好手都被康有为的母亲请来纷纷下药，可都无济于事。康有为绝望了，他以为自己只能活二十七岁，不过他并没有等待死神的降临，既然中医无法让自己好起来，不妨试试西医，他开始研读西医书，创试西药。经过一个时期的自我治疗后，他居然使自己的病情好转了，到了这年的阴历七月，康有为在近半年的大病之后，终于靠着“西学”起死回生，自己医好了自己。

⊙ **康有为像**

康有为（1858-1927），近代思想家、文学家。曾先后七次上书，请求变法图强。主要著作有《新学伪经考》《孔子改制考》《大同书》《南海先生诗集》等。

不过，进京城的打算被他放弃了。人在大病一场后往往会与此前的自己不同，康有为平静了许多，再次隐入西樵山白云洞中一面养病一面读书去了。

1888年6月，康有为应好友翰林院编修张鼎华的邀请，第二次进京。不过，当康有为到北京时，这位朋友却病躺在床上，不久便去世了。

也就是在这样的情况下，康有为在京城郊区四处转悠，北京秋天的冷风吹得他一会儿清醒一会儿糊涂。正是在这一段时间里，他首次在文章中谈到了一个词。这个词在后来让中华大地激动不已，又悲伤不已。这个词就是：变法。

心中一有了变法这个想法后，就付诸行动。

京城就在天子脚丫子下，但要见到天子，简直难于上天。康有为当时是一平民百姓，想要见到天子的概率几乎是零。于是，他想先让天子见到自己的思想。而能传递给天子思想的人除了王公大臣，还能有谁呢？

康有为最先找到的大臣是当时的工部尚书，兼署军机大臣，人称潘官保的潘祖荫，康有为以青年人特有的血气和热忱，向这位军机大臣倾诉着自己对于国事的忧虑。

在发出信后，长时间没有回应。康有为开始一稿多投，又给户部尚书、军机大臣兼总理衙门大臣兼光绪帝师傅的翁同龢寄了一封信。

总之，只要他认为是合格的可以与天子对话的人，他都尽可能地联系。不过，大概是因为康有为乃一平民的缘故，当朝权贵们即使收到了他的信，也以身微言轻将信放置一边，没有人愿意跟他胡闹。“变法”这两个字在这些人眼中无异于洪水猛兽，祖宗之法是可以随便变的吗？

所以，这些信就如同投进了坟墓，得不到一点回音。仅仅有一点收获就是，京城士子们都知道了有康有为这样一个人，而且这个人敢想敢做，太能折腾。

在京城折腾了一段时间后，康有为的思想还是他自己的思想，他希望知道他思想的人仍旧是不知道。1889 年 9 月份，康有为无奈地离开京城，回到老家读书去了。

就在第二年，康有为结识了梁启超，两人后来都成为风云人物。在这次长达四年的读书岁月中，康有为著作丰富，但都是对中国古籍的解读。

而康有为对时政的看法，或者说是对自己一心想要变法的思想始终就没有放弃，一个人只要认定一个目标，不惜任何方法去进攻，总有一天，这个目标会被他实现。

康有为能折腾，但却是以自己多年来的学问为基础的。没有金刚钻，不揽瓷器活。艺高人为什么敢杀人放火，夜里上房？就是因为他胆大，而胆大是因为他艺高。

康有为就是因为艺高，所以胆大，心里有底，自然就频频跟朝廷提变法了。

而朝廷在某种程度上也确实在等着这种人的出现。一方面，他们担心这样的人出现，一方面，当时的形势又不得不让他们承认，这种人迟早会出现的。

变法前后，如梦如幻

1891 年，康有为的《新学伪经考》问世，全书含叙目发例一篇，考辨十四篇，二十余万字。这本书告诉了大家这样一件事：中国流传几千年的古文经学都是后人伪造的。所以，在这些经文中所出现的孔子也是伪造的。现在，应该还孔子以本来面目。其实，他真正的目的就是想告诉大家，你们一直认为是祖宗法的东西全是假的，那么，我提倡的变法就不是变更祖宗之法，而是戳穿假的，重新建立一种真的。

《新学伪经考》一问世，立即在中国思想界“掀起了一大飓风”，以今文经学为武器，横扫上千年来的古礼旧制和圣人经典，这种石破天惊、振聋发聩的作用和效果，前所未有。

果然，《新学伪经考》以其少有的离经叛道在中国的政学两界产生了康有为预期的影响：第一，清学正统之立足点，根本动摇；第二，一切古书均需重新检查估计。

清政府大为恼怒，立即要求相关官员查办此事。康有为在梁启超的左右周旋下才躲过了这场“文字狱”。

康有为本来就是个能折腾的人，躲过这一劫难后，他仍旧要写。因为《新学伪经考》只是提出问题而没有解决问题。康有为是个有始有终的人，他必须要把孔子的“真经”和“大义”到底是什么的问题解决了。于是，必须要有回答这一问题的书出来。

1895 年 8 月，答案《孔子改制考》成书问世。二十一卷，三十四万字。

按康有为自己的话来解释这本书，就是：先秦六经都是孔子亲作，其中所涉关于神农、黄帝、尧、舜、禹等上古文物和制度并不存在，皆为孔子所假托。那么，孔子为什么要“托古”呢？就是为了“改制”。

因为先秦诸子，自周衰礼废，大凡通权达变，关心国事的人们，“罔不托古，罔不改制”，孔子也只是其中之一。孔子以“布衣改制，事大骇人，故不如托之先王，既不惊人，自可避祸”。[①]

等于说，康有为给孔子加了一个身份，也是他一直想做的身份：托古改制的先师和样板。

中国最正统最传统的知识分子们大怒了，悬挂在他们脑袋上散发着五颜六色光芒的圣人孔子，居然是个挂羊头卖狗肉的家伙。是可忍，孰不可忍。

大家鸣鼓而攻之。

康有为见有人注意他，很是高兴，干脆又提出新观点：应该废大清年号，采用孔子纪年。

这就是托古改制，后人称之为改良思想。也正是通过这两部“荒诞不经”的著作，康有为终于确立了自己在中国改良时代公认的领袖地位，他的门生梁启超和真男人谭嗣同都称他为“孔教的马丁·路德”。

而那些正统的知识分子如翁同龢却认为他“窜乱六经，虚妄荒诞，居心叵测，乃经家一野狐禅而已！”

两部书问世不久，就有人直指康有为：抄袭！这个人就叫廖平，曾是张之洞的幕僚。他说，《新学伪经考》《孔子改制考》就是剽窃自

① 《康有为政论集》，康有为著，中华书局，1981 年 1 月版，第 11 页。

他的《辟刘篇》《知圣篇》。

1890 年春天，康有为刚从北京回到广州在安徽会馆居住时，听说经学家廖平到了广州，其时正下榻广雅书院，立即携老乡黄绍宪一道前往拜访。两人就经学中的各种问题进行了长时间的切磋和研讨。临别时，廖平还将自己的两部著作，《知圣篇》和《辟刘篇》送给了康有为。

可奇怪的是，康有为后来无论是写的日记还是著作中，都没有提到过这样一个人。对在广州的这次交往，他也绝口不提，讳莫如深。一年后，当康有为的《新学伪经考》出台时，廖平立即跳了出来，说无论是在内容还是在观点上，就是剽窃了自己的书。①

当年廖平所提出的指控，由此而成为晚清学术史上最大的版权官司。本来，天下文章一大抄。康有为完全可以跟廖平有话好好说，至多完全可以承认，自己是受了廖先生的启发而写成的这两本书。但是，这场官司由于康有为的拒不承认而使得学术界极为震动。

其实，问题就出在康有为本人的性格和脾气上。康有为读了那么多书，不是白读的。读书可以使人自信，这是一个很浅显的道理。而知识让康有为成了一个极具自信和自尊的人，有时甚至几乎近于托大。在他的一生中，连承认错误的时候都很少，更不要说以一方学术领袖的身份和地位来承认自己蹈袭了别人的学术成果了。

于是，廖平的指控就仿佛打到了弹簧上，不但对手不会接受，而且还会反弹。

不过，康有为抄袭了廖平的著作应该是定案。他的弟子梁启超在后来一篇赞美老师勇于创新的文章中说：康有为“见廖平所著书，乃尽弃其旧说”。这句话恰好从反面证明了康有为的确是看过廖平的两本著作的。

康有为死后，被国人认为是经学大师。而对于这段公案，许多人

---

①《康有为传》，纪能文著，安徽人民出版社，1998 年 10 月版，第 78 页。

都想弄个水落石出，因他们就是想知道，自己心目中的大师到底是一个什么形象。

20 世纪 60 年代前，美国一位研究中国儒家的学者在考证康廖一事时，就指出，康有为与廖平的确见过面，并且还谈了很多关于经学上的问题。分别后，廖平就把自己的两本著作送给了康有为。

倘若把康有为的身份看做是一个作者，那么，他的这种行径是可耻的。但是，倘若将他看做是一个一心想改变中国现状的士大夫，那么，他的这种行径可以原谅。因为即使他是抄袭者，他也是敢于将这种思想公诸于世，在他之前，别人根本不知道廖平的那两篇著作。

也正是他的这种不怕虎的精神和临危不惧的胆识从此改变了中国的历史。

这场官司后来不了了之。因为康有为因时局的突变很快转移了关注，而做了一件事，那就是被中国人永远记在心上，并为之感动的“公车上书”。

“公车”二字大有来历，汉朝时，朝廷实行征辟制度，凡被征召入京的封职文人学士，都有享用公家车马接送的待遇，时人称文人学士为“公车”。后来各朝实行科举，就取消了“车接”这一制度，但人们仍称这些入京应试的举子为“公车”。

当时，康有为在前一年，也就是 1895 年已经成为“公车”，1896 年这年按照惯例，大家要来京城考进士。康有为在京城时刻注意着中日双方的动静，不久后，中日发生海战，大清帝国一败涂地。

正在参加会试的各省举人哗然，一股爱国激情喷涌而出。康有为更是不能自已，连夜起草了长达一万四千字的上皇帝书，我们后来称之为万言书，在这封奏书中，他提出了“下诏鼓天下之气，迁都定天下之本，练兵强天下之势，变法成天下之治”的政治主张。

我们今天来看，康有为的确是一个文才出众的人，该文慷慨激昂，一气呵成，并在文字中浸透了他变法思想的精髓。不要说是当时人，

⊙ **学子忧国公车上书**

光绪二十一年（1895）清政府与日本签订《马关条约》。在北京参加会试的康有为联合各省举子，于四月八日联名上书光绪帝，请求拒和、迁都、变法，提出了资产阶级维新改良的政治纲领。

就是今天的我们读来，仍然会被康有为那满腔热血、对祖国的爱所深深打动。

万言书完成后，康有为召集各省举人齐集松筠庵，可正当大家讨论将万言书交给朝廷之时，传来了《马关条约》已经签字的消息，第二天进士榜又贴出，康有为榜上有名。这两件事使得历史上所谓的康有为领导的“公车上书”半途而废了。①

所以，他后来在给自己编的年谱中所谓的1895年5月2日，自己发动十八省一千二百多举人上书的事纯属扯淡。事实上，1895年，中国历史上的确有公车上书。1895年5月2日这一天，湖北、江西、浙江、河南、山东、四川等地的举人纷纷上书，多达十五起。还有官员上书，为国家献计献策。唯独没有康有为领导的什么“公车上书”。

但这并不影响他继续后来的变法主张。在中得进士后，他并没有留下来做官，而是继续不断上书，并出版《中外纪闻》，组织了“强学会”，每隔十天举行一次聚会，讲演世界形势，探求中国自强之道，宣传维新变法。在这一时期，后来的“六君子”纷纷成为康有为的忠实听众，康有为的维新实力已经初具规模。

① 《温故戊戌年》，张建伟著，作家出版社，2003年10月版，第113页。

维新运动兴起后，朝廷中的顽固派严厉打击之，康有为在北京不得安身，只好南下到上海、南京、两广等地组织学会，出版报刊，为变法维新奔走呼号。在他的号召下，一些维新志士纷纷响应。两年后，康有为回到北京，在北京成立了“保国会”。这无疑等于抽了清政府一耳光，保国本是朝廷的事，现在沦落到让读书人来保了。

如何保国，康有为当然有一定的主张，但有一个主张很让当时人吃惊。就是，他想把中国人移到巴西去。他说：中国人满久矣，美国、澳洲现皆正禁我殖民，且两处都乱离迫至。遍考大地之内，可以殖民地区，只有巴西纬度与我国最为接近，地域数千里，亚马逊河横贯其中，肥饶衍沃，人民仅八百万，倘我就此移民巴西，则可以建一个新中国。

等于说，中国现在实在保不住，也不是没有办法，那就是弄一批人到巴西，只要“保住了种”，待强大后再从头来过。

这也正是他找到李鸿章的最直接原因，据说，李鸿章当时听着康有为在那里说这个移民计划，听着听着就有点困，最后摆了摆手说，“想法不错，此事如能办妥，自然不妨去做。只是要使这么多的中国人一下子都迁到巴西去，总也得要巴西国来使求我才合乎程式呀！”

另外，李鸿章哪里有心情搞移民，他已经被德国人和俄国人给搞得脑袋大一圈了。1898 年，德国人把军舰开到了山东，强占了中国的胶州湾。借口就是有两个他们国家的传教士死在了山东。

但是，借口的背后如果有军队，借口就会成立。德国一占胶州湾，沙俄眼急了。它也把舰队派进了中国北方的唯一军港旅顺。

这两个强盗拿着枪，站在甲板上，要中国来谈判。此时，清廷负责外交的全权大臣就是李鸿章。但他又不能做什么，要在海上打仗，军舰在几年前就全被日本人一窝端了。他所能做的只是低声下气。

1898 年 3 月，也就是康有为入京的两个月之后，李鸿章与德国驻华公使海靖的交涉谈判已进入了拍板阶段。德国人说，想要自己撤兵可以，但要把胶州湾出租给他们九十九年，没有租金。还有就是中国仅有的铁路之一的胶济铁路和路旁三十里内的矿山开采权。

正当李鸿章要在这个苛刻条件上签字想要万事大吉时，在旅顺的俄国人不干了。因为他们听到消息，法国人得了很多好处，并且这种好处可是不费吹灰之力得来的。

于是，俄国人立即向中国驻俄专使许景澄发出最后通牒，强调他们提出的租借旅顺、大连的要求必须在十四天内得到答复。

那个时候，列强都跟警犬一样时刻盯着中国这个“嫌疑犯”，一有风吹草动，他们肯定最先知道消息。数日之后，英国人就来了，率领远东舰队强行占领了威海卫，限中国两天之内答应其租借威海卫的要求。几乎是同时，倭寇恼了，他们认为清政府太懦弱了，向清廷提出“严正”的照会，声明清廷不得再将福建及沿海岛屿租给别人，以防伤到他们的利益。

美国人离中国太远，知道消息后，却行动最快。美国人讲民主是出了名的。他们说，自己不准备再跟中国要什么，但是人人平等，别人有的，他也得有。也就是说，所有列强的在华利益都必须一律对美开放，这就是“利益均沾”。

中国政府只能答应，不然，还能怎么样？如同一只要死的绵羊，别人用刀叉要腿要尾巴，绵羊还敢怎样，也不能怎样。

但读书人不了解政府的苦衷，尤其是北京城内的读书人，人心震怒。

康有为又上书都察院，请求维新变法。这一次让光绪皇帝看到了，他一看到康有为的上书，仿佛是打了兴奋剂，立即派人去找康有为，要见他。

但是按照规定，康有为只是进士，没有资格见皇帝。

有人就想出了一个主意，说还是先让他到总理衙门，让众人见上一见，问上一问，倘若真能对答如流，再见也不迟。

于是，光绪二十四年的正月初三，康有为走进了总理衙门。

来当康有为考官的有：总理衙门大臣大学士李鸿章、军机大臣帝师翁同龢、兵部尚书总理各国事务衙门大臣荣禄、刑部尚书廖寿恒、户部侍郎张荫桓。清廷的一流决策人员大都来了。

康有为见到诸位，真想说几句“幸会”。康有为明显地嗅出了皇上对于变法维新的兴趣和国事的希望。他想这一时刻已经想了多年，今天终于美梦成真，见到这些人，就等于快要见到靠狗才敢出门的财主。只要这些狗肯对自己摇尾巴，或者是不对自己龇牙咧嘴，那见到财主——皇帝——的时候就不远了。

关键的问题就是，如何让狗摇尾巴。

康有为先是论述了自己的维新变法主张，论文过后，就是答辩了。

最先问的是荣禄，他是老佛爷的人，一个坚定不移地想把中国推进万丈深渊的人。正是因此，他才成为当时权倾一时、炙手可热的人物。康有为论述的时候，他就心不在焉，喝着茶，不知道在想什么。康有为一说完，他立即以坚定的口吻说道：“祖宗之法不可变！”

然后，眼睛就看着房顶。

康有为也立即反驳：“祖宗之法是用来治理祖宗领土的，今天祖宗的领土都保不住了，还谈什么祖宗之法呢？”

荣禄卡了一下，但还是说了一句话：“祖宗之法不可变！”

“那么，”康有为略带着笑意，“我们现在所处的这个总理衙门，可是祖宗之法没有规定的。怎么现在有了呢？法律因时制宜，祖宗之法不得不变。”

荣禄被彻底卡住了。①

廖寿恒似乎是想解决此时的尴尬，问道：“那么在你看来，改变成法应当从何入手？”康有为随即答道：“宜变法律，官制为先。”

---

①《中国的奋斗》，徐中约著，世界图书出版公司，2008年2月版，第103页。

“然则能将六部尽撤，则例尽弃吗？”李鸿章终于发了话。

康有为看着他，说道：“今天是列强并立的时代，不再是以前‘大一统’的局面了。现在所用的法律和官制，已经完全过了时效，中国之所以危亡，正是由于这些旧法律、官制所造成的，现在的官制，全应该撤掉，即使一时不能尽去，亦当斟酌改定，新政乃可推行。”

李鸿章没有再问话，因为他觉得康有为说的还是有点道理的，不像“移民”之事那么荒谬。

翁同龢一直在点头，见没有人问了，才慢慢地问道：“如果要实行新政，那么经费从何而来？”

康有为回答：“日本行过银行纸币，法国行过印花税，印度行过田税，以中国之大，若制度既变，可比今十倍。”

似乎是怕这位老人听不明白，康有为逐条地为翁同龢陈述了法律、度支、学校、农商、工矿、铁路、邮政、会社、海军、陆军等各项新政之法。

最后，康有为给这些人推荐了一本书：“近来下官编有《日本变政考》，是关于日本维新的，我都在书里谈到了，日本人仿效西法，法制甚备，与我相近，我们不妨照猫画虎，此书可供各位采鉴。”

这次答辩后，光绪皇帝从各官员递上来的报告中毅然下定决心，坚决变法图强！

这年的6月11日，光绪帝颁发《定国是诏》：

> ……朕维国是不定，则号令不行，极其流弊，必至门户纷争，互相水火，徒蹈宋明积习，于时政毫无裨益。即以中国大经大法而论，五帝三皇，不相沿袭，譬之冬裘夏葛，势必不两存。用特明旨宣示，嗣后中外大小臣工，自王公以至士庶，各宜努力向上，发愤为雄，以圣贤义理之学，植其根本，又须博采西学之切于时弊者，实力讲求，以救空疏迂谬之弊。专心致志，精益求精，毋徒袭其皮毛，毋竞腾其口说，总期化无用为有用，以成通经济变

之才……

五天后，康有为被光绪皇帝秘密召见。两人从早上八点一直谈到十点多，康有为才出皇宫。从此，一个国家的命运、一个民族的前途也就和这个职卑位微的中国士大夫紧紧地联系在一起了。

不过如你所知道的，由于光绪皇帝的种种变法使得老佛爷很是担心权力丧失，所以，其失败就是必然的。

我们今天看康有为，大家都一致认定他是一个惊天动地的人物，可这种惊天动地，只局限于他的思想。但是，康有为以及他手下的那些人，根本就不可能在当时帝后矛盾非常深的环境下生存。

当老佛爷觉得自己的权力或者说是自己的人掌握的权力被一天天挪走时，她当然要着急。这个权力欲要比性欲强出许多的老女人在这年的 8 月底把亲信荣禄从天津召来北京，老佛爷倾诉光绪皇帝翅膀硬了，而那些维新小子们又登鼻子上脸，日子没法过了。

荣禄替主子分忧，说，真要是这样，可以等到 9 月天津阅兵的机会，把皇帝废了。

老佛爷是否认可了荣禄的意见，不得而知。但自此之后，京城内外都开始流传老佛爷要废皇帝的消息。

9 月 12 日，光绪开设懋勤殿的提议遭到太后当场否决后，维新人士知道，传言可能要成为现实了。

该年的 9 月 15 日，光绪皇帝眼皮直跳，他立即给维新人物谭嗣同草诏一封，并交由杨锐带出，诏书是这样的：

> ……果使如此，则朕位且不能保，何况其他？今朕问汝：可有何良策？俾旧法可以全变，将老谬昏庸之大臣尽行罢黜，而登进英勇通达之人令其议政，使中国转危为安，化弱为强，而又不致有拂圣意。尔其与林旭、刘光第、谭嗣同及诸同志妥速筹商，密缮封奏，由军机大臣代递。候朕熟思，再行办理。朕实不胜焦急翘盼之至。特谕。

康有为不可能坐以待毙，他立即准备先下手为强。从 12 日到 21 日老佛爷发动政变这期间，康有为一刻都没有闲着。他先是找到拥有七千士兵并始终搞不清楚到底站在哪一边的袁世凯，希望他能站在自己这一边，把老佛爷势力一窝端。并且给他吃安心丸，说：已经布置好了一切，定下日子，毕永年会带一百人进颐和园把慈禧太后干掉。不过，让康有为愤怒的是，袁世凯后来告了密，甚至连维新分子毕永年也提前逃跑了。

值得一提的是，这道诏书后来被康有为篡改了，修改成：朕维时局艰危，非变法不能救中国，非去守旧衰谬之大臣而用通达英勇之士不能变法，而太后不以为然。朕屡次几谏，太后更怒。今朕位几不保，汝可与杨锐、林旭、谭嗣同、刘光第及诸同志妥速密筹，设法相救。十分焦灼，不胜企盼之至。特谕。

两道诏书一比较，就可以看出，康有为伪造的密诏最关键的有两处：一是康把光绪帝给谭嗣同的密诏伪造成给他本人的；二是和光绪帝密诏原意（想办法既不得罪太后，又能使变法继续下去）完全相反，变成了要他“设法相救”。

康有为一生都没有承认过自己想“以兵围颐和园”，为了遮盖这个谎言，他可谓处心积虑。谭嗣同被捉后，于狱中的墙上写了一首诗，原文是：

望门投趾怜张俭，直谏陈书愧杜根。

手掷欧刀仰天笑，留将公罪后人论。

有聪明人可能看出来了，这不是我们今天读到的那首谭嗣同写的诗。可是，这的确就是谭嗣同写的，而我们今天见到的《狱中题壁诗》则是康有为改过的：

望门投宿思张俭，忍死须臾待杜根。

我自横刀向天笑，去留肝胆两昆仑。①

我们再比较一下，两首诗的不同，谭嗣同的原诗中已经出现了当时大家想要兵变的话：公罪。并且说，无论这种想法正确与否，留给后人去评论。而经康有为这么一改，谭嗣同就成了一个冤人了。

康有为真是做了一件好事，为我们树立了一个英雄，居然骗了我们那么多年。其实，他又何尝是真的为谭嗣同着想，他是担心后人知道自己曾有过“以兵围颐和园”的丑事。

这不就等于造反吗?

一个维新变法，让康有为搞成了如梦如幻的历史疑案。

1898 年 9 月 21 日，老佛爷下旨捉维新分子，康有为没有去死的心，只好逃跑。事实上，他这个时候如果能和谭嗣同一样故意被捉，历史对他的评价恐怕永远是正面的。即使有人翻出他那些造假事件，也不会太深责他。因为他就不会有后来的那些丑事了。

以四海为家

1898 年 10 月 27 日，康有为乘英国客轮“重庆”号逃抵日本。清朝驻日公使李盛铎在得知康有为来到日本后，立即致电清政府。慈禧太后旋即命令李盛铎派密探秘密跟踪康有为，活要见人，死要见尸。

但是，交代给李盛铎的任务并不容易，因为康有为一直被日本人保护着。日本人当然有自己的打算，在当时，孙中山正在日本招兵买马，准备发动革命推翻清政府。日本人想借此机会促成革命派与改良派的合作，孙中山对康有为的到来表现出了极大的热情。他多次与康有为商谈合作事宜，并希望康有为放弃保皇改良主张，实行“革命的办法”来拯救中国。这位一直坚持革命的孙先生和一直坚持保皇改良

① 《温故戊戌年》，张建伟著，作家出版社，2003 年 10 月版，第 124 页。

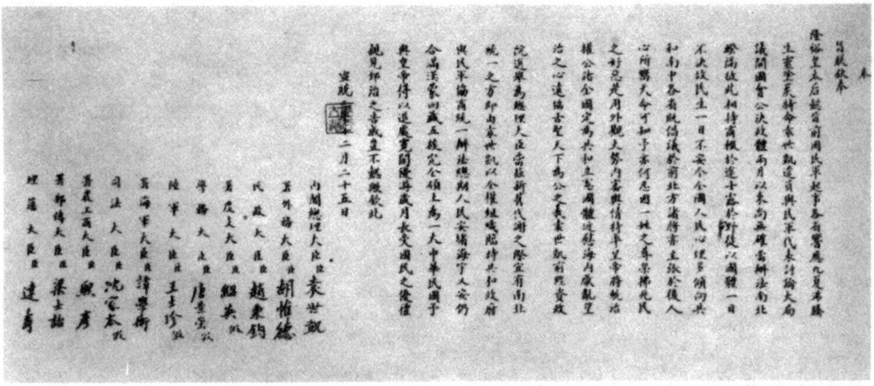

⊙ **清帝退位诏书**

1912年2月12日，清政府颁布了退位诏书。清帝的退位标志着中国结束了两千多年的封建专制制度。

的康阁下始终不能谈到一起去。

孙中山并不是中国传统士大夫，他永远都不会懂得康有为为什么会死守着那个已经没有用的光绪皇帝而不放。从中国传统道德来讲，做皇帝的想要得到读书人的心，简直太容易了。只要教会他们四个字：礼义廉耻。以礼待之，读书人就会感动得眼泪鼻涕同时出洞，并且在心上刻下“知遇之恩”四个字。要为君分忧，不然就是不义；要忠于君主，不然就是没有廉耻。

一次，孙中山与几个革命党人到康有为的住处去拜访。康有为和平时一样，睁了睁眼，对孙中山说：“因我有衣带诏在身，恕我不能起身迎接先生。失礼！”

“衣带诏”就是他伪造的那份光绪诏书。

孙中山不理会他，坐下后，其中一个每时每刻都想革别人的命的革命党人对康有为的行为很不满，大声地对他说：“满清已经无可救药，您也应改弦易辙了。”

康有为把眼睛闭上，不听。

革命党人又继续说：“更何况，您对满清也算是鞠躬尽瘁了。可是换来的是什么？是他们要杀你，而您还在这里帮他们！”孙中山插话：“只要您肯革命，一切事情都好说。我们联合起来，中华有救。”

康有为一副懒懒的样子，说道：“生，我是大清子民，朝廷重臣。皇上对我恩重如山，倘若我辜负了他，遭天下人耻笑。”

革命党人立即反驳道：“你不能因为皇帝对你好，就不救中国了……”

康有为睁了眼，坐正了，说道：“我当然要，但不是你们那种救法。一旦时机成熟，我将兴勤王之兵，杀回京城，解救圣上。”

革命党人冷笑道：“您是真不知还是假不知，如今慈禧掌握着中国，您拿什么来救？即使救出，皇上早变成傻子了。”

康有为瞪着他，想要发火，可终究没有发，慢慢地闭上眼睛，说道：“今上圣明，迟早有掌权的那一天。而革命是名不正，言不顺的。我看，还是你们改弦易辙吧！”

大家见谈不来了，只好告辞。

1899年春天，康有为来到了他流亡生涯中的第二个城市加拿大。

康有为到加拿大后先是住在温哥华。后来，他又去墨西哥和美国居住了两年。当时的爱国华侨同样也是读书人的冯俊卿帮他在加拿大购置了房屋，并给房屋起了一个古色古香的名字叫“廖天室”。康有为在这里活得很舒服，许多华人都知道他在祖国干的那些事，佩服得不得了。康有为就在众人仰慕的环境中今天游个小岛，明天去泛舟吟唱，饱览当地的奇异风光。

革命党人对他仍旧不死心，革命党人对这样一个既无权又无兵的人为什么这么感兴趣，很让人费解。不过孙中山说得好，改良人物在中国还有很多，康有为这个人有着很大的影响力，拉拢到了他，就等于拉拢到了一批背着炸药去搞刺杀的死士。

在多次与康有为接触后，革命党人发现，这个人这辈子恐怕就是要保皇了。与他们的杀皇背道而驰。渐渐地，革命党人对他就失去了兴趣。

在一次美国西部的非士那 (Fresno) 演讲中，康有为结识了年仅十七岁的华裔姑娘何金兰，这位姑娘爱上了比自己大出三十二岁的康有为。经过康有为朋友的撮合，康有为与何金兰结成夫妻。婚后两人生有一子一女。后来，康有为四处游历，都是这位小康夫人帮他做翻译工作。

结婚后，康有为又跑到了墨西哥，在这里他用半年时间得出一个“印第安人可能是中国人的后裔”这一假设，当时立即引起了许多历史学家的注意。不过还没有等历史学家作出正确的论断，他已经跑到印度北部山城大吉岭去了。这一年是 1902 年。大吉岭离喜马拉雅山不到八十公里。

1904 年 6 月，康有为到达意大利。这年年底，他到达瑞典，买下了位于斯德哥尔摩东南沿海的一座小岛，并在岛上建起中国式的园林，取名“北海草堂”，直到 1907 年，他才离开瑞典去了法国。据他自己后来所记，他自己曾七赴法国，八去英国，十一次出入德国，还游历了荷兰、比利时、西班牙、希腊等国。

如果在那个年代做一个旅行者评选的节目，康有为一定能获得金奖。

那么，康有为游历了这么多国家，他的游费是从哪里来的呢？

康有为每到一处，首先是招集华人，给他们做演讲。然后让他们捐款，名曰保皇费。然后，他用这笔款项，去投资房地产。

1906 年春节，他回到墨西哥。当时墨西哥城正筹款修筑有轨电车，康有为就利用各地华侨提供的捐款，购置电车轨道经过之处的地产。只过了一年，这些地产价格升值好几倍，让他净赚了相当于今天的七百多万元人民币。

有两件事可以证明，康有为在国外动动嘴巴赚来的钱是相当可观的。第一件事是，他每年都会给弟子梁启超和他的家人五千银元。第二件事就是，他成立了“保救大清光绪皇帝会”，简称“保皇会”。这个保皇会运作的所有资金都是他动嘴巴赚来的。

虽然身在海外，但康有为一直没有改变过拯救光绪帝的心愿。他在海外成立了“保救大清光绪皇帝会”，成立了“保皇军”。并在英国、美国到处游说集资，建立了“保皇会”的分部。

康有为成立保皇会，首先是招兵买马，组织军队。

那次政变之所以失败，在他看来，就是因为没有自己的军队。当时有人向他力荐一人。小矮个，驼背，弱不禁风。经过询问，康有为才得知，此人曾就读于美国西点军校，可终因身体原因没能被军队录用。所以，现在是不得志分子。

这个人叫李荷马，由于是好朋友强力推荐，康有为只好用他，但并不太在乎。可是随着交往的加深，对李荷马的军事才能有了深入的了解后，康有为对这个驼背刮目相看了。

不过，他应该知道中国有个成语叫纸上谈兵。他根本就没有看过李荷马参加战斗过，他所了解的李荷马，只是对军事思想背得滚瓜烂熟而已。

或许是饥不择食，康有为因为非常希望得到一位优秀的将领，所以就认定李荷马是优秀的军事家。在精心准备之下，他代表光绪皇帝册封李荷马为“大将军”，让他来训练“保皇军”，同时，还发给他一套大清帝国的将军服。李荷马穿了两天，就因为很难受脱下来扔到一边去了。

为了让李荷马知道自己是多么的重视他，康有为在“保皇会”总部的办公室里，并排挂了两张照片，一张是他自己，另一张就是穿着将军服的李荷马。不过李荷马很矮，两张并排的照片挂在那里，仿佛是一个男人领着一个“混血儿”一样。

驼背李后来真的被证明是纸上谈兵的废物。1899 年，他被康有为派回中国，经过康有为的介绍，他跑到山西在维新派人物的帮助下组织了一支“保皇义勇军”，准备杀回北京救驾。

但该他倒霉，还没有等他准备一半，当地官府就知道这个美国残疾想干什么了，遂迅速采取行动，逮捕了“保皇义勇军”里许多中级指挥官。李荷马虽然是个军事上的废物，但战略转移用得还非常不错，成功逃脱。真是出师未捷人先死。李荷马哪里肯认输，在经过短期强化训练后，他又组织起了一支义勇军，这一次，他真的向北京进发了。

但他没有进入北京，因为他到达北京的那一天，恰好是“八国联军”攻入北京的那天，慈禧和光绪早就逃了。

他的使命就是“保皇”，光绪既然在逃跑，他当然要去追。于是，他带兵一阵猛追。追上后，他也不说明来意，直接真刀真枪的与清军干上了。结果，他的保皇军被击败，他再次战略转移，跑到了香港。不久，老佛爷回北京后，记起了在逃跑时有个残疾闹事，就悬赏捉拿他。他只好逃到日本，后来，李荷马被孙中山高兴地接纳了，成了一名革命党。

康有为得知后，骂这个残疾是“袁世凯第二”。

在失败中慢慢平静

康有为本来想一直就这样流浪远方的，但是，让他最为生气的是，1912 年 3 月 10 日袁世凯当上民国大总统后，居然陆续电邀他回北京。康有为当时年纪很大，没有跟这个背信弃义的浑蛋见识。他也不是很想回国，因为自从 1911 年以来，他知道了孙中山领导的革命党夺得天下后，心情就一直不是太好。

直到 1913 年 8 月，他母亲去世的消息传来，他才在 11 月回到了阔别十六年的祖国。回到祖国后，已是民国。可他欲哭无泪。因为袁世凯把民国上下搞得乌烟瘴气，简直还不如大清国。

他用知识分子的口吻对别人说，一个赳赳武夫如何能治理好国家呢？岂不是越治越乱？！

所以，他拿出了自己的主张，那就是重新让皇帝归来，然后实行虚君共和。这是他在流亡生涯中一贯主张的，归根结底，仍旧是保皇思想。

如何保皇？必须要有皇帝，皇帝要坐在龙椅上，他才可以去保。

袁世凯似乎了解这个曾经差点成为一个战壕战友的人，他适时地宣扬孔子，祭拜孔子。康有为不为所动，因为他知道这个人和他一样，提孔子只是一种搞不可告人的手段而已。

1915年，康有为预感到该死的袁世凯即将称帝，他试图通过一些实权人物来劝阻袁悬崖勒马。当时，康的亲信弟子潘若海（之博）、麦孟华（孺博），时称“二博”，是江苏督军冯国璋的座上宾。在康有为的授意下，潘若海利用冯国璋脱袁自保的心理，劝冯保持中立，并在适当的时机反袁。同时，潘若海还运动了广西都督陆荣廷，让其在广西独立的同时，对付袁的死党广东都督龙济光。

果然不久后，袁世凯就宣布自己是中国的皇帝，可他这个皇帝从始至终就没有过一天安稳日子，大家抱着各种目的来讨伐他。1916年3月，正值西南护国高潮，康有为给袁世凯写了封劝退信。这封信一开头就给了袁世凯一口痰：慰庭总统老弟。然后就开始教训：现在中国形势非常不好，如果是能救国而致富强，那共和总统也好，帝制也罢，都可以。我一向认为，共和、立宪、帝制皆为药方，只要能治病，管它味道如何；制度也是一样，可以强国即为上策。你反对共和，自称为皇帝，若能像拿破仑那样，使国家富强自立，赢得万众景仰，也不是不可以。可你看看你现在，搞成了一锅粥，你没那本事，做什么皇帝呢？被你这么一搞，原本就一塌糊涂的局势更是不忍目睹了，而你呢？可能最后连总统这个本钱都捞不回来，这是何苦呢！

最后，康有为不知是戏弄还是真的就这么想的，居然给袁世凯指出三条明路：一是明哲保身，当机立断，早让权位，去海外当流亡客。他称这一条路为上策。第二条路，大布明令，保守前誓，维持共和，除帝制，废洪宪年号，他挖苦说，即使是做不成总统，总比你身败名裂好，为中策。最后这条明路，你可能走不习惯，你就坚持下去，逆民心而动，强行冒险，受皇位，改纪元，然后看是死路还是活路。至于你何去何从，我只是提醒，关键还在你自己。①

据说，袁世凯看到这封训斥挖苦兼而有之的信后，气得死去活来，但他还是选了康有为指示的第二条路。该年的 3 月 22 日，袁世凯宣布撤销帝制，恢复共和。

其实康有为这么做，一方面是报当年袁世凯背信弃义之仇，另一方面，他还是坚持着自己的信念，那就是，保皇。袁世凯虽然是皇帝，但不是康有为认可的，这个家伙不过是汉朝的王莽而已。康有为要保的皇帝是大清的皇帝。

自此之后，康有为仍旧不拥护共和，希望可以恢复帝制。大概正是这种政治见解不同，他与他最得意的弟子梁启超分道扬镳。

1917 年终于来了，对于部分如康有为一心想复辟的传统士大夫而言，这个年份是他们至死都不会忘记的年份。在这一年，民国政坛发生“府院之争”，总统黎元洪与总理段祺瑞围绕是否对德宣战的问题闹得鸡犬不宁。两人在那里争，盘踞徐州的长江巡阅使张勋看到了希望，康有为也看到了这位张将军是个人才，就极力鼓动他来北京。张大将军立即率领六千“辫子军”入京，赶走了民国黎总统和段总理，拥溥仪复辟。

康有为当初可是兴冲冲地来京的，想不到张大将军很看他不起，在封官时就给了他一个并无实权的弼德院副院长的职位。这倒还不是康有为恼火的原因，他恼火的是，那群前清遗老还是当年自己主持维新变法时的那副德行。康有为真的很失望，因为他实现不了自己的政治理想，所以决定辞职南归。

---

①《康有为早期遗稿述评》，黄明同著，中山大学出版社，1988 年 5 月版，第 135 页。

但此时“全国民情，莫不反对复辟”。段祺瑞趁势举起“拥护共和”的大旗，组织“讨逆军”，进攻北京，张大将军的辫子兵们都在整理辫子，打仗根本不成。于是，上演了十二天的复辟丑剧只好匆匆谢幕，康有为逃入美国公使馆避难。

当时，张勋非常沉得住气，段祺瑞的“讨逆军”将北京城围了个水泄不通时，他还在嘀咕：有什么啊！我不离兵，兵不离我，我从何处来，我往何处去。还说，如果段祺瑞不放掉他和他的辫子兵，他就要跟段结下世仇。

但他毕竟只是个小丑，当宣武门的讨逆军真的将一发炮弹打到了他的后花园时，他立即甩了他的军队，跟着两位荷兰人匆匆跑进了荷兰公使馆。

在这之后，康有为逃到青岛。当时的青岛已经被日本人占领，逊清遗老非常多，康有为在这里倒颇为自在。

青岛虽然有好风光，好陪聊，但康有为的内心实际上并不安宁。他依旧不能让自己的理想实现，事实上，他的理想已经二十二年没有被实践了。可他仍旧不将自己的保皇思想摈弃。

其实康有为一生的思想就是不要废掉皇帝，中国必须要有皇帝，但皇帝不一定非得有权力。至于是哪个人来做皇帝，最好是爱新觉罗氏。

他后来跟新上任的总统冯国璋说，我为了我的政治理想，几乎就是家破人亡了。我流亡国外十六年，颠沛流离、无家可归的辛酸你们谁知道？难道我真是吃饱了撑的吗？

如痴如醉的康有为竟然向冯国璋提出，自己愿意就虚君共和和民主共和二项，召开国民大会，和大总统公开接受四万万国民的“公审”和“裁决”，看一看中国人拥护的到底是谁。

冯国璋觉得很可笑，但对康有为这种执著的精神却很钦佩。

在后来的几年里，康有为用各种办法鼓吹复辟，但他的声音越来越低，后来就淹没在民国的人山人海中了。

在这段时期，康有为在秉承自己信念的同时，对孙中山建立的国民党非常不满。在这位士大夫看来，国民党就是靠暴力取得的政权，而这正是一部分如他一样的知识分子所不愿意见到的。中国古代有叔齐、伯夷站在周武王的马前让他不要伐纣王就是典型代表。其实这两位对纣王的所为也是不屑，可他们认为，没有必要用暴力去解决。

当时，军阀吴佩孚对孙中山非常不满，准备消灭孙中山领导的广东革命政府，康有为得知后，立即跑去找吴大帅，吴大帅也非常希望有这样一个人来为自己装点门面，两人一拍即合。康有为之所以要来攀这个军阀，是因为在他眼中，吴佩孚在当时是最有实力“统一中国”的人，尤为重要的是，吴佩孚常常吹嘘出来的复古思想也使康有为相信，只要给吴佩孚戴上一顶高帽，一定能引诱其达到复辟的目的。这也是康有为在张勋复辟失败之后的最后一次努力了。

但最终，吴大帅还是辜负了康有为。

康有为对国民党的仇恨，其实根源就在于国民党是革命，而他是保皇。直到 1925 年，康有为才在多次努力复辟失败的情况下，对国民党的仇恨化解了一点。

当时，一个叫李可良的人在青岛与他相识，很快成为朋友。主要是因为他们二人都对军阀统治抱有仇恨。康有为经常会带女儿到李可良处喝茶聊天。有一天，李可良无心地说了一句话：“其实我是国民党员。”

康有为一听，惊讶得从座位上猛站起来，张着嘴，半天没说出话来。当他认为李可良不是在开玩笑后，无力地坐到了沙发上。

过了很久，康有为才慢慢地说道：“我们是好朋友，这就足够了。”

这回，轮到李可良惊讶了。不过，在后来的交往中，李可良的确感受了康有为对自己无微不至的照顾，甚至有时候，他还会想方设法掩护李可良的秘密工作。

这件事或许不能说明康有为对国民党的仇恨完全化解了，但至少在一定程度上，他没有再如从前那样把孙中山及其国民党当成不共戴天的仇人了。

虽然不是仇人，但绝对不可能成为朋友。更不可能的是，康有为不会改变他的保皇主张，只不过不如从前那样如痴如醉了。

在屡屡失败后，康有为真的平静了很多。知道李可良是国民党这一年，已经是 1925 年，再有两年，康有为就要去见孔子了，以一颗平静的心，去见曾经被他当成武器的那位读书人的教主。

“圣人”的“小人”事

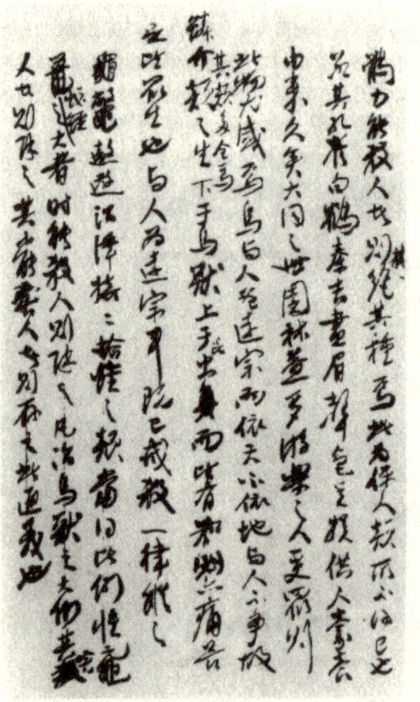

⊙ **康有为大同书手稿**

康有为的大同思想体系是中国和世界有史以来最为详尽、完整的乌托邦设计，梁启超曾称赞说：“其理想与今世所谓世界主义、社会主义者多合符契，而陈义之高且过之。”

自古以来，中国就是个盛产“圣人”的国度。文圣、武圣、诗圣、书圣、画圣、棋圣、茶圣、食圣……在各自的行业里各领风骚。康有为就是这里的“文圣”。当初，张大帅进北京时，时人称他们两位为文武二圣人。

据他的得意弟子梁启超说，师父的“圣人”之名是小时候曾跟人说自己的理想就是“志于圣贤之学”。不过康有为倒认了真，每次开口说话，前两个字必是圣人二字。乡里人大笑，戏号之曰“圣人为”。

这样看来，“圣人”二字是康有为儿时的口头禅，“康圣人”是“乡里俗子”为康有为取的绰号。

但是，在其《大同书》中，我们就

能看出，他的心态已然超出了一个学者或改革家该持的心态，让人感觉出，他是想把自己当成圣人。他要固执地设计一幅比上古还要宏伟的社会蓝图。这种心态，使他终不能成为圣人，而只是一个普通人。

可是，他却把“圣人”两个字挂在嘴边，并且要求别人这样称呼他。有人曾评价他说：康有为是一个“不是圣人却立志成为圣人”的人。

这种评价我们暂且可以不管，因为单就康有为年轻时将矛头对准八股和旧的官僚体制这一“开风气之先”的事，就无人可比。一位叫汪荣祖的士大夫评价康圣人说：“故当忧患之世，往往但求独善其身，鲜能敛袂而起，冒险犯难，以救国救民自任。至于要能在思想上突破传统，开创新境，更属凤毛麟角。”而作为一介书生的康有为却敢“鼓动风潮，激扬一世，声名匹敌帝王将相，可称异数，洵不多见”。

仅从这段评价来看，康有为自称为“圣人”，也说得过去。

但是，这位“圣人”还真有说不过去的地方，那就是在个人品德上。他的个人品德完全把“圣人”这个牌子砸碎了。

1923 年，当时的陕西省省长兼督军刘镇华请康有为到西安游览讲学，闲暇时间，康有为到卧龙寺游览，游览过程中，他发现了四大柜子的《南宋碛砂大藏经》。康有为对经卷版本可是行家里手，于是，他找到寺内住持僧景慧。但“圣人”不说真话，而是欺骗这位老实和尚说，寺里的这部经卷已经生了蠹虫，而且残缺。我是好人，自然有好心。我想用《正续藏经》两部抵押，我把坏了的带走去修补整理，修补完毕再拿回来。而且还信誓旦旦地说可以立下字据。“圣人”立字据让老实和尚很羞愧，康圣人就在他的羞愧中把四大柜子的《南宋碛砂大藏经》全都带走了。[①]

老实和尚是傻子，但陕西有不是傻子的。当康圣人正准备将经书运出陕西时，在陕西非常有名气的“易俗社”的创始人李桐轩领着两

① 《卢梭时代——名人与时代》，[美] 威尔·杜兰、艾丽尔·杜兰著，东方出版社，2007 年 12 月版，第 48 页。

个儿子李约之、李仪祉纠集了许多进步人士跑到报馆，将这件事披露了出来，并且到处散发传单，通电全省。

他们用的标题里居然有“盗经”二字。这让康圣人大为恼火，因为说中了他的真实意图。

据说，康圣人还被当地法庭送传票。官方倒好对付，可民间势力很难对付。一大批读书人摩拳擦掌地等候在他必经的东门外，准备在他离开时使用一点武力，让他看看陕西人的拳头和棒子。

康圣人见不是头，只好把经书归还，可惜经他这么一折腾，经书遗失了几本，没有丢的又都损坏了。

这是康圣人不愿意见到的事情，所以，他决定尽快离开西安。他后来说，那地方民风野蛮，西北之地，去不得。

在他回到上海不久，就有一家报纸刊登出一幅漫画：在一个写有“卧龙”两个字的庙门前，两个人挟着经卷在前面奔跑，一个和尚在后面紧追，漫画的标题是“圣人不死，大盗不止”。

不知道康圣人看到这幅漫画没有，但有人撰写的一副嵌有康有为姓名的对联他的确是看到了。这副对联的上联是：“国家将亡必有”（语出《礼·中庸》：“国家将亡，必有妖孽”），下联：老而不死是为”（出自《论语·宪问》：“老而不死，是为贼”），横批是“王道无小康”。康圣人被这副对联气得要死要活，更加对西安人没有好印象了。

孔乙己曾说过，偷书能算偷吗？康圣人大概也是这样认为的。但他不像孔乙己那样死板，他将这种偷的境界向外扩散。张大千讲过一件事，又是关于康圣人的。据说，书坛名家清道人（李梅庵）花了四百块钱购得宋朝陈抟（希夷）写的一副对联：“开张天岸马；奇逸人中龙。”

有一天，康圣人来拜访，突然就看到了这副对联。他说，借我欣赏一下。清道人很爽快地让他拿走了。要知道，清道人是个穷人，他买下这副对联，可是咬着牙买下来的。

可康圣人欣赏完后，就不归还了。直到清道人去世，康圣人也没有归还。后来张大千的老师曾熙（农髯）站出来为清道人抱不平。他写信给沈子培（寐叟）说："梅庵活着时是个穷人，死了后，他的家属更难了。更生（康有为字更生）是怎么回事，太对不起老友了，他如果不把陈希夷的对子还给清道人家属，就要送一千元奠敬不可，不然我就要请律师和他打官司。"

康圣人架不住有人这样攻击他，只好把钱出了，对联却留了下来。

谁知道呢，康圣人就是对别人的东西，特别是文化方面的东西非常感兴趣，但又不从正道得之。

一次，康圣人打听到"清末四大家"之一的词人郑大鹤去世了，他早就有耳闻，这位郑名士生前珍藏了不少的宋版书。一次，他探听到郑大鹤儿子不在家，就打着悼念老朋友的旗号到郑家来，一番拜祭大哭之后，他对郑大鹤的老婆说："大鹤生前答应要送给我几部书，现在他死了，我今天特来取去，拿来纪念老朋友。"

郑大鹤的老婆虽然不是这个圈子里的人，但谁不认识康圣人呢。于是，她打开了书橱。康圣人一见到书，就如同酒鬼见到了酒，先是流了一回口水，然后就毫不客气地抱了一堆扬长而去了。郑家公子回来后，听到了这一消息，急忙去康圣人家讨要。康圣人一见到来要书的人，连忙扑上去，握着郑少爷的手，泪水横流，鼻涕横流。把自己跟郑大鹤的深厚友谊诉说了一遍，根本不让郑少爷插嘴。然后就是请郑少爷吃饭，每天都是燕窝鱼翅宴。

郑少爷也是个面皮薄的人，看康叔叔这样对待自己，怎么好意思再提书的事，只好悻悻而归。康圣人又是哭着把他送到门外，目送他，直到看不见了，才心满意足地回了屋。

当然，圣人有点瑕疵是情理之中的事，但康圣人的这些瑕疵被后人传得太神，当然就有点问题了。

如果你爱一个人，不会说他的坏；如果你不爱一个人，不会说他的好。

康有为到底得罪了多少人，或者说他到底得罪了多少所谓前进的士大夫，不得而知。唯一知道的是，康有为自从1913年回国后，因为叫喊着复辟，所以，其名声越来越差。

要知道，在人人都说太阳是方的时候，你若说地球是圆，就有可能被烧死。倘若人人都喊前面有坑，要转弯，而你非认为前面没有坑，你就有可能真的被人推进坑里去。

随大流有时候可以使自己长寿，这是反对康有为晚年顽固的人说的。汪荣祖说："康于民国成立之后，确由批判传统而维护传统。他早年批判传统，意在改革与创新，并无意消灭传统；若传统被消灭，则改革与创新即无依托。但民国以后，特别是五四运动所激发的'极端反传统主义'，威胁到整个传统之存在，实逼康不得不起而维护传统。在新一代反传统知识分子的眼里，康自然被视为顽固的卫道人士。"

1927年，七十岁的他还跑到天津为溥仪祝寿呢。

这大概就是，为什么康圣人被后人糟践成上面所论述的窃书贼、骗书贼的原因。

另外，还有一点大概也是康圣人瑕疵太多的原因。康有为是个言行不一之人。比如他主张不用暴力解决事情，但他当年却想实行兵变；他主张一夫一妻，他自己却三妻四妾。

有为之死

1927年3月8日，康有为在这个世界上已经活了七十年。本来，他是打算在山东济南办酒席的，可后来又改到了上海。在天津的溥仪派人送来了亲书“岳峙渊清”匾额和一柄玉如意。

康有为并没有多大感动，恐怕只有一件事能让他感动了，就是恢复帝制。

按照传统礼仪，他设香案，穿起前清官服，戴上顶带花翎，跪领“御赐”，遥拜天恩。他虽然不受感动，可整个接收礼物的过程却一丝不苟，丝毫不在乎大清帝国已经消失了十六年这一现实。

叩拜完毕，他写了一份“谢恩折”——后来我们知道，这是他最后一次以大清贤臣的名义，给“皇上”写下的“奏折”。

不过，他的生日宴会举行的并不顺利，此时，国民革命军正逼进上海，外面炮声隆隆，北洋军已经守不住上海，康有为觉得上海不太安全，便在生日之后的第十天乘轮船到了青岛。临走之时，康有为把自己的稿件仔细检查一遍，很怕有遗漏，并将大清礼服郑重地放在箱子里。走的那天上午，他一早就起来，把整个家巡视了一遍，然后说了一句话：“我与上海缘尽矣。”

三天后，康有为到达青岛，并把自己的住地起名为“天游园”。在“天游园”，康有为最喜欢做的一件事，就是夜观天象。一天，夜观天象后，他对身边的仆人说：“完了！完了！中国我无立足之地了，但我是不能死在外国的。”

仆人当时还不知道主人这话的意思，不过几天后就知道了。

这年的 3 月 29 日，康有为被人邀请到青岛繁华的中山路上的粤菜馆英记酒楼吃饭。这是他常去之地，仆人在外面等着他，他走进去，在众人的殷勤礼让下，找了个位置坐下，不久，宴席开始。

人一老，对食物就并不是很热情了。席间，康有为只喝了一杯新榨的橙汁。喝完后，他跟人聊天，突然眉头一皱，用手去捂肚子。还没有等别人站起来问他怎么回事，他已经扎到桌子底下去了。大家急忙把他送到医院，医生给打了针，好转。

康有为就在仆人与朋友的陪同下回了家。

第二天，有朋友来看他。他说，昨天晚上呕吐了半夜，可能是那橙水有问题，不过吐完了。跟朋友说了许多话，朋友见无事，就走了。但到了晚上，康有为突然出现了与昨天一样的情状，大家急忙去请医生，医生到来时，康有为已经死了。①

还有一说，康有为当时七窍出血，不得不死。

直到现在，康有为之死还是个谜。

在后人的种种推论臆断中，康有为之死，有三种说法，一是，食物中毒病死说；二是，慈禧密令追杀下毒说；三是，日本人暗杀说。

提出食物中毒病死说的是康有为的外甥，香港中文大学教授李云光。他在《康有为家书考释》一书中对康有为之死是这样写的：

> "据康家的亲人说，康有为之死的原因，是在二月二十六日（古历）赴一位老乡所设的宴会时，饮用了一杯橙汁而腹痛如绞，请了两位医生诊治，其中一位日本医生认为是食物中毒，挨了二十多个小时，便七窍出血而死。"

提出下毒说的是康有为的女儿康同璧，那么，谁是下此毒手的元凶呢？

有人说是慈禧太后派出的刺客。康有为在上海过完七十大寿返回青岛后不久，早年奉慈禧太后密令追杀他的刺客暗中潜至酒楼，投下致命毒药。

这说法很不靠谱，老佛爷已经升天多年，那个杀手能有这么忠心，大清早有希望了。

一说是"日本特务下毒"。1921 年青岛为北洋政府收回，但日本在青岛的势力仍然强大。日本人一直怀恨康有为支持五四运动、收回青岛的言行，所以，下此毒手。

---

① 《国学大师之死》，同道编著，当代中国出版社，2006 年 11 月版，第 56 页。

五四运动时，支持五四运动的又岂止是康有为一个人，难道日本人把支持五四运动的人全都杀死？况且，青岛被收回，又不是康有为的功劳，日本人浪费毒药做什么？

所以，这种说法也不足信。

名人之死，如同名人在世时，总会引起别人的注意，别人也总希望名人死得蹊跷。所以，康有为即使真的只是食物中毒，大家也不肯放过他，非要把他的死搞得神秘一点不可。

这一天是 1927 年 3 月 29 日，阴历二月二十八。

康有为永远地离开了这个世界，带着他的保皇思想和大同之梦。

康有为的本色就是一书生，他一生都没有放弃过做学问。但是无论是他的大同梦想，还是他的保皇思想，确切地说，跟他的学术无关。也就是说，康有为的学问并没有学以致用，相反，却成了改革的负担和政敌的口实。

大同梦想恐怕是许多人的梦想，康有为极为乐观地深信，他所归宿的大同世界里，是人人皆善的。有人这样评价他的大同梦想："……不出中西乌托邦思想的范畴，而能融合独创，自成一家。他无疑是 20 世纪一位伟大的乌托邦建构者，但他不能自外于其他乌托邦思想家对现实的不满，以及对未来的过于乐观。他的一元论思维与历史命定论归宿于未来的大同，然而以完美的大同世界可以解决人类一切的问题，显然是不切实际的。虽不切实际，却一直是 20 世纪动乱中国最爱憧憬的美梦。"

溥仪的洋老师庄士敦说："康有为和光绪皇帝为建立其梦想中的新中国的努力遭到失败，并不是因为其梦想的内在不合理性或根本不可能实现，而是因为那些并非个人性格与智力方面的原因。"

毛泽东曾在《论人民民主专政》一文中说："洪秀全、康有为、严复和孙中山，代表了中国共产党出世以前向西方寻找真理的一派人物。"

康有为，这个寻找真理的人，一生都没有改变他心中的真理。这种精神太值得我们敬佩了！

1959年，冒鹤亭去世。冒老先生走得很平静，很安详。1959年前四十八年，是为1911年，冒鹤亭三十八岁，正沉浸于“晚明想象”中。再向前半年，他正在夕照寺举行那场盛大的宴会，再向前六十六年，冒鹤亭二十岁，他已经为先祖冒辟疆撰写了年谱。他历仕三朝，安享晚年。却不知，早在他去世那年的六十六年前，他的中国名士身份就已经死掉了。

冒鹤亭

沉于“晚明想象”的死水中

成吉思汗子孙

清末士人冒鹤亭曾要求自己的好友为自己刻一枚印章。他的朋友问他，印文是什么。冒鹤亭不假思索地回答："就刻成吉思汗子孙吧"。刻印的朋友弄不明白，冒鹤亭笑着解释道："姓冒的本非汉族，实为蒙古族之后。"

后来就有他的朋友打趣说："如此说来，董小宛可算是王昭君第二了。"[①]

想要弄懂这个故事，就要从冒鹤亭的家世说起。

冒辟疆的冒姓是源于少数民族，本是奇渥温氏的蒙古族，元末庚申君北遁，冒氏留任明廷，便以冒为姓。

冒氏是江苏如皋大姓，冒氏的书香门第自是源远流长。冒鹤亭就是这一大姓中的一员，本名广生，字鹤亭，号疚斋。1873 年（清同治十二年）农历三月十五日生，其先祖就是隐居而不仕清朝的明末四公子之一的冒辟疆。

毛泽东主席曾评价过他的这位先祖："所谓明末四公子中，真正具有民族气节的要算冒辟疆。……清兵入关后他就隐居山林，不事清朝，全节而终。"

冒辟疆在清灭后，不肯出仕，隐居在家乡，筑建了一片园林，名为"水绘园"。而最能让世人对他记忆犹新的就是他与爱妾董小宛凄怨的爱情故事。

这就是冒鹤亭的朋友们为什么说"董小宛可算是王昭君第二"的话了。

据说，冒先生出生时，他的爷爷梦见"其先巢民（冒辟疆）先生

---

① 《纸帐铜瓶》，郑逸梅著，江苏文艺出版社，2006 年 10 月版，第 78 页。

来”，所以给其取字“鹤亭”，大概是因为仰慕前贤隐居架亭、与鹤同栖的举动而这样做的。而这一“据说”则让后来的冒先生一生常自比为冒辟疆再世。

冒鹤亭自幼时即聪慧过人，时人谓之神童。十一岁那年，他随母亲去广州探望时任两广盐运使的七外祖父周星誉。这次探望，冒鹤亭一生受益匪浅。

在中国，并非是多读几本书，或者是有了官职就可以称作文士的。如同贵族一样，三代才能出一个。冒先生后来能悠然自得而被时人看做是文士，与其家庭环境有着很大的关系。

广州之行，让冒鹤亭看到了一个诗词的世界。他的七外祖父能词，冒鹤亭到后，这位老人就将自己写的一本词集《东鸥草堂词》送给冒鹤亭，十一岁的小冒鹤亭常大声诵读，使他的七外祖父欣喜不已。七外祖父还经常请戏曲班子来家演戏，戏曲中常有优美的唱词，让冒鹤亭羡慕不已。正是这样的耳濡目染，使得冒鹤亭对词曲产生了强烈的兴趣。一年后，他就可以填写一些词曲了。但都不是成熟之作，成熟之作还要再等十几年后。

六年后，冒鹤亭辞别七外祖父，回家乡如皋参加县试。这一考就得了个第一，接着又州试第一，成为秀才。第二年，冒鹤亭再回广州，投到广东番禺的著名学者叶衍兰门下，但学的却是词。叶衍兰是清咸丰六年的进士，曾官居军机章京，在词上造诣非凡，晚年于广州越华书院教授诗词。冒鹤亭过二十岁生日那天，感怀万千，回首此生，已二十年了，按照传统读书人的观念，此时该有一个好营生，可他仍旧在这里学词。晚上时，他写了一首词抒发感情，词牌为《念奴娇》：

除非明月，问有谁能证，刹那今古。廿载红尘经小谪，添得丝丝愁缕。醉帽寻花，狂筵舞柘，心事书空语。钵池流水，昨宵新涨春雨。

记得银烛湘帘，酣饮拓戟，水绘壶觞聚。二百年来如梦景，莫问骚坛盟主。名士冠裳，美人裙屐，眼底都非故。荒园寥落，不知愁在何处。

我们今天来看这冒鹤亭的词，还谈不上为上乘，但词中对少年不得志的惆怅之感觉以及对先世遗景与名望如今不再的哀痛倒颇有动人之处。

在广州学词四年后，他又回家乡参加科考，又是第一名，成为举人，一时间，在当地名声大噪。考中秀才后，他重回广州，继续进修词业。1896年，冒先生离开广州北上，在上海，他与梁启超认识了。据说，梁启超初见冒先生时，见其英姿飒爽，神清气朗，就称赞他与其先祖冒辟疆神形俱似。这一句话，就把两人的距离拉近了。

不过，这次北上之行并没有继续下去，不知是什么原因，冒转而到了苏州去见了外祖父周星诒。周星诒在清代可谓美名远扬，他是清代著名的藏书家和版本目录学家，在福建建宁做过知府，因触怒权臣，被朝廷罢官后便归田于苏州。当时苏州一带的学者如谭献、俞樾、王鹏运、郑文焯、文廷式、曹元忠及书画家吴昌硕等人与其来往，大家常坐在一起聚唱和谈艺。

冒鹤亭来到这样一个书香氛围，欣喜万分，周星诒对这个外孙也是喜爱有加，将自己所知所学尽力传授。可能就是在苏州的这段时间，影响了冒鹤亭后来对中国文化的特别关注。

此时的冒鹤亭经过摸索与触类旁通，对填词一技已经颇有造诣。在外公家，他在闲暇之余，将自己所填之词集结成一册，时刻赏析。

他的词被当时一次的词坛老大谭献称道为“幽忆怨断之音”。当时词坛中临桂派领袖王鹏运还称其词与著名词学家朱彝尊和著名词人蒋春霖二位旗鼓相当。他们两位无论如何都不相信，被称赞的词居然出自二十多岁的成吉思汗子孙之手。

叙述到这里，我们才能见到这位成吉思汗子孙的身影。1898年，清朝的大学生们开始搞“公车上书”，并成立保国会。梁启超称他“气咄咄若朝日”，认为他是法国大革命时的牟拉巴和日本革新党人中山光忠。

要知道，当时的政治形势下，谁都不知道明天将会发生什么。倘若壮着胆子，迎接挑战，如同黑夜里闭着眼向不知名的地方冲锋。

在这些黑夜里的勇士们中，冒鹤亭就是其中之一。他不但在“公车上书”活动中写下了自己的名字，还在保国会中积极作为。后来死掉的“戊戌六君子”之一的林旭很被他敬重，就在风声极紧时，他仍旧到林旭处与其彻夜长谈，以尽同志之情。

戊戌政变，六君子或死或逃亡后，许多与此有关的人都离开北京，而冒鹤亭不走。他留在北京，仍旧与当时士人名流往来，谈笑自若。

⊙ **京师大学堂的章程**

光绪二十八年（1902）七月十二日，由张百熙所拟的大学堂章程共八章八十四节，经钦准颁行，称为《钦定大学堂章程》，这使得由康有为、梁启超等人倡议开创的京师大学堂在重建之时具有了更规范的制度和更浓厚的学术气氛。

1903年，管学大臣张之洞、张百熙、荣禄等拟定了《奏定学堂章程》，又称癸卯学制。这是中国近代第一个在全国范围内推行的系统学制。这套章程包括《学务纲要》《中学堂章程》《蒙养院章程及家庭教育法章程》《初等小学堂章程》《高等学堂章程》《大学堂章程》（附《通儒院章程》）《初级师范学堂章程》《优级师范学堂章程》《初等农、工、商实业学堂章程》（附《实业补习普通学校及艺徒学堂各章程》）《中等农、工、帝实业学堂章程》《高等农、工、商实业学堂章程》《实业教员讲习所章程》《实业学堂通则》《译学馆章程》《进士馆章程》《任用教员章程》《各学堂奖励章程》《各学堂管理通则》等。内容涉及普通教育、师范教育、实业教育及学务管理等，规定了各级各类学校的目标、年限、入学条件、课程设置及相互衔接关系，分小学（包括初等小学堂及高等小学堂）九年、中学五年、高等学堂（或大学预科）及大学六至七年。规定任何学堂“均以忠孝为本，以中国经史之学为基，俾学生心术壹归于纯正，而后以西学瀹其知识，练其艺能，务期他日成才，各适实用”为宗旨。这一学制突出体现了“中学为体，西学为用”的思想，对以后学制的组织形式影响颇大。其施行至 1911 年辛亥革命止。

作为当时农工商部的掌印郎的冒鹤亭被荐应试，他选择了经济特科。不过，这次考试的结果恐怕让他终身难忘。他在试卷中大谈法国思想家、文学家卢梭的学说。这自然就惹怒了洋务派的首领阅卷人张之洞。要知道，这位洋务大人主张的是“中学为体，西学为用”，文章中出现了许多新名词，都是西方的，所以，他在其试卷上批了一句道：“论称引卢梭，奈何！”可又觉得不解气，事后他大声跟人说，这个冒鹤亭引用姓卢的思想，卢家有好人吗？卢俊义是男盗，卢莫愁（南齐时的名歌妓）是女娼。[1]

有人得知这件事后，觉得很好笑，就写诗调侃道：

赢得南皮唤奈何，
不该试卷用卢梭。
从今卷起书包去，
且应明年进士科。

南皮是张之洞的老家，诗中的“南皮”指的就是张之洞。

可以想见，从积极参加“公车上书”到在试卷中引西方思想家的话，冒鹤亭俨然已不是中国传统意义上循规蹈矩的士人了。

在那个激荡澎湃的年代，想要让自己依旧遵循旧轨道，不受外来环境影响，又有几人可以做到呢？

或许，正是因为他的思想跟随大潮流在进步，在辛亥革命后，他在江、浙等地海关部门都做过官，后来又陆续被任命为外交交涉员、

① 《藏书世家——书香门第》，郑宁著，上海人民出版社，2002 年 2 月版，第 96 页。

全国经济调查会会长、考试院高等考试典试员、国史馆编修等职。

曾经做过清朝的官（虽然只是一个掌印郎），辛亥革命后，他依旧做他民国的官。我们并不能说他这种行为是变节，因为如冒鹤亭这样的中国传统士人，早在辛亥革命前就已终结了他们作为士人的身份。

与别人不同的是，冒鹤亭是用了一种沉醉与追忆祖宗的方式来结束的。

祖宗不死

冒鹤亭与先祖冒辟疆出生日相同，再加上冒鹤亭颀长玉立，风度翩翩，完全符合人们想象中隐逸人士的风范，时人称他为“冒襄（冒辟疆）复生”。

的确，无论从哪一角度讲，冒鹤亭都跟这位先祖有着难以割舍的情感。

早在冒鹤亭二十岁时，就已经为祖先冒辟疆撰成了《冒巢民（冒辟疆）先生年谱》。1896年，他请名士孙诒让为《年谱》作序，孙诒让大为称赞：“诵芬述德，其事甚盛，非徒以钩辑排比，为传记家言也。”后来，梁启超又为《年谱》作跋，直称“鹤亭之文，史家之文也。鹤亭之志，殆先生之志也”。

仅仅把祖宗的生平记录下来，当然还不能成为追忆。冒鹤亭对先祖的倾情追忆主要体现在道德文章方面。他曾对人说，自己定要以这位先祖为楷模，说这话时，眼里充盈着希望与柔情。谈到家世时，他说，冒家全盛时当是晚明先祖冒襄时期。

冒鹤亭的诗的确可与先祖冒辟疆有得一比，时人在论及冒鹤亭之诗时，总会习惯性地在他和冒辟疆之间建立明确联系：“冒郎猛气狎龙虎，继起迢迢三百年。”

这种追忆或者是属意，虽然是冒鹤亭对家世的得意，但最主要的还是晚清那个大时代所造成的。清末民初，国家离乱，天崩地裂，“晚明想象”盛极一时。所谓“晚明想象”就是当时一群士大夫对晚明清初那段历史的人与事的追忆，到后来，已发展成“无报不谈明末事”的现象了。而冒鹤亭“晚明想象”的方式自有大不同，因为他有一位优秀的祖宗，这个祖宗拿到现在这一时代来讲，非常合适。

这位活着的祖宗使他的“晚明想象”更具备了感染力，可同时，又让他过早地结束了传统名士的身份。

沉醉“晚明想象”的冒鹤亭特别喜欢明末时的复社与东林党。他曾在《题沈友卿井梧怀旧图》一诗中写下“我亦东林复社孙，过江谁念旧清门”的句子。非但如此，他还爱以“东林复社”后人自居，因为他有一个好先祖，冒辟疆就是东林党人，同时也是复社成员。所谓爱屋及乌，他对时人于明亡应归于复社的问题上，总是尽力维护与反击。他说，“复社君子乃欲矫首厉角，奋其清议，以与执政相推排，不得谓非愚也。至于易代革命，穷时见节，或饮药而如归，或抗颜而拒顺，或老死岩穴岁寒后凋，士气之伸亦古来未之有也”。

文人的笔缺德就在这里，冒鹤亭既维护了复社，又骂了责备复社的人才是“腾其口说，倒行逆施，以自悖于纲常名教”者流。

这位“东林复社”后人对东林复社的崇敬之情不仅仅是在嘴巴上说，而是身体力行之。

一次，他给林旭写信，在信尾刻下了“东林复社后人”的印字，林旭看到这几个字，伸出拇指，说道：“阔人，阔人。”在“晚明想象”中，冒鹤亭的确可称为是阔人。

然而，这位“阔人”还不知道，自己曾经学填词，一心想成中国传统名士的理想就在这种被称为“阔人”的声音中死亡了。某种程度上说，冒鹤亭的一生其实从开始就已被冒辟疆的身影笼罩上了。

他活在祖宗的身影里，并不由自主地放弃了向新文化所要求的名士之路。

最能体现在他心中祖宗不死的一件事是他对《冒巢民手书菊饮诗卷》的态度。1899年，冒鹤亭的一位朋友慷慨地将他先祖的《冒巢民手书菊饮诗卷》赠送给他。他当时的心情之好，可以想见。为此，特意对好友的割爱之情感激不尽。

在以后的岁月里，但凡是被他认定为有资格为其先祖题写文字的，他都要请人家在《冒巢民手书菊饮诗卷》前写上一段。于是，我们今天看到的《冒巢民手书菊饮诗卷》上，留下了当时无数名士的手笔。俞荫甫、黄仲弢、丁玄钧、吴昌硕等大名士为其题跋。画中高手金心兰为之补图，萧敬甫、费屺怀为之书后。题诗者则有陈子言、吴彦复、夏敬观、诸贞壮、沈曾植、文廷式、易顺鼎、吴子修、吴䌹斋、王存善、宋伯鲁、梁星海、徐琪、何乃滢、莫楚生、吴用威、沈信卿、陈三立、范肯堂。这些都是当时大有名气的人物。而范肯堂的题诗颇有代表性：

东林复社去堂堂，水绘亭台亦以荒。
十世顿成来复象，千秋徒为后人狂。
身前横被诸艰试，地下应无滴酒尝。
要语鹤亭还自逸，老夫专以醉为乡。

由此可见，《冒巢民手书菊饮诗卷》已不单是先祖的作品，也不仅是“传赏观玩”的旧迹文物。它成了一种对一段岁月的追忆，或是对一种身份的回头，以此来到达彼岸。《冒巢民手书菊饮诗卷》前的所有诗词，所有跋已经成了清末民初一部分名士在晚明这段敏感历史前的文化感受与特殊心态。

那位曾经和梁鼎芬的老婆淫奔的名士文廷式所题的“寂寥二百年间事，留与君家翰墨香……漫拟亡弓仍楚得，可怜护璧是秦余”就足以道出当时这部分读书人的担心。在他们看来，大清之后，谁都可以制造文厄字祸，而这正是读书人最不愿见到的事。

既然不愿见到，倒不如不见，沉醉于自己从未见过的时代，欣赏着那个已经远去时代留给自己的东西，这不是掩耳盗铃，而是顺其自然。

《冒巢民手书菊饮诗卷》对冒鹤亭来讲，就是一道让自己归于平静的道符。四十多年后，七十九岁的他在生日寿宴上还要拿出《冒巢民手书菊饮诗卷》，“悬其斋，以为导饮”，其名士身份的终结可谓是一往情深，无怨无悔的。

祖宗不死，但祖宗不知，他几百年后的后辈已死。

真名士，自风流

真名士，自然要有风流韵事。或许名士二字本身就是风流韵事的别名。

1903 年，冒鹤亭当时在刑部任郎中。有一次，他看到了一件案子，这件案子后来成为满清十大案之一，称为虐婢案，作案人就是当时名动京城的妓女赛金花。

据说，冒鹤亭看到这件案子时，心上就一痛。因为，他们是老熟人。[①]

几年前，冒鹤亭任温州关监督，那时，赛金花在北京城就以色艺闻名。许多名士都以与其交往而得意。冒名士当然不肯放过这样的机会，就去赛金花处，双方一见，自然有得谈。在其寓所逗留了二十余日后，冒名士心满意足地出来了。

京城中他的朋友得知此事后，就来找冒鹤亭，大家起哄，认为这不是真事。冒鹤亭指天发誓，这是真事。大家则相约，让他在赛金花寓所摆“花酒”款待众友人，这才相信。

名士喜欢玩，冒名士就答应下来。约定之日，这些名士们都来到赛金花寓所门前，等待冒鹤亭的出现。可是过了约定时间一个时辰后，

---

① 《藏书世家——书香门第》，第 101 页。

才有人送来一封信，信自然是冒鹤亭写的。他说，突然有事，不能去请大家吃饭了，望诸位海涵。

在场的名士闻讯哗然，有人摇头叹息，有人嘿嘿直笑。号称“清末四大家”之一的著名词家况周蕙风提起笔来，为赛金花寓所戏书了一方匾额：“放鹤亭”。

这是典型的文士“左派”，三个字既寓调笑之意，又不失文人雅趣，名士们哈哈一笑，就都走了。

“放鹤亭”这三个字背后的故事，还有另一种版本。

说的是，有一次赛金花约冒名士在陶然亭相会，冒名士兴冲冲赶去亭中久候，谁知约定的时间过去好久，赛金花却没有到。那天，冒名士最终也没有等到赛金花的到来。对于这样的放鸽子行径，赛金花却不以为羞，还把陶然亭称为“放鹤亭”来取笑他。

但不论是哪个版本，冒先生与赛金花曾有过交往是一定的了。为了帮助这位老熟人，冒鹤亭同官僚商量，把应该将赛金花所受的“充军到东北或西北一千里，如黑龙江、伊犁等地”的刑罚改为“南放一千里，从原籍徽州算起，可以流放到苏州或上海”。赛金花很聪明，选择了上海。于是，这位清末民国的传奇人物又开始了在上海租界的名声大噪。

冒名士年老时，似乎仍对赛金花念念不忘。

他的好朋友赠送给他一本关于赛金花的小说《孽海花》，不到十天，他全部看完。他跑去找到朋友说，自己并不是很喜欢这部小说，因为里面对赛金花的描绘很是差劲，不符实情。他的朋友只是一笑，当他走后，他的朋友发现书的前面有四首绝句，第一首是：

麦饭宣仁事已空，尚余变法说元丰；

凄凉天水无穷碧，都在师师小传中。

这个师师，指的就是赛金花。

最后一首则是这样的：

灯火繁台渺旧京，一觞一咏梦承平；

同流百辈消沉尽，此簿应题点鬼名。

可以看出，几十年后，他对赛金花仍旧有一定的情感。

名士的风流恐怕还不仅仅是在韵事上，东晋名士爱喝酒，爱扯淡，但敢想敢做是所有名士的特点。

在这一点上，冒鹤亭曾对清朝的乾隆皇帝之出身就做过大胆的“叙述”。

他的文章如下：

乾隆生母李佳氏，盖汉人也。凡清官人之隶汉籍者，必加“佳”字，其例甚多。雍正在潜邸时，从猎木兰，射得一鹿，即宰而饮其血。鹿血奇热，功能壮阳，而秋狩日子不携妃从，一时躁急不克自持，适行宫有汉宫女，奇丑，遂召而幸之。次日即返京，几忘此一段故事焉。去时为冬初，翌岁重来，则秋中也，腹中一块肉已将堕地矣。康熙偶见此女，颇为震怒，盖以行宫森严，比制大内，种玉何人，必得严究，诘问之下，则四阿哥也。正在大诟下流种子之时，而李女已届坐褥，势不能任其污亵宫殿，乃指一马厩令入。此马厩盖草舍，倾斜不堪，而临御中国六十年、为上皇者又四年之十全功德大皇帝，竟诞生于此焉。

冒鹤亭敢发这段奇闻，虽然是在民国后，但仍然震荡人之耳目。据他说，他有一位好朋友曾经是热河都统。这位好朋友曾告诉他，自己也是从热河“当地宫监”那里听来的。

为他的叙述做证据的，则是清政府。清政府每年都拨专款修葺那个草房，这就更使冒鹤亭深信不疑。

在清朝，有一部分知识分子对满清的人与事的猜测和诋毁是稀松平常之事，这缘于他们长久以来形成的满汉观念。大概，这就是为什么他们这部分士人总沉浸在“晚明想象”中的缘故。

“晚明想象”的盛会

1911年4月13日，一场在辛亥革命前最大的“晚明想象”盛会开始了。这场盛会的主持当然就是冒鹤亭先生。而其媒介仍旧是他的先祖冒辟疆，地点则是在北京的夕照寺，目的是为了纪念先祖冒辟疆诞辰三百周年。这场民元（民国元年）前夕的夕照寺雅集，绝对算得上是中国士大夫集体亮相不可多得的一次。冒鹤亭记载这次盛会时这样写道：

> 三月十五日，先生招集夕照寺，兼拜巢民先生生日。先生生明万历辛亥（1611），距今宣统辛亥（1911），恰三百年。到者有陈弢庵、林琴南、曾刚甫、温毅夫、罗瘿公、林山腴、潘若海、梁众异。各人亦有诗。先生复以巢民手书及小印，座客传玩。是日有雨。赵尧生、胡漱堂因游嵩山未归，郑苏堪因有微疴。至翌日，郑始补作，赵亦补祝。而陈石遗未至，做诗《鹤亭招集夕照寺拜其族祖巢民先生余未至》，先生复嘱林琴南绘图。是晚复为集饮于酒楼，谈笑甚欢。

文章中所出现的人物，大都是民元前诗坛有名有姓之人，陈弢庵即陈宝琛，陈石遗即陈衍，林琴南即林纾，曾刚甫即曾习经，温毅夫即温肃，罗瘿公即罗惇曧，林山腴即林思进，潘若海即潘之博，赵尧生即赵熙，胡漱堂即胡思敬，郑苏堪即郑孝胥。

巧的是，1911年，这些人都在北京，大家就按照晚明的复社形式结一诗社，如同今天的沙龙。大家相约于人日、花朝等日选定名胜，各携茶果坐送斜阳，暮后则聚饮广和居等处。就在这一年的上巳节，这些人大多参与了南河泊那场诗会，南河泊，俗称莲花池，在今天的广安门外石路南，有大池十亩许，红白莲满之。为此，林纾还特意作《南河修禊图》。

可以想见，冒鹤亭组织的这场夕照寺雅集该是诸多活动中最盛大的一次了，诸多名士都留下了纪念性的文字。今天来看这些文字，可以看做是那个时代折射到今天的一个画面。

林思进当日所题诗为《冒钝宧招集夕照寺，并瞻展其先世巢民先生及董姬小宛遗像》，最后两句“凭君莫话兴亡事，万柳烧残堂栋灰”可看做是那个时代名士的心情写照。林思进后来归隐山林，在诗中再度忆及此事时，说：“当年夕照寺，记看洗桐图。羡子还乡就，怜予避地初。相逢偏又别，垂老各何如。君到罗浮去，梅花似旧无。”显然，即使过去多年，耿夕照寺的这次聚会对于此后各奔东西的民元前名士们已经成为一个可以共同追忆的经典镜头。

光绪十八年（1892 年）的进士赵熙曾是翰林院编修，官监察御史，以耿直著名。民国后，他则退居乡里，讲学修志，吟咏为乐。赵名士的诗作俊俏风流，身为四川人，得巴山蜀水清秀之韵致。此次聚会，他后来做一诗，主要是对冒鹤亭平时不善仕宦、广交名士、因倾情晚明而典衣质物购置文物的举止进行了真实的刻画。比如，“岁岁长安抱诗卷”、“口谈国故不嫌琐”、“架中一一国朝集”、“徐拈秃笔细订之”、“典衣买得洗桐图，手制小诗为传赞”等句都是这一典型代表。这次盛会使赵名士在三十年后，仍然记起，感慨万千：“生日记将三月望，同僚招得几人魂。老怀了了殊哀乐，信史纷然纪怨恩。”

中国士大夫的一个特点，恐怕今天提起来，仍旧很古怪。那就是如 1943 年以通敌卖国的罪名被民国政府枪毙的才子黄秋岳所说的那样，“吾国史例，承平则修墓祭扫，乱离则发冢取物”。卖国贼黄秋岳举的一个以修墓为代表的人物就是冒鹤亭：“（冒）前既觅得河东君坟，其后居京，又数祭杜茶邨墓，尝于酒座，历数其访求名墓事，同人戏称以上墓专家。”以为“发墓摸金，固当科罪，修坟题咏，亦止增掌故”。

1911 年的这场盛会也大抵如此，冒鹤亭所选的夕照寺，与万柳堂、袁崇焕墓很近，这三处地方似乎被晚清士人当成了一条固定旅游线路。林纾就写了《辛亥三月十五日，雨中冒鹤亭集同人于夕照寺为巢民先生做生日，雨止，出游冯益都万柳堂，归途经有明督师袁元素墓下作》，可以看出，“夕照寺——万柳堂——袁崇焕墓”这条清晰的想象路线，已经被这些人深深地印在心上。

对于民元前许多滞留京师的士人而言，只要是晚明遗留下来的，则就是好的。哪怕是血淋淋的晚明史，在此处早已成为一种“特殊景观”和游览胜地。吴梅曾作有《万柳堂》一诗，谓“皕岁名园有乔木，一朝佳话盛词科”。赵熙就有《吊袁崇焕墓》与《吊袁仆佘墓》之作。前者诗曰：“谁云乱世识忠臣，山海长城寄此身。不杀文龙宁即福，空嗟银鹿亦成神。遗闻玉貌如佳女，亡国天心胜醉人。万古大明一抔土，春风下马独沾巾。”后者诗曰：“天留忠骨伴将军，一撮田横岛上坟。受祀不刊千古节，裹尸曾藉九边云。穷途似子思交道，大石何年刻墓文。野草荒荒春自绿，自将清泪一浇君。”汪辟疆在谈到“袁督师墓”时，则说位于广渠门内广东旧义园中的袁墓，闻“每岁清明，粤人之官京师者，咸于是日携遗像至墓前展拜，岁以为常”，“拜者莫不唏嘘欲涕”。[①]

正如同卖国贼黄秋岳所言，这显然是一种风尚。当时，在北京城陶然亭畔有“香冢”，许多名士常来凭吊感伤的。诗人周斌就一相情愿地把该冢当成了明季遗物。为此做文章道：“陶然亭左，有香冢焉。一抔黄土，石志无名，相传是勒方琦葬某妓遗物处，惟石古字劲，短铭悲壮，绝不类瘗玉之辞，疑中系殉明难者，恐触当时忌讳。借香冢以寓言耳。”文章写完，此人觉得还不能抒发自己的心情，就开始想象：“杜鹃含泪亦嫣然，艳迹消沉三百年。今日泉台应一笑，短歌重续月重圆。”

其实，这种“晚明想象”不仅在京城风火，在那个暴风雨即将来临前的时间段内，几乎全国上下都在跟随风潮，梅花岭吊史阁部、西湖边吊张苍水，文人之笔，男儿之叹，尽在这些遗物面前缓缓发酵。

如果说，冒先生的夕照寺聚会是“晚明想象”的一场奢华夜宴，那

① 《三吾亭词话》，冒广生著，中华书局，2008 年 3 月版，第 110 页。

么诸多名士在秦淮八艳的墓址遗踪上大做文章就是下午茶了。这方面典型的代表就是名士丁传靖书写陈圆圆、吴三桂的传奇《沧桑艳》第二十回“访墓”中书生阮仲容夫子的话：“当日读梅村圆圆曲时，缅想香踪不仅神往，不意今日亲自滇中，得见艳迹，好生侥幸也。”

冒鹤亭在喝这杯下午茶时，曾写下了这样亲切逼真的文字：“好几年冷落了秦淮。这壁厢是江总遗宅，那壁厢是顾媚长街。庾兰成，头尽白。刘梦得，又重来。唉，杨柳也，旧楼台。”

⊙ **清末二十省地图**

在这幅清末所绘的地图中清楚地标明了晚清二十个省、一百八十一个府、二百六十二个州和一千三百四十个县的地名和方位。

这次聚会，名士陈衍没有去，大概是常去的缘故，当时情景也能猜出一二，所以后来做了诗《鹤亭招饮夕照寺拜其族祖巢民先生生日余未至》。其中有句道：“巢民先生老居士，闻孙才调方峥嵘。”

自负而向来务实的郑孝胥没有其他名士那样感怀，只是在日记中写了几个字道：“夜，月明。题冒鹤亭《水绘盦填词图》”。

林纾后来补作的《夕照寺为冒巢民先生做生日记》该算是对那场宴会的总结，但因为是作于辛亥革命后，所以字里行间都透露出了“往事不堪回首”的心理，而且“事定而鹤亭亦以衣食奔走四方”，追记更多变成了“借他人之酒杯浇自家之块垒”：

夕照寺莫详所始，在广渠门内。径道至荒陋，车行如入深谷。

辛亥三月十五日如皋冒鹤亭于寺中集同人为巢民先生做生日。鹤亭淹博能诗，于巢民先生虽断缣零素必拾而藏之。

呜呼。先生于万历三月生，去今辛亥三月，三百余年矣。以壬午副贡累膺徵辟，咸无就。而余亦以壬午领乡荐，是先生三百余年之后辈。而今日复值辛亥三月，为先生祝，匪惟科名同，即所遭之遇几同矣。晚明之季，朝政析如乱丝，讫于熹宗而明亡。今日虽无厂珰之祸，然贵要沮兵而行赇天下，疲癃如沉疾，人心思乱者尤众，兀然一不知悟。余安能不瞿然而怀先生耶？当熹宗季年，先生结社金陵抗逆案也。今我辈雅集于此与六君子之难裔，殊独鹤亭者为先生裔孙耳。余非不病之呻而有集霰之惧，临觞太息，惨默无言，则勉为之解曰：昔者如皋中元，先生必于定惠寺集同人为阳羡君设斋资冥福，今日之集，殆踵先生之礼阳羡乎？鹤亭首以诗倡众皆属和。余为制图。是年秋，武昌事起，余移家析津，事定而鹤亭亦以衣食奔走四方，未审所制图存焉否邪。呜呼，先生与余同壬午耳，敢不惕然步武先生之后闭户终其余年，唯恨不至江南向水绘庵遗址临风一吊先生也。

如同这次“晚明想象”的盛会，冒鹤亭后来再也没有办过。并非是时局不同，而是人心不同了。

有时候，人心已散，人心已死，那场奢华的夜宴，即使再奢华，恐怕也仅仅只是一场饭局了。

名士终结后的生活

早在 1911 年初，冒鹤亭曾到天津协助梁启超办报纸。辛亥革命爆发，冒先生离开天津，回北京，希望可以在北洋政府中谋得一官半职。终于在 1913 年先赴温州任海关监督兼外交交涉员。

由于工作不是很忙，在任职期间，冒先生对当地文化起了很大兴趣，曾将当地的名胜王谢祠和诗传阁改建，同时对温州文献进行整理，将当地自唐以来两千余名诗人的诗作两万余首编成《永嘉诗传》。当年外祖父版本研究使他在这方面开始大展其长，刻印了《永嘉诗人祠堂丛刻》《永嘉高僧碑传集》，又自出资金与当地人士共筹款六百银元重刊了著名的《至顺镇江志》，在书中保存了元代的社会、经济、文化等史料。前清代大学者阮元称赞该书："备录故事，多详兴废，物产土贡，胪陈名状……明以来绝无著录，洵为罕觏之秘籍"。不久他又调淮安，来此地仅一年光景，便刊刻了《楚州丛书》。为此，为中国保存了大量古代诗文和地方文献。

1917年，冒先生出于个人爱好，撰写了《戏言》一文，对古代戏的发展作了简要的梳理与考证，对戏曲中的角色、器乐、剧具等都作了扼要的介绍。

作为海关监督，冒先生常与外国人打交道。一次，日本领事来访，气势汹汹。冒先生玩起了幽默，他很客气地让人上茶点，而点心上却刻有"毋忘国耻"，居然还频频让日本人用点心。日本人吃也不是，不吃也不是，很是尴尬。

同年，他成为财政部顾问，民国政府听说他曾在清廷农工商部任职过，随即委任其为农工商部全国经济调查会会长。自此后，他离开温州，开始了对全国经济资源的调查工作。

1930年，冒先生被任命为考试院考选委员会高等典试委员，这相当于清朝时的主考。

当时，民国官员戴季陶一心复古，采用明清考官锁闱的旧规，以示严密防范。1931年夏天首届高等考试时，南京天气热得如处火炉之中，戴季陶亲自送典试、襄试委员入闱。在闱门前鞭炮齐鸣声中，戴季陶按照清时规矩，亲自锁键，贴上封条，笑着对他们说道："委屈诸位入瓮了。"

典、襄试委员入闱后，即与外间隔绝，电话不能打、书信不可以写寄，大家所能做的事，只能在闱内相互作诗唱和，考题也在闱中拟定，以防外泄。还规定考官分级别，该用什么颜色的笔。

冒先生出闱后，曾戏言："无端坐了两个月牢房，幸好在闱内行动还自由，旧识新交难得有这欢聚一堂的机会，唱和至乐。再有，伙食特好，还天天送来西瓜。苦在不知外面消息，好像住在深山古庙的老僧，日唯参禅打坐而已。出闸之日，真同‘刑满释放’。”

就在这一年，冒先生的好友胡汉民被蒋介石幽居于双龙巷，禁止客访，许多人都不敢登门，独有冒先生不畏特务监视，经常走访谈诗论学。胡汉民感激不尽，认为是患难之交，在孤独中感到雪中送炭的温暖。有特务向蒋介石举报道："天天有个老头来看胡汉民。"

蒋介石问："是什么人？"

特务回答："是个做诗的文人，和政治无关。"

冒先生这才没有被蒋介石放在心上。

1932年，冒先生任广州中山大学、襄力勤大学（后改名广东省立文理学院）文科教授，兼任广东通志馆纂修，抗战时期任上海太炎文学院教授。

在抗日战争时期，冒先生来到上海，当时住在法租界福煦路（今延安中路）的模范村，准备一心从事著述。时局虽然很动荡，可仍旧不能阻止他对学问的追逐之心。在这段时期，他对中国古代典籍中经史子集皆有深入的研究和著述，经学方面的《京氏易三种》《大戴礼记义证》《纳甲说》《纳音说》；史学方面的《唐书吐蕃世系表》和关于他祖先的《蒙古源流年表》；诸子方面的《管子集释长编》，校释方面有《淮南子》《晏子春秋》《文子》《列子》《春秋繁露》等；词曲方面有《四声钩沉》《倾杯考》《宋曲章句》《新云谣集杂曲子》《疚斋词论》等，在今天许多所谓的国学大师看来，冒先生的这些著作都是颇见功力的学术专著和论文。

在这段时期，冒先生和寄居在上海的前清名士都有来往。由于大家都有感寂寥无事可做，乃约期限作"文茶之会"。之所以不称"文酒"而称"文茶"者，是因为那时生活太过于艰难，大家都以节约为荣，以浪费为耻，所以就定期在下午聚集喝喝茶至多吃二碟点心而已。

抗日战争胜利后，冒先生又应聘国史馆纂修，并起草人物传记多篇。在南京，他与当时名流如柳诒徵、汪辟疆、尹炎武、于右任、程潜等人均有来往。但由于年事已高，所以来往并不密切。大家平时工作后，都以休息为主。

后来，冒先生又回到上海，直到新中国成立。上海市第一任市长陈毅在一次会上听江庸（民国时期任过司法总长）说冒老在上海，会后即约同江庸去看望冒老。陈毅同志见到冒老后，首先说："毛主席对你们老先生是很重视的啊。"①

冒老先生感激万分。当听说冒老先生无收入，生活较为困难时，陈毅很是难过，当即就送钱给他，冒老先生不要，陈毅说："现在是人民的钱，你应该要呀！"此外还谈了些诗词方面的事，冒老非常兴奋。临走时，陈毅对冒老说："我知道你现在很清苦，我先给你一些钱用，你要保重身体，安心读书写作，生活问题一定会妥善安排的。"以后相从过往甚密。在陈毅同志荐举下，上海市文管会送来聘书，聘请冒老为特约顾问，月薪三百二十元。

为此冒老先生专为陈毅市长书写扇面，另请上海画坛巨匠吴湖帆先生作画，以答谢陈毅的知遇之恩。陈毅在调往北京前，还多次殷殷询问冒老的生活及著述情况，使冒老先生深感晚年居得其所，生逢其时，交遇知音。

1957年，冒老先生来到北京，周总理从陈毅同志处得知此事后，派人告知冒老暂时别走。1957年仲夏的一天中午，周总理轻车简从来到冒老先生住处。看见冒老，总理笑吟吟地说："我听陈毅同志说鹤老来了，早就想来探望的。政协正在开会，脱不了身。昨天刚刚闭幕，今天才有空，抱歉，抱歉！"时值仲夏，气候燥热，见家人开动电扇，总理随即安详而体贴地说："老人家怕受不了风寒，还是关上的好。"

冒老先生很感激。

临别时，总理对冒老说："今天太难得了。我有这样两小时的休息，能见到鹤老，我更高兴，毛主席委托我捎个口信，他看到你在《人民日报》上的文章，想见面谈谈，希望鹤老多住几天。"

---

①《毛泽东和党外朋友们》，邵康著，团结出版社，1996年9月版，第231页。

冒老先生只好住了下来，不久一天的一个深夜，毛主席派来车子特邀他到中南海会见，车到中南海，毛主席趋步亲迎，与冒老先生握手致好。随后尽意叙谈。他们先谈了些时局方面的事。毛主席说：你们过去提倡革新，我们后来号召革命，大家都是为了救中国，是一条道路上的人。

冒老先生点头称是。

两人谈了诗词方面的一些问题，很是欢畅。

冒老先生告辞时，毛主席送到走廊上，边走边问：冒老先生今天来，可有一言相赠？

冒老先生思考了一下，就引用佛经故事说："狮为百兽之王，不惧任何猛兽，只怕自己身上长虮虱，现在党内正在整风，我是经历了几个朝代的人，共产党能把中国搞得这样强大，譬如一头雄狮，身上也不免长几只虱子。古人云：虮虱虽小，为害亦大焉。可得提防呀！"毛泽东听了，连声说："老先生高论甚是！我一定记在心里。"

最后主席送冒老先生上汽车，还亲自用手遮住车门的上沿，怕冒老先生碰到车顶。冒老先生事后回忆起与这几位伟人的见面场景，仍旧记忆犹新。

1959年8月10日冒鹤亭先生逝世。1961年，他的家属按他的遗愿，将其收藏的先人冒辟疆的行书诗轴、草书立轴、手稿、书札、画像以及《圆圆曲》作者吴伟业有关水绘园的手迹、《浮生六记》作者沈三白的《水绘园图》等一批珍贵文物共九百多件全部献给国家，现保存在上海博物馆内。

冒老先生走得很平静，很安详。1959年前四十八年，是为1911年，冒鹤亭三十八岁，正沉浸于"晚明想象"中。再向前半年，他正在夕照寺举行那场盛大的宴会，再向前六十六年，冒鹤亭二十岁，他已经为先祖冒辟疆撰写了年谱。他历仕三朝，安享晚年。却不知，早在他去世那年的六十六年前，他的中国名士身份就已经死掉了。

当时的一位外国人写过一本书，对岑春煊在广东“屠”官的行为评价说：“（岑春煊在）当今中国是个不合时宜的人。目前中国正处在变革时期，需要的是善于妥协与和解的建设性政治人才，而岑春煊则太过强硬、不屈不挠，因此难当大任。”不过我觉得此话有百分之八十不妥。他根本不了解中国在1900年后最需要的就是岑春煊这样实干型的人。

不过，从另外的角度讲，清廷已是千疮百孔行将入木的腐烂之躯，这样的实干家已经不可能让国家起死回生了。

岑春煊

一个彻头彻尾的实干家

只做实事

关于岑春煊的出身，有两种说法，一种是很温和的，说他是壮族人，其父岑毓英乃云贵总督。出生于官宦世家的岑春煊少时就喜好读书，光绪五年进京由国学生加捐主事，分工部学习行走，旋调刑部供差。六年后，也就是 1885 年，他回到广西桂林应乡试，中举人。三年后，补工部郎中。翌年，父亲病逝于昆明，春煊以父恤典，赏五品京堂候补，此后以门第超擢频仍，补授光禄寺少卿，迁大仆寺少卿，署大理寺正卿。①

而另一种则很刻薄，说岑春煊一向品行放荡不羁，“黄金结客，车马盈门”，纵情酒色，是当时广西出了名的纨绔子弟。1879 年，岑春煊到京花钱在工部捐了个主事，因经常酗酒闹事，名声是一塌糊涂。混了几年后就回到广西。1885 年桂林科举考试，岑春煊又通过作弊手段，中了举人。1889 年，靠着其父的功劳荫庇，岑春煊升为五品京堂候补。

不过，两种说法最后都归于一道，那就是，岑春煊的发迹在中日战争之后。中日战争爆发时，岑春煊爱国热情被点燃，主动要求到前线去。于是被派到刘坤一手下，率兵在山东黄县布防。

后来就是战争失败，岑春煊承受不了这一打击，就又辞职回广西。当时，他竟然产生了去当和尚的想法。

但是，岑春煊想得很开，他觉得即使做了和尚，也难保不听着政府屡屡失利的消息，倒不如入世为政府做点事。

不久后，康有为发起维新运动，岑春煊见康有为提出的种种思想的确在此时可以挽救危亡，就参加了维新分子在上海设立的强学会，之后又跑到北京，加入了保国会。

---

①《乐斋漫笔·崇陵传信录》，岑春煊著，中华书局，2007 年 6 月版，第 31 页。

⊙ **岑春煊**

岑春煊（1861-1933年），原名春泽，字云阶，广西西林人，清末民初中国政治家。任四川总督期间，曾严肃吏制，建立警察制度，一举弹劾四十余名官员，人送绰号“官屠”。

倘若是别人在这个时候支持维新运动倒情有可原，可岑春煊的祖宗却不能原谅他。他祖宗可是功勋之臣，有着强烈的爱大清之心。如今出了这样一个不稳定分子，他的祖宗们在地下真不知作何感想。

岑春煊是真的信任维新分子能救国图强，光绪二十四年七月初七（8月23日），他向光绪帝呈递奏折，主张对内外冗滥官员进行比较彻底的裁汰，只有如此，才能轻装上阵，为下一步改革创造基础。此疏写得并不怎么样，但却感动了当时一心想要变革图强的光绪帝。就在这个月，没有正式官职的他竟然受到光绪皇帝亲自召见，应对时，岑春煊提出了兴办学校、练新兵，尤其是要讲吏治。并恳求光绪皇帝要操掌实权，不要徒有其名。他果然敢说话，正是这种勇气传染给了光绪皇帝，光绪皇帝决定走的第一步就是按他的意思裁官。

同年的8月31日，光绪皇帝颁布裁官上谕，对京师通政司、光禄寺、太常寺、鸿胪寺、太仆寺，以及湖北、广东、云南三省巡抚统统进行裁撤。对各省设立的办公局所中冗员，一律要裁撤净尽。

该上谕颁布的第二天，光绪皇帝就将岑春煊擢升为广东布政使。

这一年，岑春煊才三十三岁，广东布政使已经是“省级领导”，其意气风发当然是毫不含糊的了。他刚一到任，就把消息放出去，说要大力整顿贪官污吏。此时，有人投诉道员王有善违法乱纪、鱼肉商民，他立即派人查证。其实，根本就不用查，当时的大清官员随便拉出来一个就有贪污行为。查证确凿后，他请顶头上司，两广总督谭钟麟将王撤职查办。可这位岑大人对当时的广东官僚网还不了解，王有善本是这位谭总督的亲信，根本不可能撤职，更何况是查办呢。

岑春煊在等了几天后，不见有什么动静，一打听，王有善还好好的。他极为恼火，跑到谭的办公地点，跟他吵起来。谭总督简直气疯了，拍桌大骂，把在桌子上的眼镜震到了地上，碎成两半。

岑春煊更是恼火，谭总督摔镜子，他就摔官帽，把官帽摔到地上狠狠说道："你若对我有意见，就直说。"说完，也不等谭总督答话，踢门而去。

此事一发生，几千名商人见到了不再被官员欺压的希望，就集会到藩署对岑春煊表示支持。朝中的老佛爷慈禧听到这个消息后，十分不高兴。一向就很讨厌商人的老佛爷把他调到了西北甘肃任按察使。但事情并没有这样就结束，过不久，非常喜欢岑春煊的光绪帝下旨查实谭钟麟和王有善后，一并予以罢官革职。

这样，两广总督谭钟麟就成了被岑春煊"屠"掉的首位大官。他清正刚直、无私无畏的行为也传遍了整个中国。

可是，在别人被自己屠掉的同时，自己也被莫名其妙地屠掉了。其实也并非是莫名其妙，此时，维新变法已经接近尾声，况且，老佛爷一直掌握着朝中大权，这位老女人不想看到自己的官员被民间力量支持。况且，让人最为沉痛的是，此时的大清官场是任何人也无法改动得了的。到了晚清，官吏腐败已经成为普遍现象，更成了一种必须出现的现象。当初，大清朝制定的种种制约腐败的监察系统已经失灵，这种失灵一大部分是因为有许多人把这种监察当成了攻击对方的工具。雍正时所创造的密折制度也无形作废，满朝文武，没有人会为了贪污去上奏折打小报告。

因为大家都知道，自己的官和别人的官都是买来的。即使你是科第出身，要想混个好缺，也非花钱打点不可。既然大家都在花钱当官，那么，这些钱是必须要赚回来的。大家都在赚钱，谁又会为了别人的财路而把自己的也堵死呢?

另外，到了晚清时期，官员更换的周期在不断地缩短，凡是好一点的缺，轮换的频率都非常高。大家都盯着这块好肉，谁也无法占多长时间。有时一年不到就得被迫走人。所以大家一上任，气还喘不匀就要张罗捞银子，否则离任的时候就有可能收不回成本。

岑春煊就处在这样一个环境中，他本人靠着老父亲和光绪皇帝得到了美差，几乎没有成本。但他应该替别人考虑一下，别人到了当时的职位可不是靠着幸运得来的，而是靠着辛苦努力好不容易熬上来的。

维新变法失败后，岑春煊多亏了荣禄在老佛爷面前讲好话，这才使他没有被处分。不但如此，荣禄还把他调到甘肃，名为平迁，实则暗降。

不过，岑春煊这人的命特别好，才过了几年，八国联军就被老佛爷邀请到北京打架来了。

八国联军势如破竹，很快就要到北京了，老佛爷立即下旨各地人士来“勤王”。没有人来，只有岑春煊带着五百人从遥远的甘肃不分昼夜地跑到北京，然后陪着老佛爷和光绪皇帝跑陕西。老佛爷当时真是激动得想把心掏给岑春煊。

岑春煊当然知道老佛爷看上自己了，但自己喜欢跟官作对的臭毛病还是没有改。当时，粮台会办吴永与岑春煊在西行途中驻跸的太原行宫内相遇，为了一件小事对骂起来。

还没有吵几句，岑春煊就咆哮起来：“我非参你不可。”

吴永也是“护驾”功臣，岂肯示弱，厉声道：“你有本事尽管上告，我在此恭候。我也奉旨专折，可以参你。我无可指责，你却有累累罪状，看咱们谁厉害。”

岑春煊最讨厌别人威胁他，一听大怒，上前揪住吴永的胸口，就要饱以老拳。吴永害怕了，哆嗦着，嘴巴上却不肯示弱：“这是什么地方，你敢无礼。”

岑春煊一想也是，就住了手，但他马上找到太监李莲英告吴永的状。李太监劝岑春煊忍耐为上，岑春煊这才安静下来。[①]

不过，在这一时期，岑春煊险些就干了一件让老佛爷肯定不高兴的事。那就是，逃亡海外的维新派人士利用老佛爷落难之机，制订了一个“助帝收回政权”的计划，这个计划很简单，先用孝治及利害关系说服老佛爷，如果老佛爷不听，那就用强硬手段只奉皇上回京，然后跟八国联军谈判，让皇上重掌政权。但是，岑春煊最终没有执行这个计划，原因很简单，他见诸多封疆大臣纷纷举兵来护驾，一些大清军人都是站在老佛爷这边的，稍有不慎，不但不能解救皇上，脑袋还得搬家。

后来，八国联军退出北京，老佛爷回到北京，在光绪二十九年，岑春煊被老佛爷赏识，重新调回广东当两广总督。

官场屠夫

这一次，他更狠，在出发前就把消息放出去，说要把广东的吏风治彻底整治。

广东的官员还不知道该如何迎接这位去又复来的岑春煊大人时，他已经开始了他的反腐风暴。到任不久，一批贪官纷纷落马：南澳镇总兵潘瀛，柳庆镇记名总兵唐玉生被革职充军，千总潘继周则被就地正法。裴景福曾在几个县任职，仅南海县知县一任上，便贪污受贿达二十四万多银元，岑春煊将他“双规”——革职监管起来，岂料这个小子通过其他贪官逃到了澳门。岑春煊大怒，这一怒，可非同小可，居然派出了军舰追到澳门，当时占领着澳门的葡萄牙政府哪里见过这样的清朝官员，为了一小贪污犯居然出动军舰，急忙笑把裴景福交出引渡回广东，岑春煊将其发配充军新疆。

① 《睇向斋秘录》，陈灨一著，中华书局，2007 年 4 月版，第 40 页。

过不久，岑春煊又查办了一件大案。那就是广东海关书办周荣曜贪污案。广东海关监督之职一向是诸多官员流口水的肥差，周荣曜虽然仅是一名小吏，但其聚敛的财富竟达数百万两之巨。此人贪污的钱并没有藏在手里发霉，而是用它们交结官绅豪门。庆亲王奕劻就是被他结交的一位。当岑春煊查出他的种种罪行后，立即准备缉拿他。为了逃避惩罚，周荣曜私携银两入京，跟庆亲王奕劻谈了好久好久，这场谈话的结果就是：他立即被朝廷任命为四品大员，出任比利时公使。

岑春煊怎么可能放过这样一个人，这是对他的挑战，也是对他信仰的挑战。他上书朝廷请求罢免周荣曜，并查抄其全部家产充公。老佛爷觉得岑春煊做得很对，可庆亲王奕劻认为很不对，因为他拿了人家周荣曜的银子，拿人钱财就得替人消灾。

最终，庆亲王奕劻还是没有保住周荣曜，在岑春煊的坚持下，朝廷发出缉拿他的命令，周荣曜没有办法，只好逃去香港，过他的残生去了。

可岑春煊仍旧很不舒服，他认为，虽然周荣曜的确是削官为民并且跑到殖民地去了，可他觉得本应该可以捉到的，之所以捉不到，就是因为有庆亲王奕劻通风报信。所以，他连续九次上书慈禧希望查办庆亲王奕劻，慈禧不理他，一个小官弹劾王爷，尤其是非常重要的王爷，不知天高地厚。

岑春煊见在那里出不了气，就仍旧把气撒到广东官员身上。一根棒子足可以把一群人打成肝胆相照的朋友。广东官员们认为，是时候团结起来一起对付这个岑屠夫了。

岑春煊为什么对贪官有着不共戴天的仇恨，不得而知。你若说他为名，他已经很有名了；若说他为利，无数的官员都给他送过东西，但都被他就地捉拿。这个怪人，在满清官场几乎成了不吃腥的猫。有人粗略给他统计过，在其两广总督任上时，他共弹劾贪官庸官一千四百多人。

后来，在他署理四川总督时，他计划一次弹劾三百多个贪官，他的幕僚们告诉他：这样做的后果很可怕，这是间接地在骂朝廷的愚蠢，选了这么多愚蠢的官。他只好不证明朝廷的愚蠢，只罢免了其中四十多人。在四川仅九个月，他便把四川长期积累下的官场弊端一一革除。由于他弹劾了大批昏庸贪鄙的官员，被时人称为“官屠”，与张之洞“财屠”、袁世凯“民屠”，并称为“清末三屠”。

但是，岑春煊虽然查处了那么多贪官，可后来的事情却证明，他整治了一批，又出现了一批。贪官简直就像是蟑螂，永不灭绝。在今天，我们可以拿出各种各样的理由来证明他的反贪不可能成功。有一种理由认为，在不从制度的根本着手的情况下，无论采用什么手段，基本上都是无效的。

也就是说，岑春煊的惩治贪污就像是拿着拖鞋在地板上见到一只蟑螂就打死一只，但蟑螂的老巢在哪里，他却不去找，也不去想。虽然如此，就当时的实际情况而言，贪还是要反的。任何人也不会因为灭绝不了蟑螂而看着蟑螂爬东爬西。但大清很多官员真就是在看着蟑螂爬，岑春煊打蟑螂，蟑螂们觉得很委屈，广东官员认为上辈子做了很多缺德事，这辈子遇到了岑春煊。对他们来讲，这简直就是一场灾难，一场跟别的地方比较起来感到很是委屈的官灾，无怪乎人们要称岑春煊为“官屠”。

有了灾难一直躲避肯定不是办法，要想办法解决。按照他们以往的经验，许多顶头上司一上来就宣称要整肃吏治，但顶多是三板斧下去，然后就迅速收手，因为有人用钱支住了他的斧子。也有一些高官宣布反贪，其实是为了大肆地贪。据说，晚清一位高官有秘诀，说是对下属得连骂带吓唬，一骂则皮袍人参来，二骂则珠玉钻石来。

但岑春煊似乎永远都不是这样的人，贪官们想办法让他走，可老佛爷太信任他了，谁都参不倒他。广东官员真有求死不能之感，但广东贪官的聪明却是别地方贪官所不能望其项背的。终于，有人想到了让岑春煊离开广东的方法。

广东官员在广东想不到办法，他们请香港人帮忙。当时的香港已经成为殖民地，人来人往，并且很有新思想。广东许多官员就凑了一笔钱，到香港开出赏格，有能使岑春煊不再反腐者，赏港币百万。在当时，这笔钱足够一个善于理财的人活上八辈子。

重赏之下，定有勇夫。有人跳出来说，自己有办法干掉岑春煊，出钱的广东官员认为这是扯淡，如果能干掉这位两广总督，他们何必跑到香港找人？当然，智者总会在这个时候出现，很快，就有人想出了办法。

他的办法其实很简单，首先，想要让岑春煊不再反腐，让他滚出广东即可。他自己当然不会走，那么，就让老佛爷赶他走。老佛爷最厌恶什么，世人都知道，这个老太太在晚年最恨的人除了光绪，就是康有为和梁启超。当时这些坏分子想让她交出权力，她下辈子都忘不了。于是，政治问题成为倒岑的突破口。虽然岑春煊跟保皇党人素无瓜葛，但制造出他们之间的“联系”倒也不是没有办法。

这个聪明人大概是在资本主义环境下成长起来的好学分子，将西方那一套先进科技熟悉得一塌糊涂，并且还进行了改良。他取来梁启超和麦梦华（保皇党另一个中坚人物）的照片，翻拍后与岑春煊的照片洗在一起，岑居中，梁、麦二人旁立，合成一张，然后将之流传到社会上。如你所知，只知道外国人有照相机的老佛爷肯定不知道照片还能剪接。当老佛爷看到这张照片的时候，其愤怒不言而喻。

这真是一张让岑春煊生不如死的合影，他当初虽然和照片上的两个人接触过，但照相之事，他连想都没有想过。这种事情，他根本不能解释，而且也无法解释。因为他也不明白自己怎么就跟这两个人合营了。

接下来的事情完全可以想见，当你知道了你最亲近的人居然和你的仇人有亲密的来往并且还把你蒙在鼓里时，你的愤恨是一定的了。

老佛爷当然有理性，但在科技面前，她宁愿相信科技，也不相信理性。她没有让岑春煊作任何解释，于是，岑春煊被一纸上谕开缺晋京。

有人说，老佛爷经常玩弄西洋的东西，对这种剪接技术应该有了解才对。即使她对此不了解，难道还不了解岑春煊吗？如果岑春煊跟康有为等保皇派有来往的话，怎么会从甘肃大老远地去保护她？

所以，老佛爷对那张照片的态度应该是明朗的，那就是，岑春煊不可能跟那些不三不四的人混在一起！但她必须要惩治岑春煊，因为当她从西安回到北京，大清实行的新政其实就是“维新”派的那一套，不过是换了个形式罢了。据历史学家考证，新政的内容就是梁启超亲自操刀的。老佛爷虽然识字不多，思想不成系统，但对于当初想让她交出权力的那群家伙的言论，她还是了解一点的。新政无非是一种缓和阶级矛盾的手段而已，她自然知道无论是什么内容，到最后都会没有内容。所以，对于新政的内容，她虽然知道是保皇党的基本思想，但并不干涉。

在这种情况下，特别是她已经快要老死的情况下，很多人都会或多或少地向保皇党和光绪皇帝亲近一下，赌博，有时候就要眼观六路的。

老佛爷自然知道有些家伙正在给自己打工的同时，也在给光绪皇帝做兼职。任何人都可以这样做，她也没有精力管了。但只有岑春煊不行，坚决不行。她对他太信任了，怎么可以做出这种事来！

值得让后人欣喜的是，岑春煊后来研究出了照片的秘密，终于洗清了自己。但这种洗清已经没有任何必要了。在多疑的老佛爷眼里，疑虑的阴影永远也不会挥散了。“圣眷”风光不再，岑春煊的反贪风暴就此风止云散。

实干家的本色

岑春煊被免职是1907年的事，到了1911年，闲散了四年的岑春煊又被重新起用。原因是，四川保路运动热火朝天起来。岑春煊被派往四川与总督赵尔丰办理剿抚事宜。

可是，不知道岑春煊是不是吃错了药，在回到政治舞台后，他处处跟政府唱反调。首先是在剿抚问题上，清政府主张剿，岑春煊主张抚，他还在四川发出《致四川人民各安生业电》，宣称“必当为民请命，决不妄戮一人”。

但他的话没有人听，清政府立即捉了保路运动的首领，并要求严惩。可岑春煊却拒绝受命，强请释放这些被捉的人。

过不久，保路运动已无法控制，武昌那边又闹将起来。清政府下罪己诏，希望能挽回点民心。可岑春煊却让政府在下罪己诏的同时也要下特恩诏。

有人立即站出来攻击他，认为他这是把大清往火坑里推，让大清从此没有面子，无立足之地。

由此可见，此时的岑春煊与清政府的裂痕已经相当明显，在整个保路运动期间，他都站在了立宪派一边，而与清政府呈某种抗命之势。

清政府一些官员立即回击，弹劾他。同年的 10 月 2 日，岑春煊摇着头叹息着提出辞职，清政府立即同意。

不过，有些特别有能力的人往往就是这样，危急时刻总会被想起。当岑春煊乘船回上海时，武昌起义爆发。清政府立即就想到了两个人，一个是袁世凯，另一个就是他。

10 月 14 日，清政府发表了他与袁世凯分别补授四川、湖广总督的任命。岑春煊对这一任命再三推辞，清政府死皮赖脸地请求。岑春煊只好上任。但他同时提出扩编军队为十营，增拨枪炮子弹，发银一百万两作为出山的条件。

清政府当时只有焦急，哪里有钱给他。岑春煊不见钱，就不出山。

1912 年 1 月 1 日，中华民国成立。10 日，岑春煊在报纸上发表《致内阁总理袁世凯的公开电》，明确地表示自己是革命阵营这边的人。同时，他把当年屠官的勇气拿了上来，抨击袁世凯反对民国成立、撤会南北议和的背信弃义之举动。

袁世凯对这位当年喜欢“屠”官的同僚的行为不但没有生气，还邀请他出山担任贵州宣慰使，岑春煊冷笑着十分不客气地回复袁世凯“你把国家搞得跟地狱一样，有什么义可宣，有什么德可慰？”

1913 年，袁世凯派人杀掉了宋教仁，孙中山起来号召再次革命。袁世凯向外国人借钱，准备对付革命党。

岑春煊极力反对袁世凯，在革命党人的派遣下，他到湖北进行革命准备。袁世凯听说岑春煊的事情后，觉得很有意思，就派人去说服他，让他放弃。岑春煊依旧是冷笑着给袁世凯写了封信，在信中他发誓：如果袁世凯早晨死，我就是晚上死，我也不后悔！①

但是，不久后，二次革命失败，袁世凯突然想到了这个发毒誓的人，就下令通缉他。岑春煊跑到香港，香港殖民政府也下令通缉他，他只好跑到南洋。

1915 年，袁世凯为了称帝，无耻地与日本人签订了《二十一条》，并且称帝。岑春煊立即跑回广东，自任两广护国军都司令，讨伐袁世凯。

不久，袁世凯死掉。岑春煊没有了这样一个对手，心情倒颇为失落。

这次的护国运动可以看做是岑春煊政治生涯的顶峰。

不过顶峰过后，随即就是衰落。随着护国运动的成功，孙中山实力大增。岑春煊感觉到了威胁。两人原本就不是一条道上的人，用学院派的意思来讲，孙中山是不断寻求进步的资产阶级民主主义者，而岑春煊则是一个受了某些资产阶级思想影响但又有着很深劣根性的旧官僚，在思想认识层次上，二者的差距是显而易见的。护国运动使岑春煊的政治地位陡然增长，许多南方军阀都极力想把他作为一杆大旗抬出来和孙中山相对抗。岑本人也对孙中山所提倡的民主主义革命那

---

①《骆宝善评点袁世凯函牍》，骆宝善著，岳麓书社，2005 年 8 月版，第 175 页。

一套很是反感，两人的争斗开始了。但是他失败了，原因很简单，孙中山最善于做的一件事就是联络各路军阀打一个军阀。

1920 年以后，岑春煊宣布退出历史舞台，在上海开始过起日子来。1932 年倭寇侵犯上海，他慷慨解囊，捐助当时抗日的十九路军三万元。1933 年 4 月 27 日，岑春煊病死于上海。

确切地说，岑春煊本不应属于士大夫阶级，中国的士大夫阶级起码要有点修养。但岑春煊一点都没有。不过，也正是因为他完全没有文雅修养，所以他是实实在在的。他跟康有为完全是两种人，康有为是怀有空洞理想主义之辈，而岑春煊不是空想家，他是一个真心实意的实干家。他没有中国士大夫本该具有的优雅，可他也并非是狂妄自大、庸俗不堪、装模作样讲排场的暴发户。一直到晚年，岑春煊的生活都相当简朴，至于有人说他年轻时的一些纨绔子弟作风，恐怕不能让人信服。

当时的一位外国人写过一本书，对岑春煊在广东"屠"官的行为评价说："(岑春煊在）当今中国是个不合时宜的人。目前中国正处在变革时期，需要的是善于妥协与和解的建设性政治人才，而岑春煊则太过强硬、不屈不挠，因此难当大任。"不过我觉得此话有百分之八十不妥。他根本不了解中国在 1900 年后最需要的就是岑春煊这样实干型的人。

不过，从另外的角度讲，清廷已是千疮百孔行将入木的腐烂之躯，这样的实干家已经不可能让国家起死回生了。

梁鼎芬先生临死前并没有见到一批爱国青年焚烧民国官宅的那场大火（五四运动）。就在1919年，梁先生已卧病在床多日，有资料说，他当时连一口像样的饭都吃不上。这位清朝光绪年间的进士，最高做到布政使一职的中国士大夫，临死前始终不肯与已生存了八年的民国握手言和。从政治取向考察，他确是一个螳臂当车的不识时务的悲剧角色，作为传统士大夫，他一直以为民国只是改朝换代的换汤不换药的一个王朝而已。他自己对西学也颇有研究，可他始终不认为，西方的那一套可以救中国，中国只有自救，只有大清皇帝可以救。

可如果我们从道德层面来解析梁鼎芬，他不正是一个具备了高尚人格和完美追求的士大夫吗？只不过，身在此山中，他永远都不知道，身为传统士大夫的他已经被一种新的政治制度与新的道德终结了。

梁鼎芬

忠贞，永不终结

被诋毁的“愤青”

有一种士大夫的特点是，只要他看不惯的事情，必会去管。我们可以称这种人为愤青，梁鼎芬就是一愤青。梁先生字星海，号节庵，广东人。光绪六年，梁先生二十二岁，中进士，授编修。

光绪十年（1884年）五月，二十七岁的梁先生对当时的直隶总督兼北洋大臣李鸿章所作所为很是看不惯。李鸿章倒也没做什么，中法当时正在开战，李鸿章不想见到太多的硝烟，与法国谈判，希望能和平解决两国问题。不久后，两国握手言和，中国的代价是，签订了又一个丧权辱国的《中法简明条约》。时人认为，李鸿章在中国取得了阶段性的胜利后居然主动求和，俨然是龟孙子行事作风，该拉出去枪毙。

但只是这样认为，没有人敢将这种想法说出来。梁鼎芬做编修做了五年，实在很沉闷，况且二十七岁的年纪又正值血气方刚之时，对李鸿章的这种行为自然就义愤填膺。他上疏光绪皇帝弹劾李鸿章，说李鸿章此人不但该杀，而且杀六次都可以。并要求光绪皇帝不要立即执行条约，以正视听。

光绪皇帝是想做点大事让天下人知道他还是皇帝，但是他做不来。李鸿章是慈禧太后的红人，而慈禧太后才是百姓心目中那个乾纲独断的皇帝。[①]

梁鼎芬的奏疏立即被慈禧太后看到，她雌威大发，一个小小的编修敢弹劾当时权倾朝野的直隶总督兼北洋大臣李鸿章，敢在太岁头上动土，还去虎口拔牙，纯属于活腻了。

梁先生命好，没有死。慈禧虽然大怒，但只是把他从环境优雅的办公室里拎出来，扔到太常寺去管理乐器。这个官职相当于没品，等

① 《民国演义》，蔡少藩、许廑父 著，华夏出版社，1980年7月版，第254页。

于说，梁先生一夜之间连降五级，相当于现在从县长降到村里管计划生育的了。

愤青的自尊是相当强的，不然就不是愤青了。梁先生既羞又怒，收拾包袱，带着家人离开京城。走之前找人刻了一枚小印，上面书写六个字：年二十七罢官。

几个月后，有京城人在广东番禺旅游时，看见了梁先生。梁先生当时正背着一筐书，悠闲得很，但不知他住在何方。

后来，又有人得到消息说，梁先生在老家大声读书，大碗吃饭。

⊙ **梁鼎芬**

梁鼎芬（1859—1919年），字星海，广东番禺人。光绪六年进士，授编修。少年得志，博学且有奇才，但性格十分怪异，是晚清著名的“一根筋”，人称“梁疯子”。

这原本是个好结局，一个传统读书人，因为不满朝中笨蛋的所为而举报，朝廷却将他惩治。而他非但不对朝廷报以仇恨之心，还安静地回归去读书。这完全符合中国传统道德对一个读书人的要求。

可诋毁梁先生的故事随即就来了。

这个故事的另一主角叫李文田，咸丰九年（1859年）的探花。晚清北京官场，无人不识李文田。此人不但对儒家经典融会贯通，还对金元故实、西北地理了如指掌，但这些都与这个故事沾不上边。李文田所以能成为这个故事的主角，是因为他深通子平六壬之术，对风水星相很有研究心得。

李文田是个热心肠，所以朋友非常多。当年梁启超会试落榜，李文田在他的卷上题诗道：“送君明珠双泪垂，恨不相逢未嫁时。”梁启超读了感铭肺腑，终生不能忘怀。

所以，这个故事是这样的：梁鼎芬也是李文田的好朋友，被点中翰林时春风得意，理想远大，京城官场流行算官运，梁鼎芬就请李文田为他算算官运。李文田当即给他排开八字，脸色大变，不过随即就恢复原色，对梁鼎芬说，恭喜您，您还能活五年呢。

梁鼎芬早已六神无主，魂飞魄散，急忙请教禳解之术。

李文田就掐指一算说：除非招惹一场大祸，不然，您只能有五年活头了。

梁鼎芬是个本分的读书人，能招惹来什么大祸呢。就这样，一直到第五年，他都没有找到祸去招。直到李鸿章的事出现，他觉得这是大祸，就奋不顾身地去招了。

编造这故事的人臆测梁鼎芬的心思时说，梁思来想去，心想总归是一死，总比坐以待毙好。

于是，梁鼎芬就做了弹劾李鸿章的事情。

诋毁梁先生的人不知是什么人，但如此诋毁梁先生，肯定有一定的目的。现在已不得而知梁鼎芬是什么时候听到的这个诋毁自己的故事了，当时，梁先生很开心地活着，读书，睡觉，吃饭，直到张之洞请他出山。

国士级的幕僚

张之洞当时任两广总督，这位总督一定没有听到那个故事，不然，他不会在 1886 年 4 月以闻梁鼎芬“高其风节”、“学问渊博”的名义请其出山当惠州丰湖书院的院长，并给其“学富五车，才高八斗，赤胆忠心，直言敢谏。大清朝不兴，正是缺少此类人才也”的高评价。

1887 年夏，又转任肇庆端溪书院主讲。后来，张之洞任两江总督又让梁先生主讲钟山书院。移任湖广总督后，梁鼎芬就在张之洞身边，充当他的幕僚。

张之洞后来能做出被国人注目的成就，梁鼎芬可谓功不可没。梁先生自己没有把官做明白，但教别人如何做官还是有一套的。在张之洞宦海生涯中，梁先生为其推波助澜，挡风遮雨，尽其能事，总在紧要关头，协助张之洞作出重要决策，使其在晚清政局的风雨飘摇中稳如磐石。有人评价其为晚清第一幕僚，并非言过其实。

据跟随多年的张之洞亲信后来讲，张之洞每遇重大之事，必亲自到梁鼎芬房中咨询，经常谈至夜而不散，两人对这种谈话方式似乎都习以为常了。

张之洞将梁鼎芬看做是国士。所以国士是指为国效力的士大夫，忧国忧民是他们的特点，保皇是他们的标签。当然，最主要的是梁鼎芬有这样的能力。

欲使国家富强，需先使皇权稳固。为皇帝着想，皇帝永远是对的，只要他还在那张椅子上坐着。维新运动兴起之初，梁鼎芬对张之洞说，这些维新分子虽然不以常理出牌，但其所主张对国家是福。应该跟这些人合作。张之洞甚以为然，梁鼎芬靠着与维新运动的中坚分子康有为是同乡关系，积极引荐给张之洞。1895年康有为欲在上海创强学会时，张之洞也正苦于寻求救世之道。梁鼎芬便让康有为来江宁见张之洞，此时，张之洞的心情很不好，他的爱子掉进水里再也没有上来。对康有为的到来，开始还是很冷淡。不过，经过与康有为的一番谈话后，张之洞的心情逐渐好转。大概是他从康有为的言谈中看到了希望，一种让中国很快就能强大的希望。

康有为在江宁待了二十余日，临走前，梁鼎芬让张之洞拿出五千两白银，作为强学会会费，以示声援康有为。

梁鼎芬与康有为不仅仅是同乡，二人还是志同道合无话不谈的知己。康有为与梁鼎芬的舅舅张鼎华是忘年之交，梁鼎芬对舅舅很是敬佩，舅舅时常在他面前谈到康有为的志向与才华，使梁鼎芬早年就对康有为有所了解。梁鼎芬辞官时，去见康有为，康有为曾赋诗一首：

一别三年京国秋，冬残相见慰离忧。

代陈北阙有封事，醉卧西风剩酒楼。

芍药翻红春欲老，杜鹃啼碧涧之幽。

繁花零落故人往，惆怅当时旧辈流。

等于说，两人的交往是中国传统士大夫的理想之交，并非酒肉朋友。他们能走到一起，就是因为心中都抱有强国之梦、忠君之心。

之所以这样讲，是因为梁鼎芬对一心欲救国的人都报以同样心态，同样地支持。1896 年 1 月 20 日，顽固守旧人物杨崇伊弹劾北京强学会“植党营私”，专门贩卖西学书籍，北京强学会因而被查禁。这时，上海强学会刚刚成立，北京强学会的被查禁无疑给康有为等人一个大打击。

张之洞听闻朝廷对待强学会的态度，很是惊慌，他立即电嘱停办上海强学会。但维新人士是“上有政策，下有对策”的人。维新人物黄遵宪与汪康年见学会不让办，那就退而求其次，办报纸。他们给自己的报纸取名叫《时务报》，但办报纸的经费和审批是他们很难搞定的事。有人又想到曾经支持强学会的张之洞，而想要得到张之洞的支援，必须要请梁鼎芬帮忙。黄遵宪与汪康年频频致函梁鼎芬，希望他能帮这个忙。梁鼎芬从对方的信中得知，《时务报》的宗旨大抵与强学会相同，都是以强国为目的。他又开始与张之洞谈心，最终，张之洞被打动了，《时务报》遂于 1896 年 8 月 9 日创刊。张之洞的救国心志得到释怀，维新人物们也得偿所愿而这一切，全是梁鼎芬的功劳。

和张之洞一样，梁鼎芬虽然极力支持维新派，但他们都不是维新派。维新派从成立开始，就在对待本国的事物上报有偏见，这也是后来戊戌政变发生的基本动因。梁鼎芬认可维新派的强国之计，可在他看来，强国如果先有毁掉本国的一切再重新建设一个与本国完全不同的国，那就与谋反等同了。

实事求是地讲，作为中国传统知识分子，受传统文化多年的熏陶

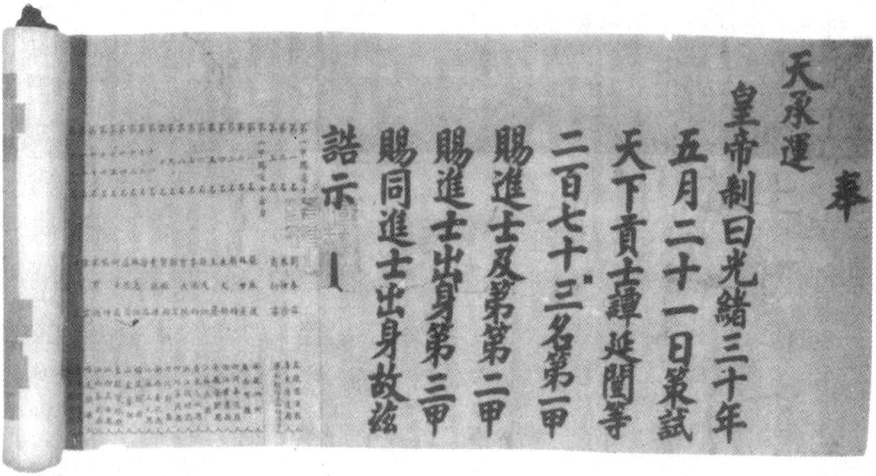

⊙ **光绪三十年大金榜**

金榜是中国封建社会科举考试制度中的最高一级考试——殿试的成绩排名榜。因为它书写在黄纸上，也称黄榜；又因它是由皇帝亲自批准并加盖“皇帝之宝”大印，所以又称皇榜。清代的金榜分别用满、汉文书写。光绪三十年为最后一届科举考试，这标志着中国传统士人通过科举入仕梦想的最终破灭。

与其在这种文化中的感悟，使他认为，西方有其长处，可这种长处必须要为本国的一切服务。这种思想就是当时主张洋务运动的人的典型话语。对待《时务报》，梁鼎芬试图将它纳入“中体西用”的洋务轨道，于是，他又成为张之洞干预《时务报》的中介人。

在《时务报》刊行过程中，梁鼎芬总是“严加匡正”。对与“中体西用”洋务纲领相契合者，表示欲作“楹贴”予以称赞；对越出“中体西用”轨道的，则极力抑压。1897 年 11 月，他的好友梁启超在《时务报》刊发《变法通议》大倡民权，他连连摇头，并写信给汪康年道：“民权文字亦不佳，千万不可动笔。”并责问汪“弟自云不附康，所以至是”？要求汪康年“处华夷纷杂之区……当存君国之志，勿惑于邪说，勿误于迷途”。

如果两个人道不同，还非要在一起共事，那摩擦必定要产生的。《时务报》后来在梁鼎芬眼中就成了“离经叛道”的人的宣传台。1898 年康、梁组织保国会要求中国必须要实行变法，康有为给梁鼎芬写信说，已经得到了光绪皇帝的支持，强国再也不是梦。并且痛心指出，此时中国若不变法，改变旧的政治体制，亡国灭种立可待也。

梁鼎芬突然看不清未来，变法意味着什么，从前的皇帝不再是皇帝，他一直顶礼膜拜高高在上的皇帝将成为过去，即使仍有“皇帝”这两个字存在，不过是代号而已。

传统，谁都不可更改。

他给康有为写信说，您的变法内容我见了，但我始终不明白，我们从生即在此种环境下成长，强国并不是推翻一切才能建造一切的。

康有为不听，当变法运动进行到慈禧太后实在是看不下去时，实力单薄的光绪与手握大清重权的慈禧之间的矛盾顿时暴露。等待康有为等人的将是什么，不言自明。

梁鼎芬最先闻到了这股火药味，他对张之洞说，如今，帝后矛盾已渐加深，不出半年，必将有个胜负。您现在要做的就是要表明自己是忠于太后而有别于康、梁的。

张之洞当时还很犹豫，梁鼎芬说，皇上不过是傀儡，康有为又无经天纬地之才，必将失败。此时我大清国，还不需要他们那一套的。

经过再三劝说，张之洞决定与曾经合作过的维新派划清界限，但划得很温柔，并没有大刀阔斧。

首先是在主张上回归本源，将自己参与过的提倡变法的《强学篇》大加修改，易名为《劝学篇》，其内容以忠君爱国、遵经守道为说教，隐示新法不可行、旧法不可变之意。同年的10月16日，梁鼎芬、朱一新等又将书中忠君卫道部分加以检注，重编成册，而后收入《翼教丛编》，成为反对维新之代表作。又将《劝学篇》精缮成册进呈慈禧御览，表示反对变法之态度。这是抛弃从前，在重新开始上，张之洞创办了自己的舆论阵地——《正学报》，“以昌明正学，宏扬圣道”，表其忠君卫道立场。这个重大责任当然要梁鼎芬担当。

这位当年的翰林编修文字功夫天下一流，以笔代刀，口诛笔伐康党为“无父、无君、无人理之逆犯”，其疏劾维新志士的文章“词气壮厉”，忠君情切，被“合刊千本，分散两湖人士”，此时，他的名字传遍了大江南北。①

张之洞也因为他的力劝而改弦易辙得到了慈禧太后的赞赏，前程无量。

身为国士，梁鼎芬对危及大清国的一切事情一切人都不放过。1900年，义和团兴起，当时被张之洞认为是栋梁之才的他的门生、维新派唐才常领导自立会成立自立军，准备发动起义。张之洞当然知道，起义意味着什么，但他有自己的考虑。许多年后，我们对这位活跃在南方的封疆大吏对朝廷的态度始终怀疑，是否如他自己说的那样忠贞不贰。

有许多次，与北方中央出现不和谐音符时，他起先都在观望。如果说，这是为官之道，却不足以服人。中国自有官以来，为官之道中就有“君让臣死，臣不得不死”的训诫。无论是贪官还是清官，忠于朝廷是他们义不容辞的。

在对待自立军问题上，张之洞的态度相当暧昧。唐才常曾托人劝告张之洞接受自立军的拥护，宣布两湖独立，张之洞没有说好，也没有说不好。唐才常的势力一日千里，未尝不是张之洞的不干涉造成的。

梁鼎芬得知消息后，大为惊慌。他很怕张之洞一时糊涂，走上反对朝廷的路，便以忠孝之道警示：“祸将不测，看此举动，明系合伙同谋，妄思欺夺君权，破裂孔教……杀贼报国，肃清海宇，功有专属，责有专归，此等大事，当语仁公，首先料理。”并悚以危言，若“隐忧于私室，不能昌论于公廷，徘徊一月，缠绵千语，计尚未定，贼已渡河，此时纵有百部守约书，百处正学报，百间武备学堂，于事已恐无济”。为说服张之洞，梁鼎芬晓之以理，动之以情，可谓在文字上无所

① 《张之洞幕府——晚清四大幕府丛书》，黎仁凯著，中国广播电视出版社，2005年1月版，第78页。

不用其极。

最终，可能是时势使然，更多的是张之洞对梁鼎芬的言听计从，张之洞遂于1900年8月22日，在英国人配合下逮捕了唐才常等人。紧要关头，梁鼎芬又协助张之洞作出决策，使其在晚清政局的风雨飘摇中稳如磐石。如果不是梁鼎芬的一番劝导，还真不知张之洞会做出什么傻事来。

作为张之洞最得力的幕僚，梁鼎芬非常合格。有人说，梁先生其实是借了张之洞这副梯子，来实现自己作为士大夫的理想之一面。最终，国士仍旧是要在庙堂之上为君分忧、为国筹划的。

传统道德与传统中的“天下为己任”的士大夫行为规范，使梁鼎芬即使身不在朝廷，仍有实现自身价值的强烈愿望。张之洞的洋务新政，尤其是文教兴革，梁鼎芬就是积极的拥护者与倡导者，更重要的是，他还是一个实践者。

在他的促动下，两湖书院被建成为培养通经致用人才的新式书院。被世人称赞的张之洞所筹办的农务、工艺、军事等各类专业学堂都是梁鼎芬背后的谋划。这些专业学堂开创了武汉近代留学教育事业，创办近代军事教育。张之洞改革封建传统教育体制，梁鼎芬也努力辅佐之。

我们之所以称梁先生是国士，还有一个原因。他虽然与康有为是挚友，可当他的国士价值观与康有为发生冲突后，他立即反戈相向，对康有为的口诛笔伐，从来就是发自肺腑，苍天可鉴。而后来清廷退位，梁鼎芬又与康有为惺惺相惜起来，因为两人此时已经意见一致，都是铁杆保皇派。

这段做幕僚的岁月可能是最能体现梁鼎芬作为国士寻求忠君爱国、救国济民面目的了。要知道，晚清时期，强国靠科技与文化入侵，大清内忧外患，实是数千年未有之变局。他不去留恋古人留下来的四书五经，而是放眼四海，吸纳吞吐，容天下之技而为己之用，攀着张之洞这副梯子来完成自己的国士使命。

张之洞几次的摇摆不定，都让他痛心无比，他几乎到了苦苦哀求的分上，原因无他，当时，也只有张之洞可以证明他作为国士这一身份的存在。时人有“梁是张的影子”之说可谓定论。与其说梁鼎芬是干将，不如说他与之洞同声相应、同气相求，共同的救国理念使他们走到了一起。

这种救国理念必将让他走到前台，而不是永远是一个影子。

终究不是省油灯

梁鼎芬再回官场，是注定的。眼界开阔，惜才如命的张之洞不可能让他一直给自己做秘书。尤为重要的是，作为一心为国为君的国士，梁鼎芬必将会被执政者重视。

他想要再做回官，就必须征得慈禧的颔首。当年他让这个老女人大怒，慈禧心胸狭隘，自然还记得他。当八国联军兵临北京，慈禧挟光绪帝仓皇西窜时，梁鼎芬首倡向逃往西安的“二圣”呈进食物、药品等，饱尝流离之苦的慈禧被感动了。

湖北学政王同愈得知这一消息后，就奏荐，梁鼎芬遂于当年 12 月得赏还“翰林院编修”原衔之恩典。1901 年 3 月，张之洞上《保荐人才折》，称梁鼎芬品行好、才力强，建议送部引见，优与录用。不久，梁鼎芬被任命为武昌知府，旋又升任湖北安襄郧荆道。在此期间，鼎芬还兼任新军参谋所、执法所提调、学务处总提调，参与编练新军，创办省城警察，管理湖北学务，成为张之洞得力助手，当时人都称其为“小之洞”。

在武昌知府任上，梁鼎芬把自己的住宅取名为“食鱼斋”，这个名字用的是“武昌鱼”的典故。他还在宅中贴了一副自撰对联：“零落雨中花，旧梦难寻栖凤宅；绸缪天下事，壮心销尽食鱼斋。”如果说这是有感而发，那么，我们就可以看到梁先生对曾经的往事，实有不堪回首之落寞。

然而，他对大清之忠心，始终未改。对在自己传统道德层面上认为的有才之士，始终以礼待之。他就曾经称赞一个叫孔庚的读书人道："有孝子才有忠臣，有忠臣才有孝子！"①

孔庚是湖北的一个秀才，目睹清王朝腐败无能，丧权辱国，山河破碎，心中愤愤不平。在新思想的影响下，他积极参加废除科举制度的斗争，于是被逮捕关押到武昌监狱。

春节前，孔秀才因不能回家过年，很愤怒，就托狱吏买来一张红纸，亲书一副对联贴在狱门口：

天将丧斯文，未丧斯文，羑里示良谟，玉汝于成担大任；

我不入地狱，谁入地狱，神州沉苦海，问君何术救同胞。

恰好梁鼎芬来视察监狱，发现了孔庚撰写的对联，读后他大为惊奇，顿生惜才恻隐之心。时隔不久，梁鼎芬提审孔庚，为他开脱罪责说："你虽触犯了大清律法，但本官念你年幼无知，所以决定对你免于追究，并批准你入经心书院深造。"

孔庚回答说："多谢。不过，我想回家看看老母，再来就学。"

梁鼎芬听后，就发出了"有孝子才有忠臣，有忠臣才有孝子"的赞语。

从这件事可以看出，当时大清的文官是不好做的，因为读书人的心已经野了。有一次，他与端方一起主持湖北乡试，又有人造谣他与端方勾结作弊，在贡院外面贴了一副对联："梁本绿毛龟，串通监生监临，竟使文闱成黑界；端是赤眉贼，可恨胡儿胡闹，敢将科举博黄金。"

这种恶毒到极点的人身攻击，让梁鼎芬头痛不已。

可梁鼎芬仍旧为这些读书人着想。

① 《张之洞幕府——晚清四大幕府丛书》，第 113 页。

当时的读书人，尤其是贫苦知识分子，读书是十分不容易的。清人袁枚就说自己："幼好书，家贫难致。有张氏藏书甚富，往借不与，归而形诸梦。"由此可见一斑。

梁鼎芬一面当官，一面又对书院进行建设，在《丰湖藏书四约》中，他订立了"借书约"规定："每月以初二、十二、二十二这三日为限，借书者，是日清晨亲到书藏携取，用洁净布巾包好，徒手者不借……借书之期，限以十日。……借书不得全帙携取，五本为一部者，许借一本，一本读毕，再借第二本。若一本为部者，许在书籍桌中翻阅，不得借出。"此外，他还规定地方长官、衙署幕友、学校教授官、监院等不借，因这些人"公门转折，事繁弊杂"，怕书借出后收不回来。

而他所做的这一切，并未得到读书人的理解，还如此恶毒地攻击他。当然，在他看来，攻击是别人的事，他不可能跟这些愤青一般见识，他还有别的事要做。不久，他给朝廷写信，希望能化除满、汉界限。朝廷未置可否。

光绪三十二年（1906 年），在张之洞的举荐下，他被任为湖北布政使（常务副省长），朝廷赏加其二品衔，以示鼓励。

按照朝廷惯例，梁先生要入宫谢恩。

可是，他当年的毛病又犯了。他觐见皇上和太后，当面弹劾慈禧晚期宠臣庆亲王奕劻不是好东西。而想要让他变成好东西，有一个办法就是给他月薪三万两，希望他不要再贪污，以养其廉。

这件事还没有平息，他又上疏弹劾直隶总督袁世凯，说他"权谋迈众，城府阻深，能陷人又能用人，自得奕劻之助，其权威遂为我朝二百年来满、汉疆臣所未有，引用私党，布满要津"。

在奏疏中，梁鼎芬痛心疾首道："我皇太后、皇上或未尽知，臣但有一日之官，即尽一日之心。言尽有泪，泪尽有血。奕劻、世凯若仍不悛，臣当随时奏劾，以报天恩。"

这可真是一盏不省油的灯，慈禧太后算是见识了。这位老得脑筋已经不善于旋转的婆婆愤怒下诏“苛责”，梁鼎芬失望至极，叹息数声，就上表说自己年纪已大，身体不好，想要回家养老去。慈禧立即恩准，有人说看到梁先生黯然神伤地离开京城。

这恐怕又是造谣，梁先生是从来不会失去信心的。一年后，有人在江苏镇江焦山海西庵见到了梁先生，梁先生当时正襟危坐，读着书。

早在梁鼎芬为翰林编修时，就对人说，要做一“骨鲠之臣”。“骨鲠之臣”的一大特点就是，不顾君王的感受，认为有人危害君王，就直言不讳。这可能是中国传统士大夫的一大优点，但于个人而言，却是不折不扣的缺点。

梁先生在为国为君上谨慎无比，但对待自己上，却是洒脱得很。在弹劾庆亲王奕劻与袁世凯的事情上，他之前连张之洞也没有告诉。张之洞后来得知后，叹息不已，他是最了解这位幕僚的，之所以不告诉自己，是因为怕牵连到他。

梁先生之洒脱，或者说在对待个人问题上的立异颇受后人钦佩。他被点翰林那年，他的老师龚镇湘将侄女许配给他，龚氏美丽如花，又是大家千金，梁先生当然高兴异常。名所居曰“栖凤苑”。良辰月夕，二人唱和为乐。

早在他第一次出京时，他居然将这么漂亮的老婆交给了好朋友文廷式。文廷式是个正常的男人，可不是君子，没过多久，他就与龚氏有染，上演了有悖古训的“朋友妻不可妻”的丑剧。后来，两人干脆回文的老家江西同居去了，梁鼎芬听说后只是一笑，竟由他们而去。

后来，文廷式死了，龚氏生活拮据，得知前夫在武昌做知府，就从江西跑到武昌跟梁要钱。梁先生大家风范，居然公服出迎，坐定后，很是礼貌，然后将三千两银票压在茶碗下，端茶送客，龚氏收好就走，梁恭敬送出大门，依然微笑着。

对待女人，梁先生是这样一副不以为意的态度，对待朋友，他又是另一番景象了。

光绪三十四年（1908年），皇上和老婆婆先后死去，梁鼎芬闻知后，立即从江苏赶往京城。当时，张之洞已以军机大臣入阁管理学部事务。可梁先生并没有去拜谒。张之洞也没有在意，因为他了解梁鼎芬，梁是不想让人引起误会。

但第二年，张之洞死后，梁鼎芬亲往送葬直至原籍南皮。在发丧的路上，他蹒跚而行，号啕大哭，老泪纵横，痛哭之声，使张之洞的许多儿子自愧不如。有人提醒他："小声些，孝子们的哭声都听不见了！"可他哪里忍得住，这是悲从心出啊。他为张之洞作挽联道：

甲申之捷，庚子之电，战功先识孰能齐，艰苦一生，临没犹闻忠谏语；

无邪在粤，正学在湖，讲道论心惟我久，凄凉廿载，怀知那有泪干时。

又云：

老臣白发痛矣，骑箕整顿乾坤，事粗了；

满眼苍生凄然，流涕徘徊门馆，我何如？

深切缅怀之情已毋庸多说，在送殡完毕后，梁鼎芬在张之洞老宅子门前徘徊多时，以此来实践挽联中"徘徊门馆"之语。后来，他乘车每过南皮（张之洞归葬处）必肃然起座，面向东敬立，神情默然。

斯人已去，梁鼎芬还得活着。为了他心中的信念和一直未完全实现的理想做一盏不省油的灯。

闹出一个"无赖"来

1911年，大中华重新开天辟地。传统政治顷刻间土崩瓦解，令人叹为观止。梁鼎芬立即出山，到北京。他找到时任直隶总督的陈夔龙，将自己一腔报国之情尽皆注于文字奉上，陈夔龙就推荐给朝廷，朝廷给了他一个三品京堂候补职。不久，让他到广东任宣慰使，其时，南方已不需要任何宣慰，革命党代劳了。梁鼎芬自然无法赴任。

他做不成事，心上难忍，就跑到西陵去与死人光绪皇帝谈天。在梓宫前，他大哭不已，痛叹天已不是从前的天，星星已不是昨夜的星星。光绪皇帝自然听不到，梁鼎芬痛苦之下，就想为光绪皇帝做点事。

众所周知，光绪生前不为慈禧太后所喜，故直至溥仪即位后才匆匆为光绪帝建陵。梁鼎芬向朝廷自荐，成了主持光绪陵工程管理事宜的官员。

在给光绪修陵期间，梁鼎芬“南北奔驰，露宿风餐，不遑安处”。他把在梁各庄光绪帝停灵的暂安殿当成自己的宿舍，住在那里，吃在那里，每天朝奠于梓宫前，风雨不改。那时，梁先生的一条腿已经不听使唤，但每天每个工人都会在工地上看见他艰难地行走，他问长问短，每一个修陵细节都不放过。

民国二年（1913 年）冬，梁先生发了一回怒。当时，按传统礼，光绪皇帝和隆裕太后的棺椁“奉安”，就是盖棺。在民国政府做官的许多前清人士都来易县梁各庄灵棚为前朝帝后致丧。

时任民国政府国务总理的赵秉钧很自觉，到了之后，就和手下们换上了清时衣冠。可有一人不知是身上有疾还是已经穿不惯刚脱下还不到两年的衣服了，他仍旧穿着民国礼服。

梁鼎芬哭累了抬起头抹泪，一眼就看到有个奇装异服的家伙在人群中。他哆嗦着站起来，冲到那人面前，质问：“你是哪国人？”

那人笑了笑：“外交总长孙宝琦的便是，您不认识我了？”

梁鼎芬呸了一口：“你就是化成灰我都认得。你父亲孙诒经如果知道你这样，非得从棺材里爬出来不可！”

孙宝琦尴尬地站在那，汗出来了。

梁鼎芬是什么人，你既然是狗，他就打。更何况现在孙宝琦的样子已成落水狗了，他继续打：“你做过大清的官，你今天穿着这身衣服，行这样的礼，来见先帝先后，你要脸吗？你是个什么东西！”

孙宝琦不敢发怒，有人见事情要闹大，已把梁鼎芬拉到一边哭去了。

这场灵前闹剧最终以孙宝琦的“不要脸”结束。事后，有民国官员说梁鼎芬是一无赖，出口成脏。

但当梓宫就位，所有的殉葬物品都布置妥当后，恭送人员先后退出地宫的石门，马上准备封闭地宫的时候，梁鼎芬刚才的霸气已烟消云散，他安静地坐在地上，一动不动。人们见状都很惊慌，问他他也不回答，两只泪眼怔怔地望着光绪帝的棺椁发呆。他身旁的两个亲随紧张起来，对众人说：“梁大人曾说过皇上奉安时他要殉葬的。”主管安葬的人员慌了，那个时候这种野蛮行为早已被众人唾弃，真要发生这样的事，礼仪之邦面子何存。有人忙令梁的亲随将他背出地宫，梁坐在那里不起来，最终，大家决定把他强行背出，还派几个大汉看着他。地宫关门，梁鼎芬大哭。不过有几个大汉拦着，他始终没有办法向前一步。

回到梁各庄住所后，大家都来看他。他已不成人样，神色万分疲倦，语无伦次，有人怀疑他神经已经开始错乱。关心他的人给他找神经科医生，又找中医调药，经过一段时间的休息调养，梁先生的精神才好转，但身体已每况愈下了。

也许，他知道自己没有时间继续神经错乱了，他仍旧要为光绪皇帝这个死人尽最后一点力。

光绪陵修建一年后，资金就出现了问题。按照民国政府与清帝达成的合同，“光绪帝陵寝（崇陵）如制妥修，奉安典礼仍如旧制，经费由民国政府负担”，民国政府应该承担后期费用。但由于中间出现问题，直到 1913 年春天，经中华民国国务总理赵秉钧与清室内务府大臣绍英协商，才使中国最后这座帝王陵墓得以在该年年底竣工。

陵墓竣工后，梁鼎芬又开始耍起无赖了。

大清王朝对死了的皇帝仍旧待遇不薄，陵要修得好，陵区的绿化也要大搞特搞。雍正年间的《大清会典》中记载这套绿化规矩时，这样写道："凡栽树旧例，寝栽种树株，定限三年。如限内枯干者，监栽官员，铺户补栽。限外枯干者，工部补栽。""陵寝栽种树株，每二丈栽种一棵。"嘉庆十二年（1807年）"陵寝事务"也有记载："恕妃园寝后山并无树株，着赶紧加倍栽种松柏树，俟三五年后一律茂密，再行停止栽种。"

按照这种规定，后人频频种树。嘉庆二十五年（公元1820年），昌陵补种松树三千零八十棵。道光元年（公元1821年），为昌陵补栽松树三千多棵。道光十三年（公元1833年），为整个陵区补栽松树一万一千三百七十棵等。

崇陵建成后，并没有种树。梁鼎芬此时俨然成为一环卫志愿者，他向宣统皇帝提出要种树，宣统拿不出钱来，只能靠嘴巴支持。他又跑到民国政府那里，政府实在没有钱。他只好拿出自己的积蓄雇人植树，可他那点钱，想要按那套皇陵绿化制度所规定的修建，简直是杯水车薪。

为此，他想到了一个绝好的主意。

他先是派人到北京订购了两三百只陶瓷酒瓶运回西陵，到了冬天大雪纷飞时，他带着十几个人到崇陵宝城之上，将每个酒瓶都装满洁白的雪，然后塞好瓶口，封上红纸笺，上书"崇陵雪水"。

这些瓶子被他运回北京的住所，他写了一份公启，说明崇陵应栽树的理由。然后把北京城里的前清官员富绅的家庭住址打听清楚，之后，他就带着那份公启，领着人，用人力车载着雪水瓶，按照道路的远近和预定拜访人的先后次序，到他们的家中一一拜访。

被访的人一见到他，还是很高兴的。但一见到他拿着的瓶子就茫然了。梁先生自然很有礼貌，先是把瓶子交给主人，请他无论如何都要收下。然后就把此行之目的详细说一遍，并按照主人的财产劝其捐出多少钱来购买树种树秧，最后在簿子上记下对方捐资数额。

当然，有人觉得光绪已成鬼了，大清已成故事了。没有必要再拿钱给死人，死人又不会知道。所以，有人不给。

梁鼎芬耍无赖，走之前说某日我还来拜访您。日子一到，他就真来。如果此人还是不给，他又说某日我再来。如此日复一日，年复一年，谁还受得了。无论是真心还是无奈，都拿出钱来给他。他这个时候就会向对方鞠躬，很是恭敬。

如果这些人所捐的钱与其身份职位相称，他也会含笑而别，鞠躬；可如果捐少了，他立刻搞批斗，其言语之刻薄，使人无法忍受，更使人觉得自己真就一转眼成了不忠不孝连猪狗都不如的畜生了。结果，出了钱还招了一顿骂。这事传开后，大家都很自觉，他一来，瓶子还没有放下，立即就递上钱去了。

在梁鼎芬的“无赖”卖雪水的努力下，崇陵绿化工程所需的资金终于落实，梁鼎芬以实际行动效忠了光绪皇帝。

得到资金后，梁鼎芬即从丰台和蠡县等地买来大批松、柏、桧、杨等树苗，亲率工人们植树、浇水、捕虫，两三年间共栽树四万零六百零一株，终于完成了崇陵的植树绿化。

据说，在梁鼎芬植树期间，袁世凯为报数年前受他弹劾之仇，曾派刺客来干掉他，刺客已用匕首顶其胸前，梁鼎芬却淡淡地说道：“能死在先帝陵前，是一件快事，你快点动手，我谢谢你！”来的刺客居然被他感动，说明来历并劝他离开。梁先生不是怕死之人，或者说，他当时可能生不如死，他对刺客说：我一定要看到松树长大才走。

现在崇陵的十八棵“十八罗汉松”(云杉)，就是他亲手所植。植成之后，梁先生非常高兴，手持一把铁锨站于树旁，让人给他拍了一张照片。几天后，又请清廷遗老，溥仪的师傅与“智囊”陈宝琛给自己的照片写点东西。陈宝琛知道梁先生想要什么，就备赞其忠臣之举：“补天回日手何如？冠带临风自把锄。不见松青心不死，固应藏魄傍山庐。”

与死人的契约

当给死人做完事情后，梁鼎芬又开始为活人做事。

他到上海，发起孔教会，希望在文化上能挽救中国传统。但无济于事，此时人心已不古。1916 年，梁鼎芬再回北京，做了废帝溥仪的师傅。他潜心为年仅十多岁的“皇帝”写《起居注》，说溥仪是“英主”。1917 年，张勋复辟，此时，梁先生已卧病多日，但还是强打精神，以清室代表的身份前往总统府，让当时的民国总统黎元洪“奉还大政”。不过还没有等大政奉还，张大帅就被黎元洪带兵赶出北京。

梁鼎芬无奈了，整个想要为大清翻身的士大夫们都无奈了。

民国八年，也就是五四运动爆发的那一年的前一个月，梁先生拖着一条花白的发辫告别人世。

去世之前，不知他还能否想起六年前的一个下午，那天天气很好。他在仆人的搀扶下到梁各庄后山麓下的田地里散步。他看着一块地，慢慢地坐下来，沉思许久，就令随从询问此地是公产还是私产。当随从打听明白是私产后，他托人将这块地买下，并向公方和他的家属声明，他死后必须将他埋葬在这里。

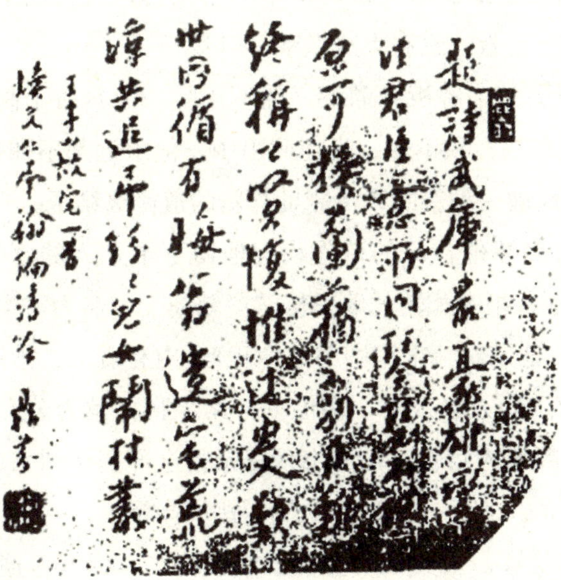

⊙ 梁鼎芬题诗

他的家属和公方根据他的遗愿，在他死后，真的就把他埋葬在那里，离那不远，就是崇陵，那里是一位皇帝，一位被他倾注了许多希望又屡屡失望的皇帝。他最终完成了与死人光绪的契约：永远忠诚！溥仪得知这事后，很是感动，赠其谥号“文忠”。

梁鼎芬先生临死前并没有见到一批爱国青年焚烧民国官宅的那场大火（五四运动）。就在1919年，梁先生已卧病在床多日，有资料说，他当时连一口像样的饭都吃不上。这位清朝光绪年间的进士，最高做到布政使一职的中国士大夫在临死前，始终不肯与已生存了八年的民国握手言和。那些颇有成就的《梁鼎芬诗集》，全被他用遗言作了了断：“今年烧了许多，有烧不尽者，见了再烧，勿留一字在世上。我心凄凉，文字不能传出也。”

后人推测，是他无能为力挽回时局让他希望后人将自己遗忘。的确，从政治取向考察，他确是一个螳臂当车的不识时务的悲剧角色，作为传统士大夫，他一直以为民国只是改朝换代的换汤不换药的一个王朝而已。他自己对西学也颇有研究，可他始终不认为，西方的那一套可以救中国，中国只有自救，只有大清皇帝可以救。

可如果我们从道德层面来解析梁鼎芬，他不正是一个具备了高尚人格和完美追求的士大夫吗？只不过，身在此山中，他永远都不知道，身为传统士大夫的他已经被一种新的政治制度与新的道德终结了。

梁先生虽然让家人烧掉他自己的诗作，但他留下了别人的著作。宣统二年（1910年），他将祖辈相传的藏书楼“葵霜阁”命名为“梁祠图书馆”，并对外开放，他亲定《梁祠图书馆章程》，内有观书、抄书、借书、读书、捐书五约。劝人多抄书，多借书；又主张办馆为公和捐书公藏。他去世前，遵嘱家人将自己的藏书六百余柜全部捐予图书馆，这就是广东省图书馆建立以来第一批来自私人的图书捐赠。

他能留下这些就已足够，士大夫的身份虽然被终结，但有些遗物是永远都会留在世间的。

在20世纪的中国，有两位国学大师承前启后，是学术界最有成就的少数佼佼者，他们共同创立的“罗王之学”，以重建中国上古史为目标，进行了划时代的研究，把中国历史向上推进了一千余年，从而取得了卓越成果。这两人一个是罗振玉，另一个是王国维。但罗振玉与王国维的身后评价却有天壤之别。王国维可谓“一世英名”，而且他的死还让罗振玉背上了诸多骂名；罗振玉这位自小立志要做命世名臣，在晚清从民间入仕途，办新农业，办教育，希图革故鼎新，教养天下，一生涉足党争，有浓厚政治色彩的士大夫，后来不仅以顽固的清朝遗老身份处世，在晚年，还上演了一段出仕伪满的不光彩的闹剧。

罗振玉与王国维

恩怨有奇缘，留名别天渊

识得俊杰，“立言”以始

罗振玉是江苏人，出生于同治五年（1866年），罗振玉自小就非常聪明，但体质羸弱。教他的老师为了照顾他，就把课程放慢，让他多自学。也正是从这个时候开始，他养成了自学的习惯，并一直坚持到老。

十五岁那年，罗振玉很轻松地考中秀才。十六岁那年，他就把家里的债务一个人承担起来，但家庭的重担并没有让他荒废学业。罗振玉经过刻苦努力，在光绪十三年（1887年）时开始，就已经给一些小孩子当老师了。

可为人师表并非是他的追求，他还要偿还家里的债务，于是在光绪二十二年（1896年），他只身来到上海，与人合资创办了“农学社”，成立农报馆，出版《农学报》，翻译国内外农业方面的知识。同年，他又在上海新马路梅福里开设东文学社，聘请了日本汉学家藤田剑峰（又名藤田丰八）为教授，培养翻译人才。

1898年2月，一个二十二岁的青年来到了上海《时务报》报馆任书记，并同时学习日文。

不久后，罗振玉就知道了这个年轻人叫王国维，不过，这个人除了好学之外并没有引起罗振玉的注意。有一天，罗振玉在王国维的扇面上看到了一首咏史绝句，其中末联为“千秋壮观君知否，墨海西头望大秦”。他当时就一惊，心想，此人虽然年轻，但口气不小。于是，就对王国维特别照顾起来。

如同一个能把猪杀得非常好的人，看到别人用刀切肉，就能意识到此人是否适合当屠夫。罗振玉觉得自己没有看错，他尽力跟王国维把双方的关系处理得非常好，并在生活上对王国维进行了无微不至的照顾。王国维非常感激罗振玉对自己的关心，曾写过一首诗，诗中以

“匠石”隐喻罗：“匠石忽顾视，谓与凡材殊。”

可以看出，这句诗中除了有对罗振玉的感激之情外，还有自命不凡的意味。罗振玉为什么看中王国维，可能还得要从中国传统中去找，孔子说，已欲立而立人，已欲达而达人。真正品德高尚的知识分子遇到他所认为的才子，必会尽力提携，生怕这样的人才被埋没。罗振玉帮助王国维就是从这个角度出发的。

两人在上海一起共事四年后，在 1902 年 1 月，兼着张之洞幕僚的罗振玉受张之洞委派赴日本考察教育。两人要分别，王国维当然依依不舍。罗振玉思前想后，最终还是决定带着王国维。同年的 2 月，罗振玉出钱，经藤田丰八介绍，王国维奔赴日本到东京物理学校学习几何。不过还不到四个月，王国维就从日本跑回，原因是他对那些三角平行的几何丝毫提不起兴趣来，又加上他与生俱来的脚气病发作，回到了上海，住进罗家。

当时，罗振玉也才回国不久，正在南洋公学东文学堂任监督。见到王国维的脚气病渐渐好了，就邀他任该校执事。王国维自然很乐意，大概就是在这一期间，王国维把学术研究的兴趣转向了西方哲学。

罗振玉当时对中国的甲骨文非常感兴趣，王国维的向西方哲学转变不但没有让罗振玉不高兴，反而鼓励王国维将西方哲学搞透彻了。

1903 年 10 月，罗振玉协助刘鹗（《老残游记》作者）校印其刊布甲骨文之著作《铁云藏龟》，这是罗振玉开始正式接近甲骨之始。在这一过程中，王国维经常与罗振玉在一起了解甲骨文。大概甲骨文真的是让人爱不释手，两人都对甲骨文研究产生了相当浓厚的兴趣，就在那一刻，甲骨文奠基者的地位，已经开始在他们二人的脚下筑起。

从此，罗振玉不单把王国维当成是知己，更当成了事业上的伙伴。

1904 年 6 月，罗振玉创建江苏师范学堂，自任校长，王国维出任教师。1905 年 12 月，清政府见全国教育事业突飞猛进，就设立学部，转管全国教育，相当于今天的教育部。1906 年 2 月，教育部部长荣庆奉旨调罗振玉进京出任学部参事，王国维与之同行，后担任学部图书馆编辑，主管编译及审定教科书事宜。

由此可知，两人的事业虽然还谈不上登堂入室，但至少是小有所成了。促使二人学业上成功的是1909年9月，伯希和博士的到来。他带来了曾经从敦煌盗走的大批晋、唐古写本典籍经卷和佛画等珍贵资料。[①]

来到中国后，这位博士住在苏州的一个胡同里，当他听说苏州最有名气的学者是罗振玉时，就邀请他来观看。罗振玉得知消息后，急忙领着王国维来到其住地，当见到那些稀世珍品后，两人惊喜若狂，罗振玉直呼是盖世奇宝。这是罗、王两人亲见敦煌卷轴的开始。罗振玉与王国维就拍了许多照片，将这些照片带回，反复研究琢磨。

两人接触到敦煌卷轴后就开始放下一切，醉心于其中。同年年底，罗振玉已经编成了《敦煌石室遗书》。王国维则从另一面为罗振玉翻译了欧洲学者斯坦因游历中亚细亚的一篇演说，叫《中亚细亚探险记》，这是一篇关于他们在甘肃敦煌做的好事的一篇演说，王国维将其刊入《敦煌石室遗书》的附录《流沙访古记》之中。

与此同时，罗振玉的甲骨文研究并没有停止，1910年6月，他撰成《殷商贞卜文字考》，以分类推求考释甲骨文的研究方法，考定甲骨出土地河南安阳小屯即殷武乙的故墟、甲骨卜辞系殷王室遗物，为殷周的存在找到了可靠的历史和地理依据，殷周历史研究的基础由此奠定。在这一时期内，王国维撰写多部关于殷商历史的论著，都刊进罗振玉的书中。

其他方面，两人也是合作融洽。罗振玉辑成《隋唐兵符图录》，王国维就为之撰写《隋唐兵符图录附说》。罗振玉后来增订了《隋唐兵符图录》为《历代符图录》，王国维就为之撰序编目，并将其《隋唐兵符

① 《我的祖父罗振玉》，罗继祖著，百花文艺出版社，1987年7月版，第40页。

图录附说》改写为《隋虎符跋》、《伪周二虎符跋》。两人仿佛是一对夫妻，夫唱妇随。

也正是这位罗振玉，把王国维从芸芸众生中“解救”出来，并把他一步步带入了古文字、古文献、古器物等古文化学术研究的深层领域。学术是什么，学术就是这些需要你有先天条件的同时努力再努力才能到达的境地，而如果没有人带领你，你永远都在黑暗中摸索。

罗振玉为什么可以在学术上创造辉煌，是因为他的自学本领。而王国维在这方面很差，当然是需要罗振玉的带领了。

如果说，在辛亥革命前的这段岁月是两人的磨合期，那么辛亥革命后两人的双双东渡就是切磋期了。

辛亥革命爆发后，一些旧式知识分子无法接受。他们既没有能力来力挽狂澜，也不会对新朝产生感情，所以，只能离开祖国，远涉重洋。

罗振玉就是其中之一，作为大清子民的一分子，作为大清政府的官员，他真的不愿意看到清王朝的覆灭。1911 年 11 月，他和王国维一起携眷东渡，寄居日本京都。在这里，他们所能做的就是研究学问，朝夕相守。

若论两人此时的学术水平，恐怕还是罗振玉远胜于王国维。自然这里面有专注的问题。罗振玉一门心思地只在中国的古文字、古文献、古器物等古文化的深层领域进行研究，而王国维“不务正业”对西洋文化同样感兴趣。

罗振玉对他说：

“予乃劝公专研国学，而先于小学、训诂植其基，并与论学术得失，谓尼山之学在信古，今人则信今而疑古，国朝学者疑《古文尚书》，疑《尚书孔注》，疑《家语》，所疑固未尝不当，及大名崔氏著《考信录》，则多疑所不必疑矣。至于晚近变本加厉，至谓诸经皆出伪造。至欧西哲学，其立论多似周秦诸子，若尼采诸家学说，贱仁义，薄谦逊，非节制，欲创新文化以代旧文化，则流弊滋多，方今世论益歧，三千年之教泽不绝如线，非矫枉不能反经。士生今日，万事无可为，欲拯此横流，舍反经信古莫由也。公年方壮，予亦未至衰暮，守先待后，期与子共勉之。”

大概意思其实就是，一心不可二用，我们研究的领域已经浩大无边，倘若真若有所成就，非下十二分苦功不行。

王国维居然很听话，主动放弃了文学而转向经史考据之学，他不仅在学术研究方向上，而且在思想上也发生了重大变化，在平日里常崇慕的西洋文化，从此后再也没有听他谈起过。

不过，就后来王国维的文章来讲，其文学造诣还是相当深厚的。这不仅使他在后人的印象中树立起了一个文学家的形象，也是他后来与罗振玉分道扬镳的原因之一。

文人与学者不同，学者研究的东西有根有据，但若让文人来写，就会运用各种修辞手法，把真的写成假的，假的又成真的了。

罗振玉一门心思钻研经史考据之学，恐怕不仅仅是出于爱好，更大一部分原因是，这位一直闭门而学的知识分子想要在传统知识分子的三不朽上有一个不朽。

罗振玉一是需要王国维的帮忙，二是认为王国维去搞文学太屈才，于是他将王国维拉进了经史考据之学的房间来，剩下来的事就是他对自己眼光的证明了。

王国维果然是不负其所望，1912 年 10 月 10 日，王国维的《简牍检署考》定稿，这是王国维早期研究文字学的重要著作。当然，这部著作的完成自然少不了与罗振玉切磋古文字研究方法而取得“今日修学宜用分类法”的共识以后才写出来的。

似乎是为了考验王国维，1914 年 2 月，罗振玉认为西方学者写的《汉晋木简文字考释》一书考释内容不妥，于是邀王国维，两人重新对该书加以重新分类考订，这就是后来的《流沙坠简》。同年 9 月，王国维干出了兴趣，把罗振玉的收藏和建议集中到一起，撰成了《国朝金文著录表》。同年 10 月，王国维又为罗振玉校写了《历代符碑图录》、《蒿里遗珍》、《四朝钞币图录》等书序目。

短短的几年内，王国维的学术水平逐步提高，以至于有人认为成书于 1915 年 1 月的《殷虚书契考释》是王国维所写。不过，后来王国维为这本书撰写了前序、后序各一篇，盛赞“自三代以后言古文字者，未尝有是书也”，又说“此三百年来小学之一结束也”的话后，大家才知道这是罗振玉所著的书。

1915 年 3 月中旬，王国维回浙江海宁扫墓后即回到上海。罗振玉十分想念他，就邀他再回日本。王国维回到日本后，吃穿用度都是罗振玉供给，这让王国维很惭愧，终于在 1915 年应上海一位富商的邀请，回到上海于上海仓圣明智大学《学术丛编》当了个编辑。

王国维走后，罗振玉继续待在日本。但二人并断绝联系，并在学术上，两人非达成共同的见解才动笔。

罗振玉这段时期对学术的热情实在是让人感到钦佩。要知道，在日本东京，罗振玉的经济来源很窄，王国维离开东京与此有很大关系。但罗振玉丝毫没有放弃自己对事业的追求。或许，在这位传统知识分子看来，中国已经没有什么事可以做。军阀在混战，大清只剩了一个傀儡。他所能做的只是希望在“立言”上可以达到不朽。

他与王国维之所以合作亲密，正是因为两人在政治见解上相同，即，大清永远是大清，民国永远是民国。他们属于大清不属于民国。

“罗王之学”的诞生

罗振玉对王国维的支持有两个方面：一是为其提供一切机会，使其学术潜能得到最大限度的发挥；二是尽量利用其知识才能，创造更多的财富。学者不善于经商，商人又搞不了学问，可罗振玉似乎是个另类，他不但把学问搞得有声有色，在经商方面也是个奇才。

⊙ 罗振玉（右）和王国维（左）

无论是在日本还是当年在中国，罗振玉都有两条生财之道：一是编印出版书籍，一是倒卖中国的古董字画。而王国维在其第一条生财之道上，就是他的聚宝盆。王国维所撰写的一切文章著作，罗振玉都卖了很好的价。在两人分别的那一时刻起，就开始了频繁的通信联系。王国维在回国的客轮上，三五天内便给罗振玉寄书信，但大都是关于石鼓文中某字的破译。到上海后，他连休息的时间都省了，跑到古玩铺，去看罗振玉让他看的一幅画，随即又把看画获知的信息写信告知罗振玉。

在王国维上班后，罗振玉将自己曾经编过的《殷虚书契前编》、《殷虚书契后编》和《殷虚书契菁华》等书寄给王国维，对他说，这些书只是著录卜辞，却没有加释文，希望王可以在空闲之余，将其加上释文。

王国维对罗振玉的古史研究，特别是殷商史的研究很是钦佩，而他自己的确也对甲骨文记载的殷商历史怀着很大的热情。于是，古史研究重新在他们二人之间开始了。

罗振玉首先汇辑了可识可读的甲骨文字五百余，撰成《殷虚书契考释》。不久后，罗振玉又汇辑不可遽释的甲骨文字共千余，取名为《殷虚书契待问编》。罗振玉将《殷虚书契待问编》交给王国维，希望他能深入研究。王国维就将《待问编》看了一遍，并在罗振玉已考出卜辞内“王亥”为人名的基础上，又从《山海经》、《竹书纪年》等古文献中找到根据“知王亥乃殷之先公”，进而依次考定卜辞中先公先王共十三人的名字。

罗振玉得到稿子后，大喜过望，连续写出两封信，对王国维治学态度予以肯定，并进一步释读了卜辞中的“上甲”二字。在给王国维的第三封信中，他这样说：“忆自卜辞初出洹阴，弟一见以为奇宝，而考释之事，未敢自任，研究十年，始稍稍能贯通；往者写定考释，尚未能自慊，固知继我有作者必在先生，不谓捷悟遂至此也。上甲之释，无可疑者。”

王国维受到了激励，兴趣再度雄起，他用了三个月时间，搜集了殷墟文字拓本八百余纸和拓书契文字约千纸等新资料，撰成了《殷卜辞中所见先公先王考》，这本书的意义非同小可，他开创了用甲骨文字证史的先河，证实了殷先公自上甲以下的次序，把《史记·殷本纪》中的许多错误纠正，同时证明了《殷本纪》所记殷代帝王世系大致正确可信，说明《史记》基本上与史实相符。就这样，他利用甲骨文资料重建了殷代信史。不久后，他又撰成《殷卜辞中所见先公先王续考》一书。

对于王国维的成就，罗振玉虽然不居功，但他的功劳却是有目共睹的。王国维就承认，他自己所撰的两本书，都是罗振玉在细节上的慢慢点拨，才让他顺利完成。两本书的成稿经过足以说明王、罗两人的学术交往起到了怎样的作用。若不是罗振玉对殷商史的热爱，而希望王国维可以在这方面帮他，王国维的成就又从何而来呢。

当然，在古史中寻找心灵的安慰并不是罗振玉的目的。在日本，关于中国的消息并不是太多，而罗振玉往往又非常想知道中国的变化到底怎样。那么，对时局的了解渠道，只能通过身在中国的王国维了。

事实上，两人从来就没有放弃对时局的探讨。

两人在政治上的看法非常相近，对中国南北双方的表现都不满意。当时的战乱使整个中国陷于瘫痪状态，反对内战，希望和平，就成了两人的共同心愿。

1917年，俄国发生了十月革命，王国维对此非常恐惧，他给罗振玉写信说，暴力革命思想时下盛行，但暴力只是一种手段。譬如好人用了有效果，坏人用了也一样。但在使用过程中，往往殃及无辜，受害者也多是普通百姓。

罗振玉对此的表态是，我们无法阻止一切暴力革命的发生，就如同我们不能阻止武昌兵变一样。罗振玉与王国维虽然这样说，而一旦暴力革命倾向于他们的想法时，他们就换看法了。

张勋复辟期间，罗振玉与王国维都非常高兴，他们传递内情，加以评论，对溥仪、张勋的尊崇和支持溢于言表，对参与复辟诸遗老表示出了爱护和同情，对民国军阀首脑表示出了极大的痛恨。虽然张大帅才闹了几天就跑出北京了，但这件事却给了罗振玉一个非常大的希望。

这也在情理之中。

张勋的复辟事件和武昌起义很相似，都是突然发力，突然成功。清末民国初年，这样的事情给效忠前清人士的一个感觉是，所有的成功，比如复辟的成功，也是要靠一股势力的突然发力才能奏效的。这是一种典型的急功近利思想，罗振玉自然也不能免俗。

当罗振玉与王国维在谈到同时代的几个著名学人，如对沈曾植、缪荃孙、柯劭、蒋孟苹、朱祖谋时，他都会不由自主地从学术转移到政治层面。

而这一政治层面又为他们的学术服务，谁若是对民国拥护，谁的学术水平可能就大打折扣，谁若是还惦记着前清政府，谁的学术水平就不可小觑。在罗振玉看来，学术只属于大清，不属于民国。真正做学问的人在民国这样的乱世是做不出什么来的，即使真的有学术成果，不过也是勉强之作。

王国维就是在这段时间，在罗振玉的遥控指挥下，于学术领域内取得了辉煌的成就。尤其是他那几篇为甲骨学奠基的鸿篇巨制，更是赢得了世界性的和历史性的学术声誉。

到了这个地步，罗振玉的心胸依然非常开阔，他对学术人士赞赏王国维而只字不提自己只是点头微笑。也许，在这位学术大家心里，王国维所取得的学术成就，他的功劳占的比重很大。况且，若不是当初自己将王国维定义为“伟器”，而苦心教导，王国维怎么会有今天呢。①

做千里马固然使人欣喜，但做伯乐看到千里马驰骋，何尝不是一件快乐的事情?!

1919年春天，伯乐决定回到祖国。他的一些日本朋友再三挽留，但罗振玉去意已决，万难更改。罗振玉回国后住在天津，他所做的第一件事就是在1919年5月把自己的第三个女儿罗孝纯嫁给了王国维长子王潜明，由此，罗、王二人又从志同道合的朋友变成了儿女亲家，两人间二十年的情谊和学术交往从此登上了一个新台阶。

1919年10月11日，王国维的脚气病又复发，他应罗振玉的邀请到天津休养，期间，罗振玉推荐他为学者蒋汝藻纂修《密韵楼藏书目录》《密韵楼藏书志》《传书堂记》等。

同年的12月12日，光绪皇帝死掉已经十一年了。罗振玉到河北参加了光绪皇帝的忌日活动，事实上，这不仅仅是一次简单的礼仪活动，而是罗振玉内心深处最真实的想法，他是想告诉人们，尽管清朝已经消失八年，但在他心里，清朝的一切始终在他心里是不可替代的。

罗振玉除了去祭拜死人、和一些住在天津的前清遗老常有往来外，仍旧是把许多精力放在学术上。1922年3月，罗振玉去北京，在逛一个古老的店铺时，他突然发现了洪承畴的揭帖和朝鲜国王贡物表，曾经在大清做过官的他，一眼就认出这是内阁大库旧藏文书。

① 《王国维与罗振玉》，张连科著，天津人民出版社，2007年9月版，第58页。

他不由得想起了十二年前，也就1910年的事情。当时，罗振玉“以学部属官赴内阁参与交割事，见库垣中文籍山积，皆奏准焚毁之物”，他随便翻开一本，大吃一惊。这些贮备焚烧的文籍，都是地方文武官员向朝廷报告政情的奏折，对历史很看重的他，哪能经受这样的事情发生。他急忙向当时的大学士军机大臣管学部事的张之洞请求“罢焚毁之举，而以其物归学部，藏诸国子监之南学，其历科殿试卷，则藏诸学部大堂之后楼”。

民国以后，这些书又移藏位于午门楼上的历史博物馆。可十年后，馆中经费缺乏，负责人就将所藏清朝内阁文书的绝大部分售给纸商，一共是九千麻袋，约十五万斤。

罗振玉心痛，对于武夫而言，这些东西根本就是废纸，可对于学者，尤其是他这样研究古史的学者，这简直就是无价之宝。他急忙按迹寻找，最终在某纸铺找到尚未来得及制造还魂纸的全部内阁文书，经过协商后，他出了原收购价三倍的价格买下来，挽救了这批珍贵的历史资料。

做了这样一件大好事，他当然要告诉王国维，并且告诉王国维，自己想建一个书库，珍藏这些历史资料。王国维就撰写了《库书楼记》以记其事。半年后，《库书楼记》定稿。

1923年3月，标志着“罗王之学”形成的《观堂集林》问世，这本书的前言为罗振玉所写，叙述了观堂治学演变的来龙去脉以及两人的学术交往历程，并高度评价了王的学术成就。《观堂集林》的成书是中国近代学术史上一个重大事件。王考释古文字和古器物的学术成就，因《观堂集林》的成书出版而得到学术界的公认，“罗王之学”也由此成为“显学”而使一代代学人为之倾倒。

这段时期可能是罗振玉以“立言”为己任的重要时期，也是最后的时期。从罗振玉回国直到1923年，王国维被推荐为逊清小朝廷官员，两人似乎都没有想在政治上有所作为。

倘若说，罗振玉不想在政治上有所作为是出于无奈的话，那么，王国维的被推荐使他这种无奈开始解冻，最终，两人几乎是同时进入了已经将要泯灭的逊清小朝廷的垂死政治中。

命运往往就是这样，在你办完一件事的时候，随即就会再交给你与第一件事完全不同的第二件事。两人在政治上的交往，从此开始。

罗振玉从“立言”逆流而上，想要“立功”了。

“立功”幻想的破灭

事实上，是王国维先进入了逊清小朝廷。

逊清小朝廷是革命党对大清的一种恩赏，在辛亥革命后，仍旧让大清的皇帝住在紫禁城里，并养着他，小皇帝仍旧有大臣使用。

当然，这些人是肯定不会老实的。于是，招兵买马，四处活动，希望复辟就成了这一朝廷的使命。

1923年4月16日，王国维因知名度奇高，被溥仪的“谕旨”升为“南书房行走”，6月4日，王国维入宫“觐见”溥仪，7月14日，溥仪给这位对大清非常有好感的学人恩遇：着加恩赏给五品衔，并赏食五品俸。1924年1月7日，溥仪又颁“旨”，赏赐王国维“在紫禁城内骑马”。

但是，就是这样一个小朝廷，内中的争斗也仍然难免。这个时候的小朝廷，真正掌权的是被溥仪任命为“总管内务府大臣”的郑孝胥，他的主要职责是全权整顿内务府。但是，有人在溥仪面前说此人不是好东西，权力都在他手，会出事。溥仪就随即任命一个叫金梁的为“内务府大臣”，“协助”郑氏整顿内务府。但是，整顿工作根本不见成效。

王国维进小朝廷，罗振玉是大力支持的。当时，王国维已在宫中。而身处宫外的罗振玉却时时关注着宫中的动向。当他听说郑和金的整顿措施简直是搞大批斗后，就对王国维说，这两个人会越搞越乱，需要找人来平衡他们的关系。

王国维就把宫中的重要人士，如溥仪及其生父载沣、岳父荣源，如“帝师”陈宝琛、朱益藩、庄士敦，如内务府大臣绍英、耆龄、宝熙、郑孝胥、金梁等一一说上一遍，并加上自己的看法。罗振玉听后喟然长叹。因为从王国维的讲述中，他看到了宫内宫外的遗老们根本不团结。罗振玉认为，遗老中恐怕只有升允、柯劭是做事的人，诸如郑孝胥、金梁，还有陈宝琛、朱益藩等人所为，让罗振玉咬牙切齿。①

事实上，郑孝胥、金梁、陈宝琛、朱益藩等人也并没有做什么坏事，在今天看来，他们无非是尽量要使自己的意见达于“上闻”，希望溥仪的言行举止都能符合“帝王的规范”，并且引导其他人对溥仪要忠诚。

但是，在当时一些人，至少在罗振玉眼中，他们这些人的行为有点挟天子以令诸侯的味道。

罗振玉向王国维出了一个计策，倘若在一些敏感的政治问题上得不到这些人的回应，无妨在文化上动动脑筋，然后迂回到政治上来。

1924 年 5 月 18 日，王国维按照罗振玉的请求，向溥仪呈递了《筹建皇室博物馆奏折》，奏折内写道：“开放禁城离宫之一部为皇室博物馆……是禁城一隅实为全国古今文化之所萃，即与世界文化有至大之关系，一旦京师有事，万国皆有保卫之责。”②

数日后，王国维又上书溥仪，把孔子、老子的学说与“西学西政”作了对比，并联系近世以来中外国情，得出结论：“盖与民休息之术，而长治久安之道，莫备于周孔，在我国为经验之良方，在彼土尤为对症之新药，是西人固已憬然于彼政治之流弊，而思所变计矣。”两封“奏折”虽然是关于文化上的，但的确真实地反映了他和罗振玉的政治思想。

宫中的现实已经容不得罗振玉在宫外遥控指挥，1924 年 9 月 2 日，罗振玉从天津来到北京，住在王国维家。在这之前，他已通过各种关

① 《非常公民》，罗庆祥著，中国国际广播出版社，2002 年 11 月版，第 121 页。

② 《罗振玉手札》，罗振玉著，上海书画出版社，2007 年 6 月版，第 42 页。

系接到了溥仪的“诏”，“入值”南书房。

据溥仪的回忆说，罗振玉到宫里时，“五十出头不多，中高个儿，戴一副金丝近视镜（当我面就摘下不戴），下巴上有一绺黄白山羊胡子，脑后垂着一条白色的辫子。”

溥仪在宫里时，“他总是袍褂齐全，我出宫后，他总穿一件大襟式马褂，短肥袖口露出一截窄袍袖。一口绍兴官话，说话行路慢条斯理，节奏缓慢。”

在这位满口绍兴官话的人的建议下，溥仪“谕命”检查审定各宫所藏古彝器，罗振玉立即在“觐见”溥仪时向溥仪推荐王国维任检查事。溥仪同意了，罗振玉和王国维随即从宁寿宫始查验，继而检查养心殿的陈设品，他们两人这样做的目的大概是认为，礼仪与礼器尤为重要，欲正人心，这两样绝对不可缺少。但在礼仪方面，他们很难下手，因为那些遗老们不可能听他们来摆布，所以，只好从礼器下手，同时也为皇宫的遗产作一个清算，做到心中有数。

但是，他们的工作才做了两个月，丝毫没有见到任何成效时，逼宫事件就发生了。

所谓逼宫事件，是民国时期的一件大事，1924 年 11 月 5 日，在北京政变中控制了政权的冯玉祥将军，提出修改《清室优待条件》，并经黄郛摄政内阁会议通过，随即派部将鹿钟麟在紫禁城门口放了两门大炮，威胁溥仪等人如果不滚出宫就开炮。溥仪等人都不想做炮灰，只好滚出了紫禁城。

冯将军后来在自己的回忆录中说：在中华民国的领土内，甚至在中华民国的首都所在地，竟然还存在着一个废清皇帝的小朝廷，这不仅是中华民国的耻辱（原注：稍明事理的人，此时无不以留着辫子为可耻；如今留着溥仪，即是为中华民国留了一条辫子，可耻孰甚？）且是中外野心家时刻企图利用的祸根。民国六年讨伐复辟的时候，我即极力主张扫除这个奇怪的现象，铲除这一祸根，可是当时竟未如愿。

这次入京，便决心以全力贯彻之。

是啊！溥仪的存在的确是那个时代的一大怪事。当时冯玉祥派人在宫门外架大炮时，王国维在宫中，不离溥仪左右。当他听到外面军队的驱逐命令后，悲愤慷慨，泪如雨下。

事后，他几度要投护城河自尽，皆因家人监视而不能成行。

逼宫事件发生时，罗振玉正在天津，听到消息后，他比王国维冷静许多，“急诣司令部请司令官为介往见段祺瑞，将陈说大义，令发电止暴动”，但电报毫无消息，第二天，他就回到北京，驱车往见王国维，当听到王国维说起那天的情况时，罗振玉“发指眦裂”。罗振玉的心情可想而知，许多年后，他这样回忆道：“因告予上谕已派贝勒载润及绍英、耆龄、宝熙及予为皇室善后委员。与国民军折冲时，鹿钟麟派兵一营围行朝，名为保卫阴实监视，群臣须投刺许可乃得入，向夕即出入不通，时夜深不能诣行朝。侵晨乃得展觐，上慰勉周挚，为之泣下。是日初，与鹿钟麟辈相见，先议定诸臣出入不得禁止及御用衣物须携出两事。会议散，鹿等乃封坤宁宫后藏御宝室，愤甚，欲投御河自沉，寻念不可徒死，乃忍耻归寓，抚膺长恸，神明顿失，时已中夜，忠悫急延医士沈王桢君诊视，言心气暴伤为投安眠药，谓若得睡乃可治，及服药得稍睡，翌朝，神明始复，盖不眠者逾旬矣。自是遂却药不复御，盖以速死为幸也，乃卒亦无恙。”

罗振玉在王国维家待了一会儿，就赶往溥仪的临时住所，但当时溥仪的临时住所也被鹿钟麟所包围，禁止任何人出入。经过反复交涉，罗振玉才于第二天凌晨见到溥仪，两人真想抱头痛哭。

罗振玉当时义愤填膺，跑出来就跟鹿钟麟谈判。最后，在罗振玉的颤抖与愤怒中，鹿被迫答应，溥仪的下属出入不禁止；溥仪身边所用衣物，必须要从紫禁城中带出。

罗振玉回到王国维处后，两人决定去紫禁城旁的御沟内自尽，经众人劝阻才没有跳进去。再次回到王家后，罗振玉突然看不见任何东西，急忙请来医生救治，医生看后认为是心气暴伤所致。

第二天，罗振玉能看见东西了，又跑去跟鹿钟麟谈判，希望能谈出个他认为是理想的结果来。

但是，不可能有任何结果。

因为两人的想法就不一样。鹿钟麟认为，溥仪是一条辫子，留着他在紫禁城是历史耻辱；罗振玉却认为，鹿钟麟和冯玉祥的做法简直是灭绝人性，不仁道。

事实上，在当时的许多人看来，冯玉祥驱逐溥仪的做法都是不对的。这位冯将军完全是出于私人目的（他无法取得更多的军阀支持其在北京的掌政，才使出这种下三烂的手段以转移矛盾的），不过，对于诸多军阀而言，溥仪的存在的确是他们的一块心病。因为每一个军阀背后都有帝国主义的支持，他们之间都在用溥仪这个棋子走反对他们对手的路。

罗振玉百般周旋，始终得不到最圆满的结果，就与其他几个人劝溥仪出逃，逃到天津日本人的管辖范围内，依靠日本人卷土重来。

罗振玉与日本人的关系是相当好的，他在日本待了那么多年，并不只是在搞学术，白吃饭。日本人对这位中国人一向持以赏识态度，罗振玉不仅仅是个学问家，而且在政治上的诸多观点也能让日本人满意。比如，他提出让日本人照顾溥仪，重新建立一个大清，就使得日本人心花怒放。[①]

溥仪的出逃，罗振玉由于种种原因而没有参加“护驾”行动，这是让他非常难过的一件事，不过，他把眼光放得更长远，为溥仪设计好了下一步的行动计划。

这份计划的可操作性其实很难，他仍旧是希望溥仪能在日本人的帮助下，让日本人施压给北京军阀，让溥仪重新回到北京。

---

① 《我的祖父罗振玉》，第 106 页。

⊙ **点石斋石印工场**

光绪十年（1884 年），英商在上海创办点石斋石印局，印刷、出版书刊。近代印刷工艺的出现，对传统士人思想的传播和交流产生了很大影响。

但后来的事实却一再证明，溥仪既然被赶出去就不可能回来了。各路军阀都是这样想，没有任何一个军阀还费尽气力地为一个早已经完蛋的皇帝做事。

罗振玉虽然后来跟到天津，并一直想更多地为溥仪效力，但始终没有得到机会。个中原因当然是罗振玉的对手郑孝胥从中作梗。

其实，用溥仪的话来讲，罗、郑二人在大方向上是一致的，那就是希望取得日本人的支持而重新建立一个朝廷。但郑与日本人的关系非常不错，罗也不差。大概是为了争功，所以两人在溥仪面前总会做出中伤对方的举动。

罗振玉很为难，他已经很老了，但始终不知道“立功”这条路可以走多远，甚至有时候，他突然想，这条路是否能走得通。

王国维一直不这样想，他把自己对大清的忠贞表现在了文化上。

早在1924年秋，清华大学拟参照宋、元以来书院制度创办国学研究院，由校长曹云祥出面，应北京大学教授胡适的邀请，请王国维出任院长，但王国维认为这是民国的东西，婉辞以谢。

1925年2月，胡适找到溥仪，溥仪出面下“诏”给王国维，他这才接受了清华学校国学研究院教授之聘。

同年的4月17日，王国维全家迁居清华园，但不就任院长而专任教授，亦称导师。在清华任导师期间，王国维将《说文》《尚书》《仪礼》等古典书籍讲授给学生们，同时又写了一本《古史新证》。虽然接受了清华大学的邀请，但王国维始终没有将垂于脑后的清朝辫子剪去。

同年8月，王国维到天津为罗振玉庆祝六十大寿，他的贺诗从两人相交开始，直到最近的天津聚会，王国维以清晰的思路写出了他们共同的政治理想和感情，以及他们一起走过的艰险途程。

同年的11月13日，溥仪“皇后”婉容生日，众多遗老按照约定需联名“进奉”，王国维当时询问其个人名下“共派若干”，以便照付。

由此可以看出，这位自己一手带出来的学生不单在学术上跟自己是同路，就是在对待溥仪的态度上也属于同道中人。

不过，罗振玉恐怕永远也想不到的是，已很快就要入土的两个多年知交居然会一拍两散。而起因却又是那么的荒唐。

肮脏身后名，拜谁赐

一切事情应该从1927年6月1日那天说起，这一天，在清华研究院工作的王国维主持了一个小小的活动，吃饭的时候，丝毫没有异样，跟大家所谈的事情都是关于学术上的。偶尔有人谈到了政治，就是当时北伐军胜利在望，北洋军阀失败指日可待了。

王国维对这些情况当然很了解，因为他和罗振玉以及一些前清遗老其实把希望都放在北洋军阀身上。只要北伐军胜利，那么，一向主张革命到底的北伐军就不可能给溥仪任何翻身的机会。等于说，当前的形势已经注定了，清朝永远地不会再回来了。

6 月 2 日上午八时，王国维早早地来到学校，坐了一会儿后，他看着窗外，愣了许久。九时许，他忽向别人借了五元钱，然后出清华，雇车往颐和园，购票入内，慢慢地走到排云殿西鱼藻轩前，立在那里，看着水，然后拿出一支烟，又是慢慢地吸。

烟吸完后，他把烟蒂放到脚下，踩灭，然后纵身一跳，投湖而去了。

事情发生时，过往人等先是一惊，等反应过来跳进湖里将他捞起时，王国维已经停止了呼吸，停止了一切。人们从他衣袋中找到了他留给三子贞明的遗书：

> “五十之年，只欠一死，经此世变，义无再辱。我死后，当草草棺殓，即行槁葬于清华茔地，汝等不能南归，亦可暂于城内居住。汝兄亦不必奔丧，因道路不通，渠又不曾出门故也。书籍可托陈（寅恪）、吴（宓）二先生处理，家人自有人料理，必不至不能南归。我虽无财产分文遗汝等，然苟谨慎勤俭，亦必不至饿死也。五月初二日，父字。”

王国维逝世的当天，他的姨甥，清华研究院助教赵万里就给在天津的罗振玉发了电报：“师于今晨在颐和园自沉，乞代奏。”

罗振玉看完电报后，险些没有晕倒，随即放声大哭，无法止住。当天，他就想亲身赶往北京吊丧，但是，他的家人坚决不让，“恐彼来此有所感或有他变，故不肯放他来京”。

罗振玉只好派他的儿子于 6 月 4 日赴京吊丧。

罗振玉当然不会闲着，他命其第四子罗福葆仿王国维的笔迹写下了一份“遗折”，折中说：

> “臣王国维跪奏，为报国有心，回天无力，敬陈将死之言，仰祈圣鉴事。窃臣猥以凡劣，遇蒙圣恩。经甲子奇变，不能建一谋、

画一策，以纾皇上之忧危，虚生至今，可耻可丑！迩者赤化将成，神州荒翳。当苍生倒悬之日，正拨乱反正之机。而自揣才力庸愚，断不能有所匡佐。而二十年来，士气消沉，历更事变，竟无一死之人，臣所深痛，一洒此耻，此则臣之所能，谨于本日自湛清池。伏愿我皇上日思辛亥、丁巳、甲子之耻，潜心圣学，力戒晏安……请奋乾断，去危即安，并愿行在诸臣，以宋明南渡为殷鉴。波彼此之见，弃小嫌而尊大义，一德同心，以拱宸极，则臣虽死之日，犹生之年。迫切上陈，伏乞圣鉴，谨奏。宣统十九年五月初三日。”

他对此并不隐讳，其外孙刘蕙孙回忆说：“1929年我在旅顺，雪堂先生对我说起他和静安的友谊，最后说：‘他最后觉得对我不起，欲以一死报知己。我也觉得那件事不免粗暴，对他不起。但死者不能复生，只好为他弄个谥法。遗折是我替他做的。’”①

然后，他将王国维之死据情“上奏”溥仪，溥仪看过“遗折”后大受感动，立即与陈宝琛等师傅们商议，发出一道“上谕”：“南书房行走五品衔王国维，学问博通，躬行廉谨，由诸生经朕特加拔擢，供职南斋。因值播迁，留京讲学。尚不时来津召对，依恋出于至诚。遽览遗章，竟自沉渊而逝。孤忠耿耿，深恻朕怀。著加恩予谥忠悫。派贝子溥即日前往奠。赏给陀罗经被，并赏银两千元治丧，由留京办事处发给，以示朕悯惜贞臣之至意。钦此。”

事实上，这道“遗折”在当时就被许多人认为是假的了。罗振玉为什么要伪造这样一份遗折，是他几年前跟王国维关系破裂有很大关系。

罗振玉的后人在回忆他做这件事时，这样写道：“祖父和王先生效忠清朝的信念至死不渝，这一点是共同的，并不为家庭嫌隙而有所动摇。所以，祖父一看到王先生临终遗嘱而痛感愧对死友，在王先生一

---

①《罗振玉手札》，第73页。

死明志，并没有‘希冀饰终恩泽’的动机，而祖父却迫不及待地代递遗折。……祖父一接到投湖消息，又看到‘五十之年，只欠一死，经此事变，义无再辱’十六字的遗嘱，才痛感挚友不忘旧情，而自己反不能捐弃小嫌，万分愧对，急急忙忙代作了一份遗折呈给溥仪，这份遗折虽未留稿，内容可以估计到，一定是希望溥仪毋忘在莒，近贤远佞。在祖父认为死者的心事他是明白的，代递遗折，尽后死之责，心安理得，所以丝毫没有想到会有人责备他‘欺君’。”

做完这些事后，罗振玉又在天津日租界日本花园内设“忠悫公”灵位，邀请众多中日名流学者公祭，罗振玉亲撰《祭王忠悫公文》，赞颂王国维的“完节”和“恩遇之隆，为振古所未有”。

公祭完毕，罗振玉立即带着溥仪的“谕旨”赶往京城，到京城后，又从清室驻北京办事处领得两千元赏银，全数交给了王国维家人。他自己又送上一份在亲友中间数额最高的葬礼银一千元。

王国维的死在那个时代是一件大事，而这样一个人物的死，总会引起风波。而风波往往带着一点传说，或者说是刻意的人身攻击，矛头直指向罗振玉。

事实上，罗振玉受此攻击也不全是没有来由。他与王国维的矛盾就是最易受到人攻击之处。

罗振玉与王国维产生矛盾是在王国维的大儿子死之后的事。

1926 年 9 月 26 日，王国维的大儿子王潜明患伤寒终告不治。伤寒在这个时代恐怕不是什么大病，但在 1926 年，那可是稍不留意就会要人命的疾病。王潜明死时才二十七岁。不过，王潜明的死其中有一部分是王国维的原因。

王潜明是王国维的元配莫氏所生，莫氏死后，王国维又娶了一妻。这位夫人对王潜明不是很好，而王潜明的妻子，也就是罗振玉的女儿见丈夫总受委屈，自然也不会对这位婆婆好到哪去。婆婆当然也不是省油的灯，总欺负这个儿媳妇。

可王国维对这些家庭矛盾丝毫没有重视，罗振玉却不让了，他一向视自己的女儿为掌上明珠，听说爱女在王家受了委屈，心中老大不快。他认为婆媳之所以不和，都是因为王国维偏袒老婆，把老婆养成了河东狮子。

王国维可能也真是这样的一个人，他对亲家的指责并不辩驳，而是选择了缄默。罗振玉从这缄默里肯定了一个信息：女儿在王家就是受婆婆的气呢。

王国维不但不管家庭矛盾，而且还在对待儿子与儿媳的生活条件上有些过分。他从日本回国后，租了上海石库门一所宅子，风水先生说，这里风水不好，可他并不在意，后来他到清华工作，自己搬进了新房，仍让新婚的长子长媳住在那个鬼地方。而石库门那地方的房子都阴冷，这是事实。

当王潜明得病后，王国维先是找中医看，几天后，他觉得中医不好，就找西医。西医还没有理出个头绪来，他又换了中医，就这样，他把儿子活活给折腾死了。

儿子暴疾而死，丧事完毕后。罗振玉气就不打一处来，他把女儿带回了天津。这可是抽人家嘴巴的事，王国维一向好脾气，可还是忍受不了罗振玉的这种行为，他立即提出挑战："难道我连媳妇都养不起？"

见罗振玉不回音，他就将儿子王潜明死后获得的一笔抚恤金，再加上一个月工资和儿媳妇曾经变卖首饰所付的医药费合计三千元寄到了天津罗家，他说，这是我给我儿媳的生活费。

罗振玉见王国维出了这么一招，当然很是气愤，不肯收，退了回来。王国维很有恒心，再寄，并写信给罗振玉："亡儿与令嫒结婚已逾八年，其间恩义未尝不笃。即令不满于舅姑，当无不满于其所夫之理，何以于其遗款如此拒绝？若云退让，则正让所不当让。以当受者而不受，又何以处不当受者？是蔑视他人人格也。蔑视他人人格，于自己人格亦复有损。”

罗振玉发火了，先把钱又退回去，然后回了一封信：“此款既由弟代管，拟以二千元贮蓄，为嗣子异日长大婚学费，余千元别有处置之法，以心安理得为归，不负公所托也。”

不过，他觉得难解心头之气，就又给王国维写了封信，这封信有点狠。他对二人的情谊与失和谈出个人之见：“弟与公交垂三十年，方公在沪上混豫章于凡材之中，弟独重公才秀，亦曾有一日披荆去棘之劳。此三十年中大半所至必偕，论学无间，而根本实有不同之点。圣人之道贵乎中庸，然在圣人已叹为不可能，知非偏于彼即偏于此。弟为人偏于博爱近墨，公偏于自爱近杨，此不能讳者也。至小女则完全立于无过之地，不仅无过，弟尚嘉其知义守信，合圣人所谓夫妇所能，与尊见恰得其反。”

王国维气得哇哇直叫，书生气起来，还能做什么，他从书房中清理出大叠罗振玉写给他的信件，撕碎后付之一炬。

1927 年 2 月 15 日，溥仪在天津张园过生日，罗振玉与王国维都到了，但两人在宴会上一句话都没有讲。

正是这些现象和两人失和的原因一传开，就有了攻击罗振玉的言语了。

传言是郑孝胥捏造出来的，他说，当年，罗振玉与王国维在日本时，即合作做过生意，饶有赢利，王国维名下分到一万多元，但他并没有收，而是存放在罗振玉的账号上，其后罗振玉做投机生意，大折其本，王国维的一万多元全打了水漂。王国维还欠下一屁股债务，单是偿还利息一项，就差不多要耗去他在清华国学研究院的四百元月薪。

王国维背着一屁股债过日子，心情当然非常不好，于是就投水自尽了。

还传言是，有人曾托王国维变卖清宫流出的字画，罗振玉将这桩事包揽下来，可是出货之后却将所得款项（一千多元）悉数扣留，作为归还的债款。王国维极爱面子，无法向托他的人交代，索性跳了昆明湖。

众所周知，这种传言真是伤透了罗振玉的心。王国维之死本来已经让罗振玉愧疚得很，又出来这种传言，实在让他百口莫辩。事实上，当时他也不想去争辩，毕竟好友死时，自己还没有与好友和解，这就是最大的对不起了。

但是，有时候流言并不会自动消失，“逼债说”还没有消散，王国维早年为罗振玉“捉刀写书说”又起来了。溥仪在《我的前半生》中就提到了这件事：

“……我后来才知道，罗振玉的学者名气，多少也和他们这种特殊瓜葛有关。王国维求学时代十分清苦，受过罗振玉的帮助，王国维后来在日本的几年研究生活，是靠着和罗振玉在一起过的。王国维为了报答他这份恩情，最初的几部著作，就以罗振玉的名字付梓问世。罗振玉后来在日本出版、轰动一时的《殷墟书契》，其实也是窃据了王国维甲骨文的研究成果。罗、王二家后来做了亲家，按说王国维的债务更可以不提了，其实不然，罗振玉并不因此忘掉了他付出过的代价，而且王国维因他的推荐得以接近‘天颜’，也要算作欠他的情分，所以王国维处处都要听他的吩咐。我到了天津，王国维就任清华大学国文教授之后，不知是由于一件什么事情引的头，罗振玉竟向他追起债来，后来不知又用了什么手段再三地去逼迫王国维，逼得这位又穷又要面子的王国维，走投无路的情况下，于1927年6月2日跳进昆明湖自尽了。”

后来的学者郭沫若、傅斯年等人非要断定《殷墟书契考释》的作者就是王国维。国学大师陈寅恪曾向傅斯年透露罗氏用四百元买断此书的著作权，只因王国维性情厚道，“老实得像香肠一样”，急于报恩，便让罗振玉独享其名。

不过，后来有人购得了《殷墟书契考释》的原始手稿，证明作者实为罗振玉，这一说法才不攻自破。可是，罗振玉却被人指责了几十年。罗振玉后来虽然也出过几本学术著作，但已没有了以前的水平。这就更让攻击他的人有了口实，罗振玉在民国时期的人格和学术口碑简直低落到了无以言表的惨烈境地。

罗振玉的一生，无论是立言还是立功，都是和王国维紧紧联系在一起的。没有王国维可能就没有罗振玉，反之亦然。

作为那个时代最优秀的国学大师，两人的学术交往带来了他们在殷商甲骨文字、敦煌写经、汉晋简牍，以及古器物学领域内开拓性的贡献，导致了“罗王之学”的形成，改变了中国古代史研究的面貌，极大地丰富了传统文化的内容，将永远造福于后世学人。

在政治上，罗振玉对王国维的影响不可谓不大。罗振玉在政治上被后人指责的大概就是他服务于伪满洲国一事了。1932 年 3 月，溥仪屈就伪满执政，当时作为伪满建国功臣的罗振玉并不快乐，因为他觉得溥仪该当皇帝，而不是一个执政官。让他更为不高兴的是，他只得到了参议院参议的虚职。他索性一怒，辞了官不做，回旅顺老家去了。

1934 年，伪满洲国建国两周年的那天，溥仪总算登基当上了皇帝。称帝后，溥仪请罗振玉出山，将其任命为监察院院长，负责弹劾渎职的官吏。罗振玉激动的心情可想而知，他一上任，就对伪满大员们进行调查，不论日系还是满系官吏，接连弹劾贪污腐败的老牌亲日派赵欣伯、韩云阶等人，甚至敢于揭开伪国务院的太上皇总务厅长官远藤柳作的舞弊案。性格如此“刚烈”，不懂为官之道，注定了他在伪满洲国的仕途不会太圆满。

三年后，由于王国维之死事件和日本人对溥仪和他的不满，罗振玉感觉到了此处已经不是长处之地，1937 年 3 月，他把院务交给日本人品川主计，自己回旅顺做他的学问去了。

他的“伪政治生涯”从此结束。“立功”生涯也随之结束。

其实，作为“立言”的传统士大夫，罗振玉的生命早已经在王国维死后就已经终结，日后，不过是一具僵尸，虽然活着，但传统士人在他身上已彻底消失。

作为中国近代士人想要以经济力量来治国平天下的代表，盛宣怀给了人们一个像模像样的答案。

1916 年盛宣怀去世，他的子女因为他留下的两千万两银子而大闹了一场。因为这笔两千万的糊涂账，盛宣怀一直在遭受着责骂。盛宣怀是一个过渡性人物。他从士大夫过渡到了商人，最后却没有返回到士大夫的身份上去，且在死后，遭到了许多人的诟骂。谁让他亦官亦商，亦中亦洋，又赚了那么多钱呢?

盛宣怀

亦官亦商的奇人

贵人李中堂

1844年，中国大地已呈冰消雪融之状，鸦片战争的硝烟还没有散尽，盛宣怀来到了这个世上。盛宣怀出生贵族，非穷人所能比。

盛家三代为官，其父盛康虽然出身进士，但摈弃虚夸之学，重视经世致用，曾编撰过《皇朝经世文续编》一书。这位江苏开明人士几乎把所有精力都放在了研究和观察中国社会的实际问题上，这对于盛宣怀的童年有很大的影响。

盛宣怀的父亲后来主要在湖北做官，童年的盛宣怀有两处地方可以读书，一处是随父母在湖北，另一处则随祖父母在常州家乡。1860年，太平军进江苏，打、砸、抢成风，十七岁的盛宣怀只得随祖父母避居苏北盐城的亲戚家，后来又到湖北。

此时，他父亲正由湖北粮道改任武昌盐法道，湖北地处淮北与四川两大产盐地之间，他父亲上任后，淮北与四川争夺湖北的市场激烈，相持不下。

小小年纪的盛宣怀大概是为了帮助解决父亲犯愁的问题，就私下草拟了一个将川淮盐业在湖北销售统一的建议。他的父亲看到这份计划书后，大惊，认为儿子比老子强。后来，这份计划书被父亲交到政府，政府批准了这一建议。

仅从这件小事上就可以看出，盛宣怀年轻时注意的事情就已经脱离了士大夫空谈与遐想的套路。他把眼光放到了实际问题上，解决实际的问题，而不是治国平天下的那一套空话。

可有一条却是不能逃避的，作为一个士大夫的后代，他关注的问题虽然可以被自己解决，但读孔孟之书，却是必经之路。因为知识分子在当年的出路，恐怕只有一条，就是通过科举考试，然后才能将理想化为现实。

同治五年（1866年），盛宣怀回到家乡与二弟一起在武进县应童子试。次年，祖父去世，盛宣怀乡试落第，从此，他开始了与落第为伍的日子。1867年、1873年和1876年，他三次去参加乡试，三次都落第，举人这一毕业证对他而言，实在是太难拿了。

不过，让人感到惊奇的并不是他的频频落第，而是他的智商与落第之间没有任何关系。任何认识他的人都由衷地认为，他是个天才。帝国时代，“天才”二字恐怕不是今天我们所了解的那两个字。天才就意味着考中畅通无阻，就意味着将来可以出将入相。

有人说，盛宣怀如果肯把心思放到四书五经上一半，那么，他中个举人是没有任何问题的。而他偏没有放到这上面，只是一味地在追求实际事情的解决方法。虽然他没有中得举人，但这丝毫不影响他的前途。

1870年，李鸿章以湖广总督的身份，受命率部前往陕西镇压西北回民起义。这位一向以人才为本的总督无时无刻不在招揽人才。与他共事多年的江苏人氏杨宗濂向与盛家有交往，于是，盛宣怀的父亲将儿子让这位老乡推荐给了李鸿章。李鸿章一见到盛宣怀，谈话不久，就对这位后辈赞赏有加，随即给了他营内文案（即机要秘书）兼充营务处会办的职务，随军队前往陕西“剿回”前线。

盛宣怀的父亲这一举措被后人称为有先见之明，但是这位最合格的中国传统士大夫虽然也很务实，可在把儿子介绍给李鸿章这一问题上，实在是无可奈何。自己乃堂堂进士，儿子却连秀才的影儿都没有见到，总不至于让他考一辈子秀才，可能一个很重要的想法是，他在给儿子选择一条出路，或者说是一条迫不得已才走的路，那就是洋务之路。

盛宣怀出生的前两年，大清与英国侵略者签订了丧权辱国的《南京条约》；同一年，魏源在林则徐于1840年组织人力编成的《四洲志》基础上，辑著成《海国图志》，中国近代社会开始转型。1861年左右，中国近代社会转型的标志已完全凸显。

1861年，盛宣怀十八岁，洋务运动开始。第二年，李鸿章在上海成立上海洋炮局，专门请了洋技师来负责指导。1863年，湖南人曾国藩派容闳赴美购买机器，筹建江南制造局。

大江南北，整个中国都在为一种看上去非常光明的洋务运动而开动一切机器，种种洋务现象在近代中国的出现和发展，使本就喜欢务实的盛宣怀逐渐形成了自己的洋务思想。

盛宣怀在李鸿章那里的工作主要是草拟一些文稿，有时候也参与一些军事工作，李鸿章到哪里，他就跟到哪里。盛宣怀非常勤勉，盛夏炎暑，每日驰骋数十百里却不叫苦，要知道他只是一个书生，从前哪里受过这样的苦。一方面是努力，一方面是才华，两者结合，其崭露头角是必然的了，据说他草拟文稿有“万言立就”的功夫。

不久后，天津百姓攻击西方教会，西方国家把兵派到海上，希望大清朝廷给个说法，李鸿章奉命将所部淮军从西北调往直隶拱卫海疆。盛宣怀随李氏赴天津。

李鸿章走后，陕西军务由刘铭传督办。为了加强陕西淮军部队的后勤供应和淮军营务事宜，李鸿章委派盛宣怀担任此要职，用今天的话来讲，就是采购与后勤。

正是这一看似无关紧要的职务，给了盛宣怀去沿海津沪购买新式军用装备的机会，有了与上海、天津等地外国洋行较为广泛的交往和接触洋务的机会，盛氏洋务也就拉开了帷幕。

同治十一年三月（1872年4月），他按照李鸿章的意思拟定《轮船章程》，这份章程包括“委任宜专”、“商本宜充”、“公司宜立”、“轮船宜先后分领”、“租价宜酬定”、“海运宜分与装运”等六条纲领，由此奠定了创办轮船招商局的基础。

两人的目的很明确：筹国计必先顾商情。

所谓“试办之初必先为商人设身处地”，富民才能强国。这是“官商一体”而实现“双赢”的高明策略。

这一年，盛宣怀被委为会办，参加创办轮船招商局（总局在上海），三年后（光绪十一年）升任该局督办。

1874 年，盛宣怀和李鸿章达成一致，将属于外国人的吴淞铁路买回。这是由英国人修建的一条从上海到吴淞的窄轨轻便铁路，全长十四点五公里，是中国第一条商用铁路。当时，英国人并没有通知中国自己要修铁路，可后来居然修了，而且还用。李鸿章由盛宣怀出面办理谈判事宜，最后，以二十八点五万两白银将这条铁路赎回并且拆毁。

这件事让当时的清朝政府与李鸿章对盛宣怀刮目相看起来。李鸿章还给了他“心地忠实，才识宏通，于中外交涉机宜能见其大”的很高评价。

由此后，盛宣怀开始走上盛氏洋务的光明之路，1880 年，他创建中国第一个电报局天津电报局；1886 年创办中国第一个山东内河小火轮公司；19 世纪 70 年代在湖北“勘矿”；1896 年建立钢铁联合企业——汉冶萍煤铁厂矿公司；19 世纪 90 年代后期修筑中国第一条铁路干线卢汉铁路；1897 年建成中国第一家银行——中国通商银行；1895 年创办中国第一所正规大学北洋大学堂，1897 年在建立中国第一所正规高等师范学堂；1902 年创办中国勘矿总公司；1904 年在上海创办红十字会并于 1907 年被清政府任命为中国红十字会首任会长；1910 年办成私人性质的上海图书馆。这一切都是盛宣怀创造的中国第一。[①]

在创建银行上，盛宣怀与李鸿章有些摩擦。

中国境内最早的银行是英国人于道光二十五年（1845 年）创办的丽如银行，最开始，它在香港设立分行，同年又在广州建立它的机构。1848 年，该行在上海正式开办了“东方银行分行”。此后诸如花旗、汇

① 《盛宣怀实业朋僚函稿》，王尔敏著，中华书局，1997 年 6 月版，第 90 页。

丰等世界有名的银行逐渐在中国建立分支机构。

⊙ **盛宣怀**

盛宣怀（1844—1916年），字杏荪、幼勖，是清末著名的政治家、企业家和福利事业家，洋务运动的代表人物之一。

已经过去了半个世纪了，中国人始终没有自己的银行，对于任何事都要争第一的盛宣怀来讲，这简直是奇耻大辱。当时，李鸿章一直想和洋人合办银行，盛宣怀非常不满意。

当他听说英国人赫德准备在上海设立一家中英银行时，便对李鸿章说："银行是商务的枢纽，哪有我们开关互市，眼睁睁地看着外国人聚敛财富，而自己什么也不做的道理！"

经过再三劝说，李鸿章答应了盛宣怀的要求。1896年11月，盛宣怀向清政府提请开设完全由中国商贾集资的股份制银行"中国通商银行"，并将总部设在当时的经济中心上海。实际上，这个银行的英文名为 The Imperial Bank of China，翻译成中文则是中华帝国银行。

这是中国第一家银行，清政府给了它印制和发行钞票的权力，可见其重视程度。

事实上，没有李鸿章就不可能有盛宣怀。

在1884年中法战争爆发时，李鸿章就上奏朝廷，希望派盛宣怀署理天津海关道。因为天津海关是李鸿章办洋务的主要参谋力量集中之地。或许是为盛宣怀制造舆论，李鸿章对其赞美为"精明稳练"、"智虑周详"、"洞悉症结"和"刚柔得中"，且常跟人说，盛氏并非只通洋务，对吏治也有才干和经验，是帝国首都门户所在的天津海关道的不二人选。

在盛宣怀主持轮船招商总局期间，李鸿章给他写信说，希望他将这个洋务标本“做成铁板模样”，使“来者确不可移”。

李鸿章还对他说道：“至于寂寞身后之名，不知谁何之誉，一笑置之可耳。”①

当盛宣怀在湖北主办煤铁矿时，李鸿章更是频频去信，一方面要求他徐缓图进，因为欲速则不达。另一方面，当盛氏信心发生动摇时，李鸿章就安慰他，并且直点破事情利害。他对盛宣怀说，湖北煤铁矿的成败利钝关系到洋务大局，大家现在都在关注洋务运动，一旦兴办不力，正是给了那些反对洋务的人以口实，他们不但会看笑话，而且会落井下石。倘若真是这样，许多洋务大臣就会在政治上陷于被动，搞不好会功亏一篑。最后，他郑重告诉盛宣怀，湖北矿务是他北上为官的“立足之地”，一定不要让自己将来无立锥之地。

李鸿章对盛宣怀寄予厚望，当然也知道盛宣怀要什么。盛宣怀要的是做大官，办大事。

所以，如果我们画出盛宣怀的官场路线图，则会发现，这条路线绝对是一条直线。

1879 年署天津河间兵备道，1884 年署天津海关道，1886 年任山东登莱青兵备道兼烟台东海关监督，1892 年调任天津海关道兼海关监督。1896 年后更是扶摇直上，历任太常寺少卿、大理寺少卿、办理商务税事大臣、工部左侍郎、邮传部右侍郎、邮传部尚书等职。

还有一些官职，几乎是一日三升：湖北开采煤铁督办；电报总局总办；上海华盛纺织总厂督办；山东登莱青兵备道兼东海关监督；津海关道兼津海关监督；以督办身份接办张之洞创办的官办汉阳铁厂和大冶铁矿、萍乡煤矿；汉冶萍煤铁厂矿股份有限公司总理，并为公司大股东；督办中国铁路总公司；创办中国通商银行；授工部左侍郎、

---

① 《盛宣怀日记》，盛宣怀著，广陵书社，1998 年 5 月版，第 118 页。

汉冶萍公司董事长……

盛宣怀自己也承认，这都是李鸿章的提携之功，所以，他对李氏的感谢已非言语所能表述的了，在给李鸿章的信中，他说："竭我生之精力，必当助我中堂办成铁矿、银行、邮政、织布数事。"

关于李鸿章为什么会对盛宣怀如此器重，史学家陈寅恪的父亲，学者和诗人陈三立先生说，"时文忠为直隶总督，务输海国新法，图富强，尤重外交、兵备。公则议辅以路、矿、电线、航海诸大端为立国之要，与文忠意合"，在他看来，是挽救帝国危亡的洋务事业将二人的命运紧紧地联系在了一起。

一种说不出的痛

在庸人看来，盛宣怀的现状太让人满意了。手中既有权，又有钱，还有重臣李鸿章这座靠山。但真正欲做非常之事的非常之人，永不会这样想。盛宣怀身上，或多或少地还保留了中国知识分子的理想：将自己平生所学所得，奉与帝王家。

然而，这就是冲突所在。你想给的，正是对方不想要的。或者说，你想给的，正是别人不想让你给的。

盛宣怀与李鸿章迟早会有矛盾，原因无他，全在李鸿章身上。

1896年，盛宣怀已经五十二岁，这种年龄正值做出大事，并能把大事做好的年龄。无论是阅历还是头脑，都正处在高峰期。此时，盛宣怀也有了做大事的资本。整个大清帝国的轮船、电报、矿务和纺织四大洋务企业部门全在他掌控之下。尤让他兴奋的是，这一年，他被清廷授予太常寺少卿官职和专折奏事权。

太常寺少卿不过一虚名，用来映衬他作为士大夫的那一面。而专折奏事权却大有意味，这个权力可以让他直接上书皇帝议论国是。

这意味着什么，意味着在指点江山的人面前，他可以运用自己的手指头来为指点江山的人数数，其政治影响力是非常大的。后来，光绪皇帝支持康有为等人变法，给这些人的权力中就有专折奏事权。

与皇帝可以直接沟通交流，不需要通过任何转折，这在帝制时代无异于祖坟冒了青烟。

盛宣怀一旦拥有这个权力后，绝不浪费，在得到这权力后的第三十天，他就上了一道奏折，是为《条陈自强大计折》。

当然，中国人喜欢铺陈，这道奏折的前半部并无可观之处。他对在动荡时世中的帝国命运之忧思和阐释自己对世界形势的认识，是那个时代但凡是个读书人就能做到的事。这道奏折中最让人可观的是后半部分，盛宣怀对如何维系帝国的统治，提出了具体而更有利于自己的设想。

他说，西方各国的成功在于“用举国之才智，以兴农商工艺之利，即借举国之商力，以养水陆之兵，保农工之业”。这是很显然的事：“国非兵不强，必有精兵然后可以应征调。”

所以，中国的紧要之务之一就是要“练兵”。但是，没有军饷，练兵就是无本之源。军饷的来源只有一条途径，多快好省。那就是“兴商务，然后可以扩利源”。所以，归于一点，此时的中国必须要有一个理财专家。专家并非从天而降，必须要训练才能出人才，也就是育人。

从文章的角度来剖析，盛宣怀从远远的地方，慢慢拉近，最终拉到三个方面：练兵、理财与育人上。这可以称得上是文字高手，倘若让他去写小说，定是悬疑小说的好手。

在盛宣怀看来，练兵、理财和育人是当今中国欲富强的必经之路，也是一种诀窍。无疑，盛宣怀提出的三条路的确是中国现代过程中的必经之途，称得上是对症下药。可也是从这道奏折上，我们看到了盛宣怀的一个致命弱点，而这一弱点最终把他送上不归路。

政治！

他忽略了政治，要知道，中国当时的改革必须要依托于政治，想要让这三条路走起来，必须要有政治的辅助。可当时的政治似乎无法辅助，而盛宣怀又没有提出政治改革之道。

或许，这道奏折之所以忽略了这样一个最为根本的问题，原因还在盛宣怀身上。他对政治不了解，甚至于不谙政治。在他心中，一心想的恐怕只有李鸿章一个人。

我们知道，晚期的李鸿章手下有两员干将，一个就是袁世凯，另一个就是盛宣怀。

盛宣怀提这道奏折，已经是把练兵交给了袁世凯，而当时的大清人才现状决定了理财与育人必是他的任务，他可以自信地说，自己是当仁不让的。

但是，他的靠山却给了他一桶凉水，这桶凉水当然不是给他喝的，而是泼在了他身上。李鸿章对别人说道："盛杏荪（盛宣怀字杏荪）机智敏达，而乏毅力，其条陈固欲办大事，兼做高官，官既未操左券，事又无从着手。"①

这个别人不是别人，而是当时的朝廷。

盛宣怀上这道奏折时正是大清国多事之秋，几个月后，中国被倭寇在海上击败，一切洋务一切理想一切信心被这次海战击得粉碎。甲午之败，根本原因且不去谈。很重要的值得我们关注的一点就是，这是自洋务运动兴办以来，许多人都充满了信心后的一次大惨败。洋务大臣李鸿章的心情可想而知，之后，更让这位安徽人心痛的是，《马关条约》这一丧权辱国的条约之所以签订，责任全归在李鸿章身上。他也只好因对战事不利负有责任而暂时失势。

李鸿章的那段话就是在失势时说的，虽然他已经失势，但他的话在帝国仍旧有着举足轻重的影响力。这让一直对他很敬佩的盛宣怀愤愤不已，他几乎是以抱怨的口吻写道："……事合肥三十年，从不争牌

---

①《盛宣怀日记》，第 119 页。

子，合肥亦抑之使不得进。同患难而不能效指臂之力，可长太息也。”

而对李氏给出的“官既未操左券，事又无从着手”的评价，盛宣怀更是以牙还牙，他将李鸿章与曾国藩的用人之道作了一个比较：“湘乡（曾国藩）用人，唯恐不能尽其用，绝无所以限制之心；合肥（李鸿章）用人，唯恐功为人居。”把李鸿章贬损到这种地步，可见盛宣怀当时的愤怒之情了。

不过，人人都认为，这不过是两人的嘴架，事实上，李、盛二人是无法分割开的，因为两人都是洋务运动的好手，李鸿章在经济上离不开盛宣怀，盛宣怀在政治上离不开李鸿章。

二人的关系表面上闹僵之时，盛宣怀的人生中出现了第二个重要的人物——同样是洋务大臣的张之洞。

张之洞的出现，似乎是清政府为了牵制李鸿章而设的一个棋子。

1889 年，张之洞被任为湖广总督，奉命在湖北兴办洋务。要知道，这个时候的湖北一穷二白。一开始，张之洞自己对于在湖北办事很是缺乏热忱。但他还是选择了湖北，第一，当时经济发达的东南地区全是李鸿章淮系的力量，对于朝廷来讲，这并不是好事，所以需要扶植张之洞在湖北的力量，用来牵制淮系。第二，如果办在经济发达的沿海，清政府担心一旦战事打起来，损失过大。

正是这两点原因，使张之洞督湖北长达三十年之久。

中日海战，中国战败，随着李鸿章的失势，许多人把矛头对准了盛宣怀。对付盛宣怀恐怕比对付李鸿章容易得多。本身盛宣怀就是一官商，官商贪污是最正常不过的事，这几乎已成常识。盛宣怀能开办那么多厂子，身上不干净是肯定的了。

盛宣怀不想就这样被李鸿章连累，从此消失。他把目光放得很远，终于就看到了张之洞。

张之洞也正处在一个急需要盛宣怀这样的大财主的境地。当时，中国战败，政府没钱给张之洞，张之洞从中央拿钱没指望，盛宣怀的经济优势就凸现了。

张之洞一点都不喜欢盛宣怀，论官职，他是杂牌，论道德品质，他的贪污问题人所共知。任何人都知道他不干净，但任何想要做大事的人又离不开他。原因很简单，盛宣怀经办的铁路、轮船、电报，这些都是当时的基础性行业，而且是官办企业中为数不多的可以赚钱的大行业。

关于这件事，史料是这样记载的：张之洞所创的湖北铁政局，经开销公项六百万两而无成效，部门切责。张正在焦急之时，盛宣怀慢慢地走来了，张之洞就拿出了两份奏折给盛宣怀看，一份是弹劾他的，另一份是保举他的。

盛宣怀看完，笑了笑说："大人意欲何为？"张之洞回答："汝能帷幄接办铁政局，则保汝；否则劾汝！"

盛宣怀笑着答应下来。可以说，这是盛宣怀给了张之洞一个台阶下，而他也正需要张之洞给他的梯子。两人做的交易很简单，盛宣怀帮张之洞接下汉阳铁厂的烂摊子，张之洞则帮他摆平弹劾一事，并且答应他，可向朝廷保举他担任芦汉铁路督办大臣。

芦汉铁路督办大臣可是一肥缺，至少在当时来看，它不但可以救活盛宣怀的汉阳铁厂生产的那些铁轨，还能赚到更多的钱。从 1896 年到 1906 年，盛宣怀以芦汉铁路督办大臣的名义共修铁路两千一百多公里，超过民国成立至民国二十年所修铁路总长。

通过和张之洞的交易，盛宣怀完成了对全国路矿行业的垄断。

尽管与张之洞的合作很融洽，在与张之洞交往期间，他总会通过各种渠道打听李鸿章的消息，二人也有书信往来，事实上，两人之间并没有不可调和的矛盾，即使将来没有合作的机会，两人也不可能形同陌路。如果不是 1900 年的到来，两人很可能还走到一起，以办洋务的名义合作。

1900 年夏天，慈禧太后在京城突然发现了拥有"法力"的义和团，被西方各国欺负得人不像人的老佛爷仿佛看到了海上仙山，跟八国宣战。同年6月，老女人下诏要求各督抚“联络一气保疆土”和“招义民御侮”。7月8日，鉴于京津形势危急，在盛宣怀等人的极力建议下，朝廷调李鸿章为直隶总督、议和全权大臣。李鸿章当时在广东，为了不惹上当年《马关条约》的腥，他在路上旅游。21日，李鸿章到达上海，就议和事与盛宣怀密谈，时间长达两天之久。这次谈话，后来盛宣怀回忆说：“傅相在沪上告宣曰：‘和约定，我必死’。竟若前知，痛哉！”

是的！

李鸿章虽然年纪已很大，但头脑仍旧清晰，他经受不住朝野上下的第二次口诛笔伐。同年的8月14日，八国联军攻陷北京，慈禧太后和光绪帝仓皇出逃陕西。

1901年11月7日（光绪二十七年九月二十七），李鸿章几乎是哭着与列国签订了《庚子和约》，同样是丧权辱国，同样出现了对他的咒骂之声。这一年，李鸿章去世。

此时的盛宣怀黯然神伤，洋务精英们试图富国强兵、中兴帝国的梦想破灭。一切洋务成绩在经过两次战争的考验后，给出的答案居然是不及格！

李鸿章在洋务上用尽了半生心血，换来的却是滚滚骂名！

他们不是没有尽心尽力，他们的确是为了强国之梦的实现，但最终，国没有强大，做这个梦的人却身败名裂。

盛宣怀很痛，一种说不出来的痛。

可让他后来更痛的就是在这段时期所拥有的路矿，他一生受争议最多的就是铁路，曾经因此成为众矢之的——大清的覆亡和盛宣怀的退出，和铁路大有关系。

另外，让他仍旧说不出痛的还有一个人，就是他曾经希望去练兵的袁世凯。

盛宣怀与袁世凯原本关系很好。

1901 年李鸿章死后，盛宣怀立即站出来推荐袁世凯继任直督，袁世凯后来继任了这个职务，盛宣怀的话自然起到了很有力量的作用。显然，盛宣怀把袁世凯推向权力的高峰，是想利用他的军政实力的支持。但是，袁世凯是相当有野心的一个人，他不属于那种传统士大夫。就在 1902 年，袁世凯开始向盛宣怀进攻。

1902 年 10 月 24 日，盛宣怀父亲病逝，按朝廷规矩，盛宣怀应开去本兼各差，以便安心“守制”。盛宣怀并非不孝子，但对于这次守制，仍旧心里不安。他请求政府保留他的铁路督办一职，清政府答应下来。

盛宣怀一走，清政府就开始有所动作，派人去张翼督办轮、电两局，以便“归入户部筹饷”之用。盛宣怀得知清政府派的人居然是出卖开平煤矿与英国的罪魁时，大怒，并请袁世凯帮忙：“轮、电发端于北洋，宣怀系文忠所委，并非钦派……二十余年不过坚忍办事而已。至于利息盈亏，皆股商受之。局外不知，辄以独揽利权为诟病。时局如此，亦愿借此卸肩。”

袁世凯当然高兴得要死，他正想插足甚至是吞吃轮、电两局呢，

⊙ **大臣联合上书停止科举**

光绪三十年（1904）年，张百熙联合其他大臣奏请递减科举取士名额。光绪三十一年，袁世凯等疆吏上书请求停止科举。图中张百熙（左）、袁世凯（中）、朱启钤（右）的合影。

立即给盛宣怀回电，请他放心；并于11月下旬来到上海，与盛宣怀面谈关于轮、电两局归北洋管辖的问题。

两人谈了很久，盛宣怀最后直接告诉袁世凯：“船宜商办，电宜官办。”

也就是说，电局可以让出，但船局不让。

可袁世凯回后，却不管盛宣怀有什么理由，他总是要将轮、电夺归己有的。不久后，袁世凯就派出亲信唐绍仪和梁士诒接管了铁路和电报事业。

此时，盛宣怀手里只剩下一个汉冶萍了。之所以没有被袁世凯搞掉，一是因为张之洞还活着，武汉是他的势力范围，他肯定不愿意袁世凯染指，因此死保盛宣怀。另外，盛宣怀见事不妙，采取了一些手段。这就是1907年汉冶萍公司的改制，改革为公司制度。改制后，袁世凯就拿他没有一点办法了。

但是，盛宣怀还是输掉了很多。可以说，他虽然始终在官场和商场之间辗转，但最高官职也不过是一个手中没有实质权力的尚书，另外，他做大官并非是手段，而是目的。倘若将他与张之洞相比，那就是，张是做官为体，做事为用，而他则是做事为体，做官为用。他的官场作为是为他的实业利益服务的。所以，这样的人如同行走于猛兽之间，稍不留意就会被猛兽咬一口，而留下永远的痛。

盛宣怀一生最为人诟病，又产生了对中国最重要影响的一件事，恐怕就是“东南互保”事件了。

东南互保

清朝时东南各省的富裕应该是西方国家的功劳。他们打开中国大门，让中国被动地富裕起来。对帝国的北方，京城之内的主政者们来说，这种情况是相当糟糕的。一方面，这一富裕是被别人逼起来的，另一方面，东南占据着当时京城所必须要有的赔款钱财。这就引起东南与西北渐渐地脱离。开始时还是经济上的脱离，直到1900年，东南大员们居然胆子大到敢与京城从政治上脱离了。

事情还得从八国联军说起。

1900年，北京城里一群好汉举着“灭洋扶清”的旗帜开始了他们即将消亡的路程。这就是后来我们所说的义和团运动。

当这群狂热分子的旗帜席卷山东、直隶，朝廷支持义和团行动的暗示已经被官方渠道证实了的时候，中国南方官员们的反对态度却出奇的一致。湖广总督张之洞、两江总督刘坤一、闽浙总督许应、四川总督奎俊、福州将军善联、浙江巡抚刘树棠、安徽巡抚王之春等纷纷上疏，希望慈禧不要相信这群刁民，他们是一群祸害，绝对可以把整个大清帝国推进万劫不复的境地去。并且希望慈禧下令立即将这些乱民剿灭，以绝后患。

慈禧似乎是想跟这些南方大员斗气，你们不让，我偏要支持。而且，我就让他们在京城先闹将起来。义和团开始对外国教堂蠢蠢欲动，同年5月，各国公使以“保护使馆”为名，请求政府派兵进京。

远在大清帝国的长江两岸也开始了不安，这种不安首先是由英国商人感觉到的。他们先是把这种不安告诉了自己的政府，他们的政府很好，在6月17日上午，便派出了英国驻汉口代理总领事法雷斯去见湖广总督张之洞。

他把自己的不安说了出来，义和团那群家伙如果向南开进，我们的商业活动该怎么办。所以，我要派军舰到长江，保护我们在长江流域的“特殊利益”。

张之洞听了，大为惊讶。在这之前，他已经想到过这个问题。但也只是想一想而已。可当有人说出来的时候，情况就截然不同了。他愣了那么一会儿。

法雷斯又说道：“如果长江流域发生动乱，英国政府可以提供切实的军事援助。”

张之洞笑了，什么援助我们，还不是为你们自己！

他当即回道："如果需要援助的时候，会和英国领事协商的。但是，这里不会发生什么严重的事情。"

张之洞的回答含义已经非常明确：他本人有能力防止义和团南下，不需要英国人的"好意"。这位头脑清醒的总督大人知道，一旦有此先例，那么，各国军队就会随之蜂拥而至，大清朝还有存在的必要吗？

四天后，也就是6月21日，慈禧下达了《宣战诏书》。诏书先从外国人传教谈起，忽然跳跃到向每一个曾经来过中国的国家宣战，表明中国人是为了某种信仰遭受欺辱而"忠愤"难耐到了"旷代所无"的程度，不得不"人人敢死"，"执干戈以卫社稷"。

大清王朝在屈辱了近半个世纪后，终于仗着义和团的刀枪不入神功在纸上扬眉吐气了。

此时，盛宣怀焦急如焚，他连忙同时给两广总督李鸿章、湖广总督张之洞和两江总督刘坤一急电，建议他们"电饬上海道与各领事订约，上海租界归各国保护，长江内地归督抚保护，两不相扰"。对于局势的判断，盛宣怀曾劝说张之洞："北事不久必坏，留东南三大帅以救社稷苍生。"

表面看来，北方的朝廷是要为自己曾经受到的一切耻辱奋力作最后的清算。然而，南方人却不这样看，他们认为，中央这种不顾一切的举措会让自己苦心经营的洋务运动毁于一旦，但是，如何把盛宣怀的"留东南三大帅以救社稷苍生"的办法实施，是一个很头疼的问题。

他们立即用电报紧急磋商，最后达成这样的看法：朝廷的决定是在"暴民胁迫了政府"和"朝廷里出了拳党"的情况下作出的，《宣战诏书》的颁布"决不是皇上的本意"。

明眼人一眼就能看出来，这种看法是他们商量出来的，他们以这种商量出来的看法想堵住洋人的嘴。因为张之洞接下来的做法就证实了这种观点，他给朝廷打电报，要求朝廷"命令董福祥军不得乱动"，

“严密保护使馆和使馆人员以及外侨的生命财产安全”。并且很严厉地提醒朝廷那群饭桶们，在此千钧一发之际，“只有保住使馆才有挽回局势的可能”。

接着，他联系到两江总督刘坤一联名致电大清驻英国公使，请他转告英国政府：还是那句话，中国自己有足够的力量维护长江流域的安全。而英国一旦派军舰进入长江，定会引起中国百姓“惊谣生事”。那样的话局面肯定不好收拾，对谁都没有好处。

英国人听到了北京方面宣战的消息，觉得不可思议。而在张之洞前蹿后跳的努力下，长江江面上并没有出现一艘外国军舰。张之洞又给英国领事一份电报，提出了一个概念——“互保”。他说，我湖北已添重兵，贴出告示，严饬各州县，禁谣拿匪，敢有生事者，立即正法，所有洋商教士，有我力任保护。

这就是后来演变成著名的《东南互保章程》的发端。所谓“互保”，简单地说便是：大清南方官员决不支持义和团杀洋人的举动，不承认帝国政府对各国《宣战诏书》的合法性，并且会采取各种措施保护洋人在华的安全和利益；洋人不得在帝国南方采取包括军事攻击在内的任何过激行为，必须遵守帝国的法律和道德礼仪，与中国以和平状态进行正常的商品贸易。

洋人同意了，南方大员们本想安静下来看北方大战。谁知他们屁股还没有坐稳，朝廷方面来了圣旨。

这封谕旨的内容很简单，北方义和团的刀枪不入神功大概是因为发霉而失效了。朝廷原本打算只用这些神汉就可以把联合军打败的想法正在渐渐地落空。所以，朝廷要求南方的朝廷大员们立即派兵北上勤王。

上面盖着皇帝玉玺，如假包换童叟无欺的一份大清皇帝的圣旨。张之洞与英人“互保”的条款还没有签订，面对着圣旨，南方的大员们陷入了进退两难的境地。

当初，《宣战诏书》的发布，他们无可奈何，在他们权力范围内只好眼睁睁地看着北京方面耍疯。并且，整个帝国向外国宣战，人人都有份。也就是说，每个人都可以参加，每个人也可以假装参加。但这道让他们“北上勤王”的圣旨却是直接针对他们来的，他们逃不掉。如果说，对《宣战诏书》的表态只是态度，那么，现在朝廷就是要让他们行动了。

任何一个朝廷的官员都知道这样一点：在任上，你可以贪污、受贿、腐化、堕落、杀人放火，甚至可以做一天和尚撞一天钟，可以卖国，可以误国，但绝对不能直接跟朝廷对抗。这就是谋反。大清的官场决不允许抗旨——“旨”这个汉字在中国有一种威严的氛围，它的含义已经超出了“皇家文书”的字面解释，而成为“不得更改”的代名词。

官员绝对不能抗旨，就像是哑巴绝对不能说话一样。如果一个朝廷的官员公开宣布他要“抗旨”，不要说他的脑袋用不了多久就要搬家，就是周围的人以及身后的历史对他吐出的谴责的唾沫也会把他淹死。

但是，这道圣旨的内容，他们无论如何也不能执行。可这样做的结果是什么，他们肯定可以预料到。而且，在这些人的心中，“君让臣死，臣不得不死”的道德思想始终盘绕在他们脑袋正上方。他们为难了。就在这个时候，两广总督李鸿章跳了出来，单独给朝廷发去了一封电报——他对朝廷要求各省派兵“北上勤王”的圣旨的回答是：“此乱命也，粤不奉诏。”①

“乱命”一词是李鸿章精心选择的政治术语，意思是所“抗”之“旨”是一个不真实的“伪诏”，因此不存在对帝国朝廷的反叛意图。这个时候的李鸿章已经老眼昏花，他看不清圣旨上有他多次见过的皇帝玉玺，他当然也故意不知道北方正在开战，老佛爷正准备西逃。他

---

① 《李鸿章传》，梁启超著，江西人民出版社，1994年7月版，第256页。

只知道，整个大清朝现在只剩下南方了。倘若保不住，大清朝就从此消失，他也会随着消失。

有人说，他这完全是温柔地与朝廷分庭抗礼。他的“此乱命也”标志着中国受到西方大炮影响的同时，也受到了民主思想的影响。

几千年来，抗旨的朝廷官员当然也有。但绝对没有一个官员“无耻”地在朝廷最需要自己的时候抗旨不遵。李鸿章的首发，让南方大员们有了榜样。他们决心将帝国南方各省联合在一起，抗旨到底。在大清帝国的历史上，一半的朝廷命官居然公开指责朝廷的圣旨是错误的，并且明确表示坚决不予执行，这无疑是史无前例的第一次。湖广总督张之洞、两江总督刘坤一、闽浙总督许应、四川总督奎俊、福州将军善联、浙江巡抚刘树棠、安徽巡抚王之春纷纷以各种表述方式告诉朝廷：这道印有皇帝玉玺的圣旨是乱命，我们不会北上。

“此乱命也”这句话也许是十九、二十世纪之交中国历史上最著名的一句话。这句话的历史意义不仅是有效地防止了这个帝国内部动乱的蔓延和对外矛盾的升级，更重要的是，它标志着帝国具有近代政治意识的新型官员第一次在国家政治中显示出鲜明的独立性和抗争性。

于是，当时整个中国就是这样的一个情景：当帝国北方的民众“造反”时，帝国南方的官员们也同时在另外一个意义上“造了反”。此时的大清帝国风雨飘摇，南北的“造反”形势只好让老佛爷跑去西安，欣赏另一道风景。

1900年是个特别的年份，在这一年，八国联军接受大清帝国慈禧的要求进入北京，当大清朝的整个北方已经混乱到不可收拾的地步的时候，南方却是另外一番宁静的和平景象，仿佛中华帝国此时为南北两个不同的国家一样。

这就是一批南方大员们的抗旨和“东南互保”的情形。在封建道德面前，南方大员们居然撇开了最根本的忠诚，和中央政府形成了软对抗。

他们这样做对吗？

当中央政府，他们一直效忠的皇帝与皇帝的老母亲仓皇奔逃时，他们没有一天的愧疚之心？如果他们参战，八国联军会不会那么容易就进了北京？

一切都不用假设，因为当时，他们的确没有管皇帝，安心地坐在南方，和洋人们相安无事。

他们为什么要这样做，只是因为他们不希望正在发展中的南方不受到西方国家的洗劫？事情并不是那么简单。

在八国联军进北京之前，大清已经和西方国家还有日本进行过了战争。如你所知道的，这些战争都以失败而告终。大概也正是由于与外国人的战争一败再败，特别是甲午战争中，清朝又败于新兴的强邻日本，在清末的洋务派官僚和一些开明士绅看来，这场即将到来的战争不打则已，战则必败。

当时的张之洞就很担心，这场战火万一蔓延到南方，他们苦心经营的近代工业将毁于一旦。最终，他认定，这种事情的发生简直说是一定的了。当李鸿章抗旨后，他马上出面联合南方各省督抚，一同抗旨。张之洞决定与外人“虚与委蛇”，一可以保留东南数省，接济京师；二是一旦皇帝“西幸偏安”，亦留有余地。

但这些人的做法并没有得到任何人的谅解，或者说，他们本人都不知道自己做得是否正确。过不久，他们就被中国的百姓和朝廷痛斥为一群“出卖民族利益的无耻之徒”。

因为，他们不但抗旨，还做出了“东南互保”这种不管皇上的大逆不道之行为。

在一般情况下，只要皇帝不把老百姓当猪杀，老百姓都会拥护他的，特别是当皇帝受到委屈的时候。

南方大员们提出的“东南互保”从表面上来看，就是保护自己，出卖朝廷。他们的做法使得当时的中国已近分裂，一方面是北方的清军浴血抗敌，一方面却是富庶的南方各省保持“中立”。这种局面直接导致了抗击八国联军的战争以失败告终。

当然，老百姓不会看到“东南互保”的另一个作用，那就是，在北方陷入空前战乱的情况下，南主各省保持了相对稳定的局面，经济发展，人民生活未受影响。

“东南互保”的策划者英国虽然有过此意，但是从中国方面而言，实际就是盛宣怀。李鸿章虽然极力推动这个方案，但是他并没有参加最后与洋人订立的互相保护章程。

一切都是盛宣怀主持并最终完成的。

盛宣怀当时给出的理由很直接也很充分：东南不打，正是站在国家民族的立场上考虑的，明知打不过人家，就应该韬光养晦，积蓄力量，以图后起！

后来的事情也正如盛宣怀他们所分析的，老佛爷宣战的结果酿成了中国半壁江山——北方的战乱。如果这些人当时真的按照朝廷的旨意北上，那么八国联军不可能只在北方停留，一定会将战火带到长江一带，那时腐败无能的清政府半壁江山尚不堪对付，更何谈对付势必会搅得一片大乱的整个中国局势！

《东南互保章程》的签订为后来与八国的谈判中增加了一定的筹码。作为策划了这次事件的盛宣怀所得到的是慈禧跑回北京后对荣禄说的一句话：今日看来，盛宣怀是不可少之人。

不久，慈禧又下懿旨：宗人府府丞盛宣怀赞襄和议，保护东南地方，著赏加太子太保衔。盛宣怀并没有因为策划抗旨不遵之事而受到严惩，确切地说，这正是当时他还有用的一个见证。慈禧能跑回京城，多亏了他创办的电报局，如果不是屡通信息，慈禧恐怕一时半会回不了北京。至于他策划的东南互保，恐怕在慈禧心上，还是有一点愤恨的。原因无他，她的权威受到了有史以来最为轻佻的挑战！

盛宣怀的下一步将走向何方，恐怕已经有人为他画好了线，就等着他从远远的地方向这里走了。

一切的终结：保路运动

1911 年 5 月，刚刚担任晚清邮传部尚书的盛宣怀，与镇国公，度支部尚书，“实业救国者”载泽向政府请求，川汉、粤汉铁路筑路权收归“国有”。

政府同意了这一请求，但盛宣怀还没有进行下一步，有些人就传递出消息说，政府已经把这两条铁路卖给了英、法、德、美四国银行团。一批爱国者，所谓的爱国者，立即起来反对。

四川、湖南、湖北、广东等省同时发起保路运动，大家一致的口号就是保护铁路不被外国人染指。最为激烈的就是四川省的保路运动，四川省咨议局议长蒲殿俊领导成立了保路同志会，对政府施加压力。

蒲殿俊巧妙地把经济目的和政治权利联系在一起，要求政府遵守当初“铁路商办”的许诺。事实是，清政府在 1901 年的新政中，光绪皇帝的确明确表示过“铁路准归商办”。如今，商办却转为“国有”，这无异于剥夺了民间资本投资铁路的权利。

保路同志会首先在成都设祭坛，焚香祭奠光绪皇帝，想以此种行为来给清廷施加道德压力。但是，清政府似乎对这一套根本不在乎，完全拒绝了与保路人士的协商解决请求。

保路同志会见用死人来压活人的办法不通，就于 9 月 1 日宣布，从此以后不交税，清政府立即回应：让四川方面镇压保路运动。

9 月 7 日，四川总督赵尔丰将蒲殿俊等人抓捕，同时向请愿群众开枪，射杀了一百多人。第二天，赵总督又下令解散各处保路同志会。

他的这种过激行为立即给当时的同盟会创造了起事条件，同盟会会员龙鸣剑、王天杰等人借机掀起了武装暴动。

清政府见越闹越大，便答应给铁路投资者以足额赔偿。不过，保路运动已经成了有组织有其他目的的运动了，一切已晚。

清政府只能派湖广总督端方前往镇压，结果就是我们后来知道的，由于清政府在湖北的军队都调往四川，使得新军营中有人开枪，武昌起义爆发，大清朝也宣告了终结。

和当初的“东南互保”一样，这一次铁路收归国有也是盛宣怀一手策划的。当初策划东南互保是因为想保存洋务成果，而这一次，是因为他发现，刚刚接管的是一个烂摊子：在袁世凯余党，亲信，铁路总办梁士诒的管理下，路政一团混乱不说，商股还被袁系余党贪墨一尽，致使旧股不能还，新股不能招。

他在奏折上很痛苦地谈道：“鄂湘商股，固甚微薄。瑞澄电称，鄂路并无尺土寸料，湘路虽有米捐盐捐田租房租，然路线甚长，民计甚窘，竭力搜索，告成无期。”[①]

尤其是四川方面，情形更是一塌糊涂，当时的知情人对四川方面的铁路情况作分析报告时，很沉痛地指出：“现开工二百余里，九年方能完工，全路工竣，需数十年。后路未修，前路已坏，永无成期。前款不敷逐年工用，后款不敷股东付息，款尽路绝，民穷财困。”

不过，这种书面报告似乎只是冰山一角，它虽然指出了弊病，却不是弊病本身。当时的实际情形比书面谈的更糟，粤汉路虽处富庶地区，实际商股已招了一半，虽然号称开工一百里（五十公里），但由于劣员贪弊，消极怠工，实际上五六年修的是一小段不能行车的废路；而川汉号称修一百公里，其实一公里都没修成，“后路未修，前路已坏，永无成期”的危险还蕴藏着巨大的社会危机。

可以想见，袁世凯当年把盛宣怀的洋务事业都收到自己门下后，根本就没有好好去管理，才导致了今天这种破败局面。

所以，盛宣怀只能先把铁路收归国有，然后再以国家的名义向外

---

①《盛宣怀日记》，第99页。

国银行贷款，重新开始建设。

可惜的是，他没有想到民间力量不答应，同盟会会借机起事。

等待他的将是审判。

审判他的是1910年成立的资政院，清政府成立这个机构的目的和1911年成立的皇族内阁一样，都是为君主立宪改革打前站的。

审判这天，盛宣怀缺席，这是经过大家协商的。

不过，这个资政院和后来的皇族内阁的审判到底有多大的权威性，实在让人深思。首先就是清廷在成立这两个机构的问题上显示出的决心和诚意完全不够，然后就是四川因保路运动爆发武装冲突，接着是武昌起义，到了1911年10月，帝国已经没有能力对这样的机构进行调控了。清朝政权已危在旦夕，王朝的覆灭，竟似在反掌之间。

可在这个时候，资政院会议却拉来一帮人，开了一次非常重要的会议，总让人有点哭笑不得。更让人哭笑不得的是，会议的主题居然是讨论已经发生了的武昌起义。其实，任何人都知道，追本溯源，武昌起义之所以爆发，全是一个人的责任。

这个人自然就是盛宣怀。

如果不是他主张铁路国有，就不会有人闹事，没有人闹事，同盟会的人就不会趁火打劫。同盟会的人不趁火打劫，湖北军队就不会离开湖北，不离开湖北，在湖北的那群起义者根本就没有胆子让枪走火。

一切的责任，全在盛宣怀。

会议并没有讨论他曾经取得的伟大成绩，只就对他这个人如何处置上展开了探讨。

这一天是1911年10月25日，下午一点四十五分，清政府内阁资政院召开第二次会议，学部右侍郎，议长李家驹说道：按照议事日程表第四提议“内忧外患，恳请标本兼治，以救危亡具奏案”，请提议议员说明主旨。[①]

议员罗杰最先发言，他提的议案主旨有两个：治标和治本。治标的方法有两种：一、从严，将邮传部长盛宣怀、四川督抚赵尔丰及湖北督抚瑞澂按律严惩。这样做的理由很简单，盛宣怀主张铁路国有和从四国银团借款筑路一事，既没有交付内阁讨论，又违背资政院章程；四川督抚赵尔丰先赞助保路同志会，后来又诋毁人家是匪徒，激起大变；湖北督抚瑞澂对民变事先没有防范，一旦事发就弃城逃跑，这三个人的罪过完全大到了可杀地步。二、如要从宽解决，就要释放四川咨议局的议长，对湖北的民变不妨设法平息，使其能够散去。

这番话并没有引起任何人的反对，但也没有人起来赞同。罗杰又紧接着说第二个主旨——治本。他说，当前情况，想要治本，必须实现三个条件：其一是召集国会，通上下之情；其二是组织拥有完全行政权力的内阁；其三是巩固宪法中的言论、出版和结社集会的三大自由。人民有了这三大自由，就不会造反作乱。

在这个时候，说了这么一大堆废话，简直是事后诸葛。这位事后诸葛说完后，居然还沾沾自喜地问大家有什么意见。这些废物倘若有意见，早在一年前就说了，还会到这个时候吗？于是，大家都没有意见，一同站起来表示赞同罗杰的主张。

紧接着，议员牟琳和易宗夔起来发言，他们的提案非常直接，强烈要求惩治盛宣怀。

两人轮番数落盛宣怀在法律和政治上的失误，数落完毕，就要求政府将盛宣怀“明正典刑”，杀他一人而谢天下苍生。两人正说得激动，另一个议员刘荣勋也跑到台上附和说：朝廷自从下旨要实行君主立宪，革命的言论一日少似一日，可是怎么突然就有人把革命闹起来了呢，就是因为盛宣怀提倡铁路国有，如果他不提倡，民心至于丧失到这个

① 《历史文献》（第六辑），上海图书馆历史文献研究所编，上海古籍出版社，2004 年 1 月版，第 512 页

地步吗？至于让革命党乘机煽动作乱，情形至今益发不可收拾吗？

最后，刘荣勋扯着嗓子喊说，盛宣怀其罪当诛！

没有人为盛宣怀说话，只有他所在的邮传部特派员陆梦熊准备站起来说话，却遭到大家的反对，让他老实坐在那里听。资政院内一片倒盛之风，形势对盛宣怀十分不利。

中国人最喜欢的就是痛打自己的同僚，他们称之为落水狗，他们也最善于落井下石。盛宣怀这个时候恰好就成了那条落水狗。没有人救他，即使有，也会被人踢到水里，成为第二条落水狗。

议员黎尚雯谈不上是小人，但绝对不是君子，他看着大家情绪激动，就跑上台说，盛宣怀罪大恶极，应该依法绞死。

另一位议员汪荣宝按捺不住，高呼起来，押盛宣怀来资政院答复！

顿时，资政院内顿时人声鼎沸，倒盛的情绪渐入高潮。

人人都抱着一个想法，那就是弹劾盛宣怀，用易宗夔的话说，一弹不准，就再弹之，再弹不准，就三弹之，不扳倒盛宣怀，誓不罢休。

就在一片不杀盛宣怀不足以平民愤，不开国会不足以谢天下的呼声之中，下午四点二十五分，议长宣布散会。

陆梦熊急匆匆地赶往盛宣怀家中，把这一噩耗告诉他。

事实上，那一下午，盛宣怀觉得天要塌下来了。他虽然知道自己的结局肯定不好，但当陆梦熊把结果告诉他后，他还是头发晕，险些晕倒。

在反对他的那些官员中，有几个没有收过他的东西，又有几个当初不是跟他称兄道弟，想不到，一朝失势，则千夫所指。

晚上，他始终不能入睡。他回想自己的一生，也就是辛亥革命前的所有岁月。他不是进士，却做到了许多进士都无法企及的官职，他并非是纯正的商人，却富可敌国。

直到现在，他才知道自己最想要的其实仍是官职。即使这种官职是为了他的商业服务的，他也把这一工具当成了任何东西都不能替代的无上至宝。

十年前，他的贵人李鸿章去世，十年后，他又走上了这条路。在众人的唾骂声中，他虽然不能和李鸿章一样去见阎王。但没有了官职的他和一个死人又有什么分别？！

他有点不甘心，确切地说，他进入内阁还没有半年，这个被称为皇族内阁的机构有十三名阁员，满人占了九席，其中又有六人为皇族，而其中的四个汉人里，就有他。盛宣怀跻身内阁大臣，刚刚才达到人生的顶峰，怎么可以说被弹劾就被弹劾掉！

他决定向当时年仅六岁的皇帝剖白自己："……议员以干路国有不交阁议，谓为侵权；借债签字不交院议，谓为违法；借日本一千万元，谓为卖国；擅调兵队，谓为跋扈；革党陷城，由于路款，谓为祸首。"但是，他继续坦白，这跟我有个屁关系。借款是张之洞签的合同，没有交院议，是因为有皇帝的上谕，日本借款事关邦交，自己并未调兵，谈不上跋扈，至于革党陷城……[1]

革命党一直就存在，朝廷又不是不知道！

可他最终还是没有写下去，因为他想到了李鸿章，当年的李鸿章签订那些条约，难道是他的错吗？朝廷让你死，你不得不死。

也就是说，到了这个地步，朝廷必须得找一位出来当替罪羊。

是的！

他盛宣怀倒是很被朝廷看得起，最终当上了这只替罪羊。第二天，朝廷旨意到达，他被革除了邮传部大臣的职务，旨意上特意说明，"永不叙用"。

1911 年 10 月 27 日，被革职两天后，盛宣怀逃离了北京。12 月 31 日，他乘船去了日本。就在同一日，他与孙中山在海上相遇，擦肩而过。而这一年也终结了盛宣怀"做大事，谋高官"的路。属于他的那

---

①《历史文献》第六辑，第 514 页。

些从此后将永远不会回来。

辛亥革命之后，盛宣怀又很自在地活了八年。他虽然也帮孙中山连续的革命出钱，但他那条走过的旧路再也无法实现了。

1916 年盛宣怀去世，他的子女因为他留下的两千万两银子而大闹了一场。因为这笔两千万的糊涂账，盛宣怀一直在遭受着责骂。

盛宣怀是一个过渡性人物。他从士大夫过渡到了商人，最后却没有返回到士大夫的身份上去，且在死后，遭到了许多人的诟骂。

谁让他亦官亦商，亦中亦洋，又赚了那么多钱呢？

回顾梁启超先生的一生，我们会发现，他的一生可谓是“多变”的人生：由改良而倾向革命，复又回归改良，由拥袁（世凯）而后反袁，由投段（祺瑞）而后离段。用他自己的话说是“不惜今日之我与昨日之我斗争”。然而后梁启超的一生又是“不变”的人生，他的爱国之情、新民之志、变革之心从始至终都没有变过。生前，梁启超最欣赏的两个政治家是日本的吉田松荫和意大利的加富尔，这两人也是善变之辈。而梁启超则称他们为善变的豪杰：“大丈夫行事磊磊落落，行吾心之所志，必求至而后已焉。若夫其方法随时与境而变，随吾脑识之发达而变，百变不离其宗，但有所宗，斯变而非变也。此乃所以磊磊落落也。”

梁启超

“万变不离其宗”的前行者

在改良与革命间游走

梁启超是广东人，字卓如，一字任甫，号任公，别署饮冰子、饮冰室主人、哀时客、中国之新民等。后人称他为“中国著名的政治家和著名学者。”十八岁那年，认识了康有为，并认康有为为老师。他真正登上中国近代史的舞台，是在甲午海战时。

甲午海战，清政府的失利使得整个中华民族为之哭泣，为之愤恨。在甲午海战之前，中国在与日本的战争中还没有败得这么惨过。即使是元朝的东征虽以失败而告终，可中国还是主动出击的一方。而甲午海战，是日本人到中国家门口来，并且轻松地把中国打败。无论如何，任何一个中国人都不能接受一个小岛国会击败我泱泱大国。

康有为与梁启超当时愤慨之下，准备上书。不过，这份为清廷“筹自强之策，计万世之安”提出“非变通旧法，无以为治”改良主义主张的《万言书》还没有奉上朝廷，清政府迫于压力已经提前在《马关条约》上签了字。

原本就已经痛心疾首、义愤填膺的举子们此时更是有泪无处流了。梁启超事后愤而疾书一首诗道：

拍碎双玉斗，
慷慨一何多。
满腔都是血泪，
无处著悲歌。

“公车上书”的失败和清政府的无能，使得梁启超变法维新的主张更加坚定起来。他与康有为通过各种方法活动，希望引起清朝政府的注意。在康有为的领导下，梁启超创办《时务报》，其宗旨是人人希冀、而又人人担心的“变法图存”。这样一种以平面传媒的形式来宣传变法的做法，对整个帝国无疑是一种大震动。

梁启超从几千年的封建政治制度入手，分析其弊端，最终得出一个让人信服的答案：此时已到了“去陈用新，改弦更张”的时候，变法必行，否则，帝国的一切都将成为历史。

⊙ **梁启超像**

梁启超（1873–1929），近代思想家，戊戌维新运动领袖之一。1898年在京参加“百日维新”。著有《饮冰室合集》。

在变法的实施上，梁启超又给出详细而又全面的方案。他在《时务报》上说：“吾今为一言以蔽之曰，变法之本，在育人才；人才之兴，在开学校；学校之立，在变科举；而一切要其大成，在变官制。”

由这段话可以知道，维新派的维新，其实就是“变官制”，从体制上实行变革，将封建君主专制变为君主立宪制。

不过，这一切主张、一切思想，都因为那位光绪皇帝的光杆司令身份而最终没有得到实施。

戊戌变法的失败让梁启超和他的师傅康有为只得寻找另一条路，那就是先逃出去，然后再想办法杀回来。两人一同逃亡日本，在日本，梁启超所做的工作就是协助康有为游说日本等国政府，进行所谓“勤王”运动，以使光绪皇帝的帝位名副其实。

他们的局限性在于，认为只要光绪皇帝掌握大权，实行变法，就能让中国强盛。把所有希望寄托在一个没有任何权力的傀儡皇帝身上，这并非是康有为和梁启超的愚昧。其实在当时的形势下，中国的确找不出另一条路来让自己强盛，只有在皇帝的支持下进行变法。

这也是符合中国人思想的传统思路。皇帝是天下之主，一旦下达命令，总比别人下达命令容易顺利得多。如果有这样一条路可以走，为什么要避易而就难呢？像孙中山那样，非得要以暴力手段赶皇帝下台，然后再进行图强活动。增加了成本不算，是否可以成功，还是个未知数。

当在日本的孙中山等革命派知道康、梁二人来到日本后，主动伸出一双温暖的手，希望能得到这两人的协助。康有为讨厌暴力，而孙中山主张暴力，两人自然是谈不来。孙中山的一大特点是，你不服我的主张，我偏要说服你。

他几次三番地来找康有为，康有为被搞得很不耐烦，就让大弟子梁启超去当挡箭牌。想不到，这个挡箭牌后来居然成了刺向康有为心上的矛。

开始时，梁启超与孙中山的接触都是借康有为的名义。1899 年春，康有为被迫离开日本，梁启超与孙中山频繁接触的机会才多了起来。孙中山的口才是一流的，他的革命热情是高涨的。任何人都知道，当一种温柔的方式不能解决一件事时，人们往往都会有暴力解决的想法。梁启超在孙中山的影响下认识到，所谓改良，在风雨飘摇的大清朝是不合时宜的，确切地讲，是过时之论。

不过，梁启超能在很短的时间内放弃已经坚持了七年的改良思想，并非说明他这个人耳根软，而是那个时代太过于激荡。在激荡的年头，想要让自己的思想改变，实在是太容易的一件事了。

梁启超的温柔与孙中山的强悍，促成了两人相见恨晚的感觉。对孙中山的革命思想，梁启超最终基本认同。他在给孙中山的一封信中这样谈道：

> 捧读来示，欣悉一切。弟自问前者狭隘之见，不免有之，若盈满则未有也。至于办事宗旨，弟数年来，至今未尝稍变，唯务求国之独立而已。若其方略，则随时变通。但可以救我国民者，则倾心助之，初无成心也。与君相见数次，究未能各倾肺腑。今

约会晤，甚善甚善。……

有人在谈到梁启超的这种思想转变时，把他跟康有为相比，说梁启超与康有为的最大不同之处就是，梁启超不固执己见一成不变，而是与时俱进，服从真理，“若其方略，则随时变通”。

当时的梁启超与孙中山频频交往，“每星期必有二三日相约聚谈，咸主张革命排满论调，非常激烈”。他不但自己把自己卖给革命派，还拉了改良派中的一些人，给他们洗脑，让他们参加革命。如果康有为不是他师傅，并且立场坚定，他很可能也给康师傅洗脑了。不过，他似乎把师傅抛在了一边，背着康有为，和孙中山共商组党之事。康有为得知后，气得险些一口气没有上来，派人告诉他：你走上邪路了。梁启超却说：“既然先生这样讲，惟有请康先生闭门著书，由我们出去做去。他要是不答应，只好听他，我们也顾不了许多了。”

不过，让孙中山郁闷和康有为略感欣慰的是，梁启超虽然赞同孙中山的革命共和，但却是有附加条件的，即只革慈禧的命，光绪还是“明君”，坚决不能革。

1902 年，梁启超在《释革》一文中把“革命”解释成这样：“易姓者固不是为 Revolution，而 Revolution 又不必易姓。”也就是说，革命当然可以，但不能易姓，不能改朝换代。所谓“革命”，只是革慈禧等顽固派的命，清朝的命坚决不能革，光绪皇帝作为明君还是要存在的。不久后，梁启超又发表文章说，革命应提倡预备精神，应将革命放到将来去完成。

在一次与孙中山的探讨中，梁启超提出了革命共和成功后，共和国总统的最佳人选非光绪皇帝莫属。孙中山当然不干，但当时的革命党以团结一切可以团结的革命人士为目标，将来的事，孙中山自己都没有把握，梁启超的想法不过是一种幻想罢了。

梁启超在《清代学术概论》中回忆说：“启超既日倡革命排满共和之论，而其师康有为深不谓然，屡责备之，继以婉劝，而年间函札数万言。”这也说明康有为对梁启超没有完全死心，正是因为梁启超心中还有光绪皇帝的缘故。

其实，如果我们仔细分析梁启超此时的思想，便会发现，他是站在革命派和维新派两条船上的。在革命派的船上，有他的足迹，在维新派的船上，还是有他的一条腿。但他的重心仍旧还是在革命派的船上。在这段时期，他为了响应革命派的号召，于东京创办高等大同学堂，专门培养军事骨干。1899 年冬，他派人回国，在上海成立自立会，将组织的口号定义为“救国自立”。正是在这段时期，梁启超创立了让我们激动了多年的“中华民族”一词。1901 年，梁启超发表《中国史叙论》一文，首次提出了“中国民族”的概念。从学术上来讲，这是一种创新，它让中国人有了现代的民族观念，使得“华夷之辨”、“夷夏之防”这些中华民族不忍看到的词语从此退出历史的舞台。

在创造这一词语后，他还派人在中国组织自立军起义，他自己为自立军总指挥。他提出的口号是“不认满清政府有统治中国之权”、“请光绪复辟”。但是，秀才造反，三年不成。这场所谓的“勤王运动”不久就被清政府镇压下去。

勤王运动的失败，给了梁启超一个很大的打击。有那么一段时间，他闭门谢客，茫然无措，不知道该从哪里从新来过，也不知道自己坚持的革命是否正确。不过不久后，在孙中山等人的鼓舞下，他又重新站起来，既然武力还不到时候，那就用舆论来跟清政府宣战。在创办《新民丛报》后，他又创办《新小说报》，其宗旨就是“鼓吹革命，鄙人感情之昂，以彼时为最矣”，认为“中国实舍革命外无别法”。

康有为听到弟子的这种论调，实在是无话可说。他不想让自己的弟子就这样义无反顾地走上邪路。1903 年，康有为让梁启超去美洲考察。希望他在路上能看清楚一切，将“革命”二字从他的脑中消除。

同年 2 月，梁启超在两名侨商的陪同下，从日本横滨乘远洋客轮开始其美洲之旅。这一年已经是他与康师傅呼吁维新的第十个年头，可如今他知道，此路不通。而革命这条路只是刚刚起步，前途也并非光明。靠暴力来解决问题，要么大成要么大败。他已经失败了一次。想到这里，站在轮船的甲板上，梁启超不由黯然神伤，扼腕长叹："十年十处度初度，颇感劳生未有涯。……一事未成已中岁，海云凝望转低迷。"

梁启超这次的考察，让他很是惊讶。一路上，他受到了侨居美国各地的中国保皇会的热烈欢迎，每到一处讲演，必有成群结队的保皇会员前来聆听。这让他在惊讶之余，开始思考一个问题：维新派的保皇党所提出的主张和他们信奉的主义，在这里是否真的是不合时宜了？

原本就在两条船上的梁启超，意志开始动摇。在保皇派势力热浪中，他的思想感情开始由"革命"、"破坏"倾向于保皇。事后，他回忆说："此行见海外人之热心，益觉得非轰轰烈烈再做一场，则此身真无颜立于天地。"

今天来看梁启超的北美考察，似乎是康有为的刻意为之。无论是在路上还是在演讲过程中，保皇派人士都是绝对主力。倘若说，梁启超只是因为康师傅的刻意安排而放弃了革命主张的话，那梁启超被后人攻击为善变、墙头草就是顺理成章的了。

事实上，使他放弃革命主张的虽然有康有为的"帮助"，但这并不是主要原因。让他放弃革命的原因还是他自己对他所考察的各国的一种理性认识。

尤其是美国，他在那里考察时，所谓的民主、自由、博爱，曾使他为之怦然心动。可是，他又不由得想到了英国的君主立宪制，当他将美国的共和制和英国的君主立宪制进行比较后，美国政治的贪渎与腐败就显而易见了。

更让他觉得君主立宪制优于共和制的，还是中国人的表现。

在美国旧金山的华人居住地，他发现那里环境肮脏、团体松散，打架斗殴随处可见。这种情况与当地的白人社区相比，实为天上人间。

更让他叹息的是，华侨会馆选举还没有开始，就已经有各种各样与选举人有关的凶案发生。

梁启超深感绝望，任何人看到这种情况恐怕都会绝望。即使是在美国这样发达的共和制国家里，中国人都是如此“可恶”，如果真要在背负着几千年专制集权统治的中国实行共和制，那些国人的教育程度和人格素质会把中国变成什么样子呢？

最终，他说了一句话：“共和、共和，吾与汝长别矣。”这可以看做是他断定中国不能实行民主共和政体的一个宣言。

访美归来后，梁启超听到“革命”二字就如同听到了杀父仇人，他在《中国历史上革命之研究》中愤怒地提出，中国历史上革命有“七大恶”，倘若革命，中国必乱。革命不能解决中国问题，只会带来恐怖，暴力永远会让人民遭殃。

这种忽左忽右的思想显然让梁启超受到了各方面的攻击。对于别人指责他的标新立异和墙头草，他撰文辩解说，几年前，自己确实信奉“革命”和“破坏主义”，但是经过自己对共和政体的考察和对中国国情的了解，两者没有切合点，自然就要改变。不能因为图虚名而妄谈革命，要坚决服从真理。

康有为欢迎他的回归，革命党人却鄙视他的背叛。梁启超并没有丝毫愧疚，他大度地告诉攻击他的人，人身攻击不是解决问题的办法，你们可以用“持之有故，言之成理”的文章来说服我，倘若我认为你们说得有道理，也符合现实，我自然会同意你们。

不过，革命派人物大都没有走这条路，而是走一条大骂梁启超的路。梁启超则在《新民丛报》上，与同盟会的《民报》就中国实行何种政治体制的问题展开了激烈的论战。

这一论战持续了三年。梁启超的自信一直使他认为，凭着有理有据的言语定能将这些革命分子说服，可让他没有想到的是，革命分子的革命立场太坚定了。或许也正是这种无休止的论战，使得“数年以来，革命派盛行国中……其势力益磅礴而郁结，下至贩夫走卒，莫不口谈革命而身行破坏”。

最终，梁启超不但没有说服革命党，还使得“革命”二字深入人心。他不得不对自己三年来的说服工作产生怀疑，对他而言，这又是一次大打击，梁启超觉得自己再也无法将自己的信念灌输给群众了，他自己已是心力交瘁，疲惫不堪，遂主动挂起免战牌。在回首几年来的政治活动后，他很为自己的无根与中国的命运担忧。

让他眼前为之一亮的是，1906 年 9 月清廷颁布的预备立宪上谕。梁启超闻之大喜过望，情绪激昂。所谓预备立宪，在今人的理解中就是先期实行“开明专制”，逐渐向“君主立宪”制递进。这正是当时梁启超的政治设想。

梁启超看到了希望，并且认为这一希望一定会成为现实。他主动为清廷御前会议草拟了《考察各国宪政报告》，给中国的“君主立宪”构建了总体框架。在这份框架中，君主（皇帝）为国家元首，有着至上的尊严，国会则在法律上代表国家机关。

他给中国政府提出了两院制：上院（左院）由皇族、各省代表、敕选、蒙藏议员组成，下院（右院）由选举的议员组成，平等代表全国国民。

不过，最终清政府又让他失望了。事后我们得知，清政府颁布的“预备立宪”不过是为了缓和当时的国内矛盾，清政府见一时收到成效，就把事情搁置了下来。梁启超在左奔右走了五年后，不但什么都没有等到，反而等来了武昌方面的一声枪响。一切似乎都已经结束了，梁启超该往哪个方向转变，他心中自然有数。失望归失望，可前进的路始终是要在人们面前铺开，并向前远远地延伸的。

梁启超当然要走这条路，那么，再变，就是当务之急了。

和袁世凯的“变”

梁启超与袁世凯可谓是有深仇大恨。当初，如果不是袁世凯告密，老佛爷发动戊戌政变，梁启超就不可能跑路。

在日本时，梁启超就制定过“以倒袁为先”的方针，揭露和挞伐袁世凯，但却很少有行动，因为自他们跑路后，袁世凯已经是一路飞升，站在了大清帝国的政治最顶点。梁启超等维新派人士有时候连自保都难达到，怎么可能有时间去理会这个昔日仇人呢。

不过，维新派对袁世凯的仇恨之心始终没有变。即使如康有为一直希望保皇的人在后来袁世凯复辟时也没有发出半句赞赏之词。

而梁启超却截然相反。

1911 年，武昌起义宣告了中国最后一个封建王朝的覆灭。

此时的梁启超虽然一百个不情愿赞成民主共和政体，但作为一个头脑清醒，只看时下局势的政治家，面对已然形成的历史事实时，他坚决站在了顺应历史潮流上，顺势向前。

不过，此时的他虽然认为革命党革掉了满清王朝的命，可并非是最终结果。在这位理想的政治家看来，革命派实行民主共和，不过是一国体，在这种国体中推行立宪政体，也不是没有可能。

想要实现自己的政治梦想，梁启超必须要先回到祖国。而回到祖国，必须要做两件事：一是“和袁”，二是“慰革”。

“和袁”就是与袁世凯讲和，武昌起义后，大清政府名存实亡，真正掌握大清政权的就是权倾一时、炙手可热的实力派袁世凯。

梁启超深深知道，自己要想在政治上大展宏图，就应该修正从前的“仇袁”方针，由“仇袁”变为“和袁”，其实目的很单纯也很直接，如他自己所说的那样“带着袁世凯上政治轨道，替国家做些建设事业”。

袁世凯在中国听到梁启超的宣言后，意识到在这个时候团结这群立宪派分子对自己大有好处，一方面可以牵制革命党，一方面使得自己在大清朝的影响力进一步增强。武夫往往会借助文人来装点门面，既然梁启超主动凑上来，袁世凯如果不回应，那太不明智了。他频频给梁启超去信，希望他能尽快回国，帮助自己给中国带来最大的希望。

梁启超此时还不能回国，因为他知道，没有革命派的点头，即使他回国后与袁世凯一起，倘若袁世凯又与革命派为难，中国仍旧是暗无天日。

他开始了第二件事的运作，就是“慰革”，与革命党人在政治上达成一致。

在此之前，梁启超和革命派一直是以敌人的面目存在的，无休无止的论战让梁启超和革命党人都对对方没有太多好感。可现在，辛亥革命已经胜利了，且不管是如何胜利的，单就国内形势各个省都支持革命派，梁启超觉得就应该顺应大势，也支持革命派。

他向革命党投出了慰问之心：“立宪、革命两者，其所遵之手段虽异，要其反对现政府则一而已。”这话其实是告诉革命派，我所领导的立宪派与你们革命党重新开始，握手言和。

孙中山对梁启超的归来表现出了极大的热情，革命党人黄兴也表示欢迎他早早回国。另一位革命积极分子汪精卫还以后学的身份给他写信，对曾经大骂过他的言语道歉，同时对梁启超的将来表示了肯定之态：“以积学养望，夙以指导国民为念如先生者”，当为共和政治作出贡献。

梁启超看到了革命党人的热情，发现自己在这样的时代对任何派别而言，还都是个有用的人。所以，他就做了第三件事。

他跟革命党人表态，对当时中国的时局表示出了极大的关注，并且说，处此震荡多变时期，清政府这个“附骨之蛆”不可能马上切除，应该采取强硬手段，逼迫清政府“下诏废八旗，皇帝自改汉姓，满人一切赐姓”，使其走上君主立宪的道路。

革命党人对他这种态度不置可否，事实上，孙中山一直就知道，梁启超即使是到了现在这个地步，也没有放弃在中国推行君主立宪制的想法，在论战的三年中，孙中山等革命党都知道，梁启超极力推崇英国式的虚君共和制。在一篇文章中，梁启超还将这种制度解释得滴水不漏，可见其对这种制度的热爱之情：“而政无大小皆自内阁出，内阁则得国会多数信任于始成立者也。国会则由人民公举，代表国民总意者也。其实际与美、法等国之主权在民者丝毫无异。”

但是，革命党人手中全是好牌，不可能让梁启超来先出牌。革命如此迅猛地波及全国，让革命派认为，中国是必须要经过革命而且非得革命才能让中国的未来美好的。

所以，当梁启超的“和袁、慰革”方针在得到国内各派政治势力的基本认同和响应的同时，他的“逼满服汉”的“虚君共和制”却遭到革命党人的激烈反对。梁启超恐怕忽略了一个严重的问题，革命派从诞生之日起，其目的就是永远地结束封建帝王的专制统治，即使是一个傀儡皇帝的存在，革命党人绝对不可能容忍。尤其是革命的成功速度之快，使得革命党人的信心高涨，在这样的情况下，他们无论如何都不可能妥协。

所以，革命人士章太炎对梁启超的这种思想很是不屑，他说，“今大势已粗定，清廷万无能为力，且革命党势嚣嚣”，现今尚言保留清帝之事，“亦愚者之见”。

是的！

那是一个革命派意志盛行的年代，所有的一切都按照革命党人的“认为”发生着，1912 年 2 月 12 日，清帝在革命党人的要求下宣布退位，由此结束了梁启超“虚君共和”的设想。

远在日本的他得知这件事后，没有如他的老师康有为一样扼腕叹息，只是略一思考，他就决定，把从前的政治思想彻底抛弃，说自己拥护民主共和。

是该他回到祖国的时候了。

梁启超在国内立宪党人和各方政治势力纷纷来电催促下，始终不肯前行，直到时已任中华民国大总统的袁世凯来信，他才最终决定回国。他写诗道：

> 我已身许国，安所逃险遭。
> 成毁事不期，行我心所安。
> 天若佑中国，我行岂徒然。
> 待我拂衣还，理我旧桃源。

1912年10月，梁启超乘“大信丸”离开日本，“拂衣还”。

袁世凯对这位当年的仇人，如今弃暗投明的知识分子很是照顾，梁启超一回国，就被他任命为法务次官。

在礼遇上，袁世凯对梁启超可谓是空前。回国后，袁世凯让他住在贤良寺。这座寺庙因为曾被封疆大吏曾国藩、李鸿章入京时所住过而增添无数荣誉。给予一个只会舞文弄墨的人这样的礼遇，任是谁，都会感激不尽。

但是，在重视程度上，袁世凯显然没有让梁启超满意。当时，熊希龄出任总理组阁，梁启超就想做财政总长。结果，袁世凯拟了好几位财政总长的预选名单，上面就是没有梁启超。

熊希龄倒是很看好梁启超，他认为袁世凯这样做不公平，袁世凯被这位总理逼得没有办法，只好给了梁启超一个教育总长的位子。可梁启超不当，熊希龄就又恳求袁世凯让梁启超当财政总长。

袁世凯不喜欢熊希龄这种逼法，就带点恼火地说：“梁启超做不好财政总长，书生会说、会写、会饮酒、会骂人，如此而已，明白吗？”

熊希龄说，“我不明白，梁启超的文章漂亮得很，怎能做不好呢？”

袁世凯说：“他文章写得越多，就越是做不好。况且，财务部长又不是写文章好就能当得了的。比如，我让他去五国银行团借款，他反对，因为以理论之实属大不该之举。可是我只要钱，没钱，我的兵吃什么。一个财政总长，我要他去借钱，他不去，跟我论理，写文章，说如何不该借，我要他何用？”

这件事说明，袁世凯并不是看重梁启超的能力，而只是看重梁的影响力。同样，梁启超能跟着袁世凯混，也并非是真的就想成为袁世凯的一条狗，他是想以自己的意志来影响和感化袁世凯，促使其走上共和政体的轨道。

但是，袁世凯并非是一个走共和政体之路的人。他的大总统宝座其实就是靠着武力威慑得来的，他信奉武力。而共和政体等于把总统的权力化解，这无论如何都不能让他接受。

在与袁世凯慢慢地接触后，尤其是宋教仁被袁世凯派人刺杀后，梁启超心情极为沮丧，他说：“吾性质与现社会不相容，愈入愈觉其苦处。”

不过，袁世凯把宋教仁干掉，还并没有让他彻底死心离开袁世凯。在他看来，作为国民党的宋教仁与共和党的袁世凯之间的矛盾，其实属于党争。虽然袁世凯用了极不光彩的手段，可在刚刚步入共和的中国来讲，却也不是非得要跟他决裂的理由。

不过，当袁世凯刚刚暴露其欲帝制自为的野心时，梁启超便果断地离开了袁世凯。1914 年 2 月和次年 1 月，梁启超分别辞去司法总长和币制局总裁职，他想，既然无法制止，也不能合作。

他这许多年来变得太厉害，这一次，他是坚决不会变了。

1915 年 1 月，当日本人给袁世凯抛出《二十一条》后，袁世凯让他的儿子袁克定去探梁启超的口风。这次宴会，大家吃得都不开心。首先是一直宣讲帝王术的杨度让梁启超很反感，杨度嘴巴一张，“历诋共和之缺点，隐露变更国体”。梁启超听出了话外之音，拍案反对。

两人只好灰溜溜地走了。

不过，梁启超仍旧对袁世凯抱着一丝希望，希望他不要越活越回陷，两人走后，他写了一封长信给袁世凯，说：“诚愿我大总统以一身开中国将来新英雄之纪元，不愿我大总统以一身作中国过去旧奸雄之结局；愿我大总统之荣誉与中国以俱长，不愿中国之历数随我大总统而斩。”

不过，不久后，梁启超就没有这么客气了。当他获知日本给袁世凯的《二十一条》的内容后，他怒发冲冠。先大骂袁世凯卖国，然后是对日本人进行了攻击。

他通过报刊，接连发表了八篇文章，痛斥日本的侵华罪行，他说，日本此举实在不知羞耻，他们企图趁欧美因战争而无暇东顾之机，这是典型的侵略！并特别强调，日本如欲寻求中日“合邦”，同化与灭亡中国，只能是痴心妄想。日本人一定要知道，中国几千年来素有“宁为玉碎，不为瓦全”的反侵略传统，日本人必须撤回那些“伤害我主权为我所不能堪”的条款！

日本人伤心，岂止是伤心，简直是对梁启超的这种言语表示出了欲死的心。这可以看做是梁启超的又一次“变”。

梁启超和日本，其关系真是不可以常理来解析。日本当局对梁启超可谓恩重如山！

日本人清晰地记得，当初中国的慈禧太后发动政变，四处捕杀“维新派”之时，若不是日本公使林权助全力相救，梁启超可能早就身首异处了。这种救命之恩，梁启超在日本就时时提起，让日本人着实感动了许久。在梁启超居住日本期间，日本政、商界人士都对他表示友好，正是他们的大力帮助，才使得梁启超用日语阅读日本人译著的政治学、资生学（经济学）、智学（哲学）、群学（社会学）等书籍。也正是在日本期间，在日本学者的帮助下，梁启超在学术上才越出了康有为的思想框架，建立起了自己独立的思想体系。他曾不止一次地对日本友人表示：日本是我的第二故乡！为此还给自己起了个日本名字叫吉田晋。他从日本回国，下榻的第一站就是日本驻奉天（今沈阳）领事馆。

后来，袁世凯杀宋教仁，梁启超的学生蔡锷在云南反袁护国，梁启超当时急于从上海赶赴广西，说服“南天王”陆荣廷起兵响应，还是日本外交官和商人主动伸出援手，他们历尽千难万险，才将他送到南宁。

可这件事过去还不到两年，梁启超就突然发疯，大骂起日本来了。

要知道，放在任何一个国家，梁启超的行为都不值得大惊小怪。但日本不行，日本文化非常强调“报恩”。他们从小就被灌输“恩”是债务，而且必须偿还，“难以报恩于万一”是日本人经常说的一句话。

面对梁启超的行为，日本当局派人找他谈话，这些人到最后都不明白，为什么梁启超这样忘恩负义，这简直猪狗不如。

梁启超对他们解释说，维护国家民族的权益是我的权利和义务。我不能因为曾受日本保护十余年，就放弃对国家的责任。

他反问，难道日本一些人要我“日思引外人以扰乱祖国而始为报恩”吗？他告诉那些日本军国主义者：“凡以正义待我者，无论何国，吾皆友之；凡以无礼加我者，无论何国，吾皆敌之。”

或许，梁启超的这种忘恩负义让日本人受到了极大的伤害，他们对中国人的看法由此改变。不过，他们对梁启超的所言而起到的效果很是钦佩。正是梁启超提前把《二十一条》的内容透露出来，并且加以口诛笔伐，才使得《二十一条》最终未能付诸实施。

梁启超之所以成为我们中华民族值得骄傲的一个人，就是因为他的这种民族情感。正如他对日本人说的那样，倘若想占我国家的便宜，无论你是谁，我都把你当成敌人（以无礼加我者，无论何国，吾皆敌之）。

他的这句话在后来第一次世界大战结束以后召开的“巴黎和会”期间又再次得到印证。

当时，梁启超作为中国的文化名人，受到了东道主法国方面的热情礼遇，但是，在法国政要为他举行的欢迎宴会上，梁启超就《凡尔赛和约》中关于中国山东的不平等条款发表了慷慨激昂的演说。批评与怒讥掺杂其间，使它成为整个宴会最不和谐的音调。他仍旧是那种民族情感激烈的样子：“若有一国要承袭德人在山东的侵略主义遗产，就是为世界第二次大战之媒，这个国家便是和平公敌！”

梁启超的这次“变”，让我们看到了一个真正的中国人的本色！

不过，在对日本人进行口诛笔伐，并阻止了日本人的阴谋后，梁启超始终不能阻止袁世凯的帝王之梦。

1914 年 8 月 10 日，袁世凯让自己的政治顾问，美国人古德诺发表《共和与君宪论》，为其复辟帝制作舆论造势。

紧接着，帝王术的拥有者杨度发起组织筹安会，公开为袁世凯称帝鸣锣开道。

梁启超得知这一消息后，气愤不已。他说自己“不忍坐视此辈鬼蜮出没，除非天夺吾笔，使不复能属文耳”。

不久，他就写了一篇抨击袁世凯帝王梦的文章准备发表，这篇文章就是《异哉所谓国体问题者》。袁世凯当然知道梁启超在舆论界的影响力，倘若这篇文章发表，袁世凯的帝王之路将会走得很艰难。于是，他派出杨度做说客，并携带二十万巨款前来天津，交换条件就是，不可发表那篇文章。

梁启超很给杨度面子，很温柔地拒绝了他。袁世凯见软的不行，就又派出人去威胁他。来人揭梁启

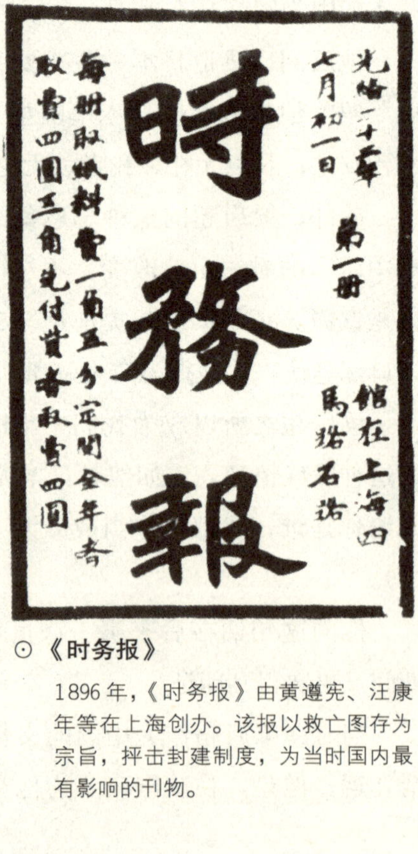
光緒二十二年七月初一日
第一冊
時務報
館在上海四馬路石路
每冊取紙料費一角五分定閱全年者取費四圓五角先付貲者取費四圓

⊙《时务报》

1896 年，《时务报》由黄遵宪、汪康年等在上海创办。该报以救亡图存为宗旨，抨击封建制度，为当时国内最有影响的刊物。

超的伤疤："你小子流亡了十多年，怎么还没有尝够那种味道，想要旧地重游？（谓君亡命十余年，此种况味亦既饱尝，何必更自苦？）"

梁启超笑道："这最好，幸好我有疲于奔命的逃亡经验，既然有，我宁肯选择逃亡也不愿意在污浊空气中生存。（余诚老于亡命之经验家也。余宁乐此，不愿苟活于此浊恶空气中也。）"

来人只好愤怒而走，梁启超就将这篇文章发表于《京报》上，不久，《国民公报》又转载，一时间，两份报纸大卖特卖。许多茶馆、旅馆的人因没有地方买到，所以找来报纸抄读。

《异哉所谓国体问题者》不但是一篇旗帜鲜明的反袁宣言，还是一篇文笔相当不错的好文章。文章中无情地揭露了袁世凯口是心非、狡诈阴险、复辟帝制的罪恶行径，梁启超在文章中说，袁世凯变更国体、复辟帝制，是"无风鼓浪，兴妖作怪，徒淆民视听，而诒国家以无穷之戚也"。

可是说，对于梁启超而言，这篇文章不但是他的反袁宣言，还是把自己从那种欲退不能退、欲进不能进的痛苦中解脱出来的一把钥匙。他最终由"联袁拥袁"经"离袁劝袁"以致"反袁讨袁"，才将自己解脱。

他又一次进行了改变，应该说是蜕变。

这篇文章后，他的学生蔡锷甚至评价说："帝制议兴，九宇晦盲。吾新会先生（梁启超）居虎口中，直道危言，大声疾呼。于是已死之人心，乃震荡而昭苏。先生所言，全国人人所欲言，全国人人所不敢言，抑非先生言之，固不足以动天下也。"

也就是说，在那一批知识分子中，最先拥袁世凯的是梁启超，最先反袁世凯的也是梁启超。这份"先文王而兴者"的胆识是任何人所无法企及的。

但是，他接下来的路并不好走。袁世凯的八十三天皇帝梦醒后，迅速死掉。可仅仅一年后，他的老师康有为与前清遗老张勋就又拥立溥仪复辟帝制。

面对康师傅的这种行径，梁启超又像对待恩人日本一样，进行了讨伐，指出康有为“与众为仇，助贼张目”，乃“大言不惭之书生”。所以，“世界潮流不可拂逆”。康有为是好惹的吗？尤其是正当复辟之梦实现之时，他派人去规劝梁启超说：“事情有该自己做的，有该听别人做的。讨袁，革命党该做，我们也应当做；讨张复辟只该听革命党去做，不必我们去做。”

可梁启超不为所动，他依旧攻击复辟派。康有为恼火非常，当着梁启超学生的面痛骂梁启超“梁贼启超”，并且说他是枭鸟獍兽（食父食母的怪兽）。

梁启超和康有为还没有对骂够，张勋的短命复辟就结束了，康师傅和张勋都逃出了北京。

1917 年 7 月 14 日，段祺瑞就任国务总理，前任大总统黎元洪宣布辞职，副总统冯国璋就任总统。梁启超认为，从前的一切都是从前了，他错误地意识到，民主共和政体已经崭露复兴的曙光。

为此，他不惜被人指摘，亲自跑到冯总统那里，经过一番游说，冯大总统任命他为多年前就想当的财政总长。他想借着此位来展现其改革中国财政的宏图夙愿。

不过，这在当时无异于空想。首先，即使冯大总统有意于中国的财政改革，当时的形势也没有给这位总统提供机会。南方的革命党一直在蠢蠢欲动，北洋军阀当然也不是什么好货，段总理想要武力统一全国，革命党就抵制。所以，段祺瑞就扩充军费。金融恐慌之下，全国财政形势已入窘境。

还没有到三个月，梁总长就已疲于应付、焦头烂额了。

最终，梁大总长认真地填写了一份国家收支清单，详细地说明了国家财政已到了入不敷出的颓局。但段总理依旧我行我素，军费始终高居不下。同年的 11 月 15 日，梁总长郑重地向段总理提出辞呈：“以军事未已，财政益困，任重才轻，深恐贻误，业已具呈大总统请予辞职。”

梁启超的政治生涯从此结束。但他虽然身在江湖，却心系庙堂。或者说，身虽离开政府，但心始终不忘国家。

并不成功的检讨

梁启超虽然已经不是政治家，并且发誓永不会从政了，但还是希望能通过别的渠道来为政治服务。毕竟，中华民族的崛起是他活着的精神动力。1918 年 10 月，他在接受《申报》记者采访时说道：“心思才力，不能两用，涉足政治，势必荒著述，吾自觉欲效忠于国家社会，毋宁以全力尽瘁于著述，为能尽吾天职，故毅然中止政治生涯，非俟著述之愿略酬，决不更为政治活动。”

梁启超似乎早就想好了自己将来之路，他最想去的地方就是欧洲。

北洋政府对梁启超这种举动是相当支持的，为此还专门划拨六万元资金，朋友故旧也馈送四万元资金。同年的 12 月底，梁启超带着张君劢、徐振飞、蒋百里、刘子楷、丁文江等人，开始其长达一年多的欧游历程。

这是一次对梁启超思想启发很深的旅游，在这期间，他实地考察了欧洲历史，研究欧洲的政治、军事、文学和哲学，会晤各界社会名流。当欧洲文化与他的思想交汇时，便碰撞与融合出了激情的火花。他无法掩饰这种激动的心情，在给家人的信中，他说：“数月以来，晤种种性质差别之人，闻种种派别错综之论，睹种种利害冲突之事，炫以范象通神之图画雕刻，摩以回肠荡气之诗歌音乐，环以恢诡葱郁之社会状态，饫以雄伟矫变之天然风景，以吾之天性富于情感，而志不懈于向上，弟试思之，其感受刺激，宜何如者。吾自觉吾之意境，日在酝酿发酵中，吾之灵府必将起一绝大之革命，惟革命产儿为何物，今尚在不可知之数耳。”

三个月后，也就是1920年的3月，梁启超回到中国。在经历了近三个月的旅游后，他对自己一生的政治经历开始了检讨。

表面来看，梁启超是个能人，他保过光绪、依过袁世凯、帮过段祺瑞。那么，自己近水楼台，为何却没有得到月亮呢？

最终，他总结道：“因为我从前始终脱不掉‘贤人政治’的旧观念，始终想凭借一种旧势力来改造这个国家，所以和那些不该共事或不愿共事的人也共过几回事。虽然我自信没有做坏事，但多少总不免被人利用我做坏事。我良心上无限痛苦，觉得简直是我间接的罪恶。”

也就是说，他所走过的一切道路，并非是错路，而是一条死胡同。之所以走着走着就是一条死胡同，是因为没有依附民众的力量：“从前的立宪党，是立他自己的宪，干国民什么事；革命党是革他自己的命，又干国民什么事。”

认识到发动民众，这是非常难得的检讨自白。一旦得出此等结论，梁启超便立即着手行动。他在后来的文章、演说中都竭力鼓吹国民运动的观点，在他看来，偌大的中国，恐怕只有把国民团结起来，投身到反对军阀官僚的腐败统治的斗争中去，才能救中国，而国民只有把自己提高，“才是真爱国，才是救国的不二法门”。

可是，如何让国民素质提高，进而达到开展国民运动的实践呢？梁启超认为，最重要的就是要塑造“现代青年”。他说，今日“天下最伤心的事，莫过于看着好好的青年，一步一步地往坏路上走”。谈到这里，他不由得伤心不已。他呼唤青年：“醒醒吧！养足你的根本智慧，体验出你的人格人生观，保护你的自由意志。……眼界放远些啊！力量放韧些啊！那么世界就没有一件可悲的事。”

1919年，五四运动爆发，梁启超激动不已，对报纸称赞称五四青年应该在“民国史上值得大书特书”，是“国民运动的标本”。五四运动的确让外国人由此觉得中国民气不可低估，同时，这场由青年组织起来的运动使得许多中国青年的自觉心被唤醒。这正是梁启超所要的。他从欧洲回来后，就把自己投进了“启蒙民众”的努力当中去。他一直号召国民关心政治、关心国家的命运，以进步、积极的国民运动，对抗军阀、官僚的黑暗腐败的统治。在这一点上，梁启超无疑是走在前面的。

但是，他虽然赞成打倒军阀，却不赞成共产党领导的工农运动。我们无法理解这位中国最优秀也最有前瞻性的士大夫为什么会有这种想法。

一方面，他赞成国民运动，另一方面，他却反对共产党领导的国民运动。他在《给孩子们书》中说：“中国几十年来，时局太沉闷了，军阀们罪恶太贯盈了，人人都痛苦到极、厌倦到极，想一个新局面发生，以为无论如何总比旧日好。”他又说：“其实，我是最没有党见的人，只要有人能把中国弄好，我绝不惜给他表深厚的同情。”

尤为让我们糊涂的是，他对湖南的农民运动简直是抱着仇视态度了，他说：“贫贱而好的人，当然我们应当极端欢迎他。今也不然，握权者都是向来最凶恶阴险龌龊的分子。”

事实上，在共产党兴起后，这股新兴势力由于与以往的党派的大不同，已然显示出了优越性与前瞻性。但是，梁启超对“贫贱”的人似乎天生就有腻烦情绪，他不认为共产党可以救中国，更不认为共产党的先进性与优越性是客观存在的。他对自己的孩子说：“你们别以为我反对共产便是赞成资本主义。我反对资本主义比共产党还厉害。我所论断现代的经济病态和共产党的相同，但我确信这个病非共产党那剂药所能医的。我倒有个方子，这个方子也许由中国先服了，把病医好，将来全世界都要跟我们学。我这个方子大概三个月后便可以到你们眼边了。”

可是，他并没有留下任何方子，就在他说完这段话不久后，就去世了。在这里，应该假设一下，倘若梁启超照样活下去，他的那个方子会是什么呢？

在当时的中国，还有什么方子可以解救中国？

按梁启超之前的政治思想和他后来的检讨主张，我们可以肯定，如果他的这个方子仍旧是站在反对共产党的角度上开出来的，那恐怕也是一个医不得病的方子。

大概也正是因为他有反对共产党的经历，所以，他往往被后人忽略了。不过，值得庆幸的是，他只是被忽略，而没有被打进开历史倒车的那一支里去。

不知道这种结局，对他而言，是幸运还是不幸。

被忽略的文学大师与政治家

倘若不是梁启超所处的那个年代，就造就不出梁启超这样的人物来。那是一个中国王朝马上就要消逝的年代，是一个天灾人祸和内忧外患困扰的国度，同时，没有任何一股新兴势力可以达到与清政府抗衡的地步，而所有的西方国家却对中国虎视眈眈。那时的中华民族真的就到了亡国灭种的境地了。

狄更斯描写大革命之后法国的一句话——“这是最好的年代，也是最坏的年代”，正适合于梁启超所处的年代。确切地说，这是一个混乱的年代。一个需要许多英雄用斧子劈开混沌，迎接一个崭新纪元的年代。

梁启超正是这样一位具备了使用斧子开天辟地的英杰，只是在今天，我们把他忽略了。

梁启超的弟子吴其昌在《梁启超传》里说道：“他（梁启超）自己承认陈胜、吴广之功，而天下后世的公评，他的气魄、精神、声威，实在比陈胜、吴广要高出万倍。”

这位弟子甚至敢把师傅梁启超和孙中山相提并论，在他看来，两人对近代中国的贡献不相上下。

梁启超1873年出生于广东新会的一个贫苦家庭，祖父和父亲都是老师，全家人的生活就是靠着父亲微薄的工资支撑。这种家庭最容易熏染出神童，梁启超正是如此，四岁读透四书，六岁读尽五经，八岁学为文，九岁能缀千言。

在他七岁时，他的塾师出一上联“东篱客赏陶潜菊”命对，他想都不想，就对出了“南国人思召伯棠”的下联，引得老师啧啧称赞。

十岁时，赴广州应“童子试”。在船上，一位老先生指着一盘咸鱼让他吟诗觅句，他略加思索吟出了“太公垂钓后，胶鬲举盐初”的诗，于是“满座动容，神童之名自此始”。[①]

十二岁考中秀才，十七岁中举。

在考进士时，梁启超被他的恩师康有为害了一把。

1894年，中日战争爆发。他跟康师傅一起进京考进士。那时，康有为比他有名气得多，并且朝廷通过多方渠道已经得知了康有为这个人很不老实。

主考官在审阅卷子时，很担心康有为中举进而啰唣朝廷，所以就想方设法地封杀他。当这位主考官在看到一篇非常出色的考卷后，认定是康有为的作品，就将它扔到一边，但是，那篇文章并不是康有为的，而是梁启超的。

由此可知，论灼见与文采，他远胜自己的师傅康有为。

后来，也正是如此，他成为中国白话文运动的先贤。五四时期，他虽然反对“打倒孔家店”，但他也主张“文体改良”，倡导“诗界革命”、“史学革命”和“小说界革命”。

这和他的文体有相当大的关系，胡适就说，梁启超对自己的影响相当深，并且直接，“那个时代读这样的文字，没有一个人不受他的震

① 《梁启超传》，王勋著，广东人民出版社，2006年7月版，第17页。

荡感动的”。梁启超的笔锋常带感情，杂糅俗语、骈语、外国语法，流利畅达，感情奔放，曾为一时之创，可谓开一时风气。

有人曾读他的文章，乃至于和旁边的人涕泪交加、抱头痛哭。但凡自认为是五四青年的那批人，没有不受梁启超的《新民说》、《少年中国说》、《中国不亡论》等名篇的影响的。毛泽东在回忆年轻时做文章的事情时说：“他（梁启超）的文章一反骈体、桐城、八股之弊，清新平易，传诵一时。他是当时最有号召力的政论家。”

还有一件事恐怕并不一定是事实，但至少反映了梁启超文章的魅力。据说，闻一多当年投考清华时，其他科成绩平平，只是一篇《多闻阙疑》的作文因“模仿当时最流行的梁任公（梁启超）笔调而作”，所以大得主考的赞许，因而被破格录取。

还有一件事也说明了梁启超的“天才”身份。梁启超有一位叫蒋百里的朋友，苦心写了一本《欧洲文艺复兴的时代史》，为了让大家都来看他的书，就希望请梁启超作个序。梁启超马上答应下来，他随便翻了翻资料，然后下笔。但写了一点后，觉得泛泛作一个序言倒不如不作。

所以，他决定为好朋友真心实意地写一篇推荐序。于是，他找来一些中国历史中相类似的时代和事件人物，来相互印证，可他不知道自己是一下笔就无法收住的人。于是，序言越写越多，等到写成，交给蒋百里后，蒋发现跟自己的书没有太大关系，成为无用之言了。梁启超写了这么多，觉得扔掉怪可惜的，就自己题了书名《清代学术概论》准备单独出版。不但如此，梁启超还希望蒋百里给自己的书写一个序。

蒋百里真是又好气又好笑，十二分地佩服这位“天才”。于是，我们现在倘若看到梁启超的《清代学术概论》原本，就会发现序言是蒋百里所作，序言开头就是：“方震（蒋百里名震）编欧洲文艺复兴史，概竣，乃征序于新会（梁启超），而新会之序，量与原书埒（相等），乃别为《清代学术概论》，而复征序于震。”

当然，梁启超这还不算完，后来又把这本书扩充为《中国近三百年学术史》，全书二十五万字，由一篇序言写成了一本书，这在中国文学史上可谓是旷古绝今了。

梁启超在文化领域为我们留下了《饮冰室合集》，这是他广博的国学功底和高深的学术造诣的见证。在这部分为《文集》和《专著》两部分的巨著中，梁启超用当世无人能及的水平给我们后代规划出了一份文化遗产。他的学生周传儒曾很公正地评价自己的老师道：“(他)既有渊博的学识，又富有综合之才能，扼要钩玄，深入浅出……同时代的人如胡适、梁漱溟、陈垣、丁文江，皆视新会如师如宾。又如蒋百里与徐志摩，则持束修贽见跪拜称弟子。一般均认为太炎为南方学术界的泰山，任公为北方学术界的北斗。”

看来，“儿时了了”的梁启超，“大时更佳”。这不仅是表现在文化方面，在政治方面的贡献，正如他的弟子吴其昌所言，可与孙中山相提并论。

使梁启超政治名声在外的是戊戌变法，这次变法让他和自己的老师康有为中外闻名。当时的一位英国人在见到梁启超并听他谈论时局后，就断定“梁启超是中国罕见的高洁志士，是热心策划北京政府根本改造的士大夫”。

没有谁会比梁启超更想把变法搞好，为了能顺利开展工作，他独自一人去找当时的袁世凯，希望他能实行兵变，将老佛爷搞掉。

戊戌政变后，大家都无路可走，当时在中国逗留的日本外相伊藤博文对日本驻中国公使林权助说：“姓梁的这个青年是个非凡的家伙啊！真是个使人佩服的家伙……救他吧，而且让他逃到日本吧！到了日本我帮助他。梁这个青年对于中国是珍贵的灵魂啊！”

此后，梁启超在日本和欧美流亡期间，被许多人当成中国新的政治和知识上的领袖来接待。当时，梁启超才二十六岁。

梁启超在日本作出的如今有目共睹的贡献就是为孙中山介绍了很多东南亚的华侨和日本重臣。从某些方面看，孙中山当时的声望是不及梁启超的。

后来，梁启超的被忽略或者是刻意的被淡化，与他的屡屡在政治上的失手有很大关系。而孙中山却一击就中，由此成为中国的国父。历史往往以成败论英雄，被忽略的往往是在那个时代把路走得非常艰难，最终也没有走到尽头看到胜利曙光的人。

但梁启超一直在坚持着走，即使是他的死亡，也是这条路上，是最值得我们钦佩的一个歇息点。

梁启超之死

迄今为止，还没有哪一个人的死能如梁启超那样让人在不可思议的同时存在着诸多感动。

1926 年 3 月，梁启超因小便出血住进了当时的协和医院。其实，梁启超的这种病症已经许多年，他的家人屡劝其就医，他总以“费事”为由不去就医。在入院前一天，梁启超忽然怀疑自己可能得的是癌症，这才同意检查一下。经 X 光透视，医生见其左肾中有一黑点，诊断为瘤。

梁启超的弟弟梁仲策问主治医生：“不一定是癌吧？”

医生回答：“不一定不是癌。”

梁仲策又问：“怎么治？”

医生答：“全部割除。”

今天来看，这只是一个手术，但在当时的中国，国人对手术的恐惧心理非常强，梁启超的很多朋友都反对手术，但梁启超还是毅然决定做肾切除手术。

协和医院当然知道梁启超的影响力，为这样的人做手术，至少要拿出十二分精神来。协和医院特指定协和医学院著名外科教授刘瑞恒主刀，本来，这是一个非常容易成功的手术，但是却发生了意外。

当时，手术室护士用碘酒标手术位置时，把本该标明的左肾标成了右肾，刘瑞恒手术前也没仔细核对挂在手术台旁的X光片，就将梁启超健康的右肾给切除了。

手术之后，大家拿着梁启超的“右腰子”，左看右看，终于发现，这不是他们想要割的那个。有人当时就明白了，本应该被他们割的那个梁启超的腰子，还在梁启超的身体里呢。他们又不好跟梁启超说，还得割一次。因为梁启超也不富裕了。

事后，梁启超的家人发现梁启超尿血的情况丝毫没有得到任何改善，就追问协和医院负责人。但协和医院哪里敢承认割错了梁先生的腰子。

他们越是闭口，梁启超的家人和朋友就越是怀疑。可梁启超对于这次事故居然表现出了异于常人的态度。

1926年6月2日，他在《晨报》副刊上发表《我的病与协和医院》一文，称：“据那时的看法，罪在右肾，断无可疑。当时是否可以‘刀下留人’，除了专家，很难知道。但是右肾有毛病，大概无可疑，说是医生孟浪，我觉得冤枉……”他似乎是为了证明协和医院做得对，就又说道，“出院之后，直到今日，我还是继续吃协和的药，病虽然没有清楚，但是比未受手术之前的确好了许多。想我若是真能抛弃百事，绝对休息，三两个月后，应该完全复原。至于其他的病态，一点都没有。虽然经过很重大的手术，因为医生的技术精良，我的体质本来强壮，割治后十天，精神已经如常，现在越发健实了。”

这可能是他生平第一次说谎，并非是他撒谎说吃协和的药，而是他的身体并非是越发健实了，事实上，他的身体自出院后，越发的不健实了。

梁启超为什么要这样做，自然有他的道理。

就在戊戌变法前一年的1897年，梁启超曾在上海成立医学善会，特别撰文，评述西医中医之优劣。

事实是，梁启超评述中西医之优劣，并得出结论，说西医要优于中医，并非是要废除中医，他反对的是已经教条化的“阴阳五行学说”。他认为西医“讲求摄生之道，治病之法，而讲全体，而讲化学，而讲植物学，而讲道路，而讲居宅，而讲饮食之多寡，而讲衣服寒热之准……学堂通课，皆兼卫生”。

这样看来，他看到的西医之优点则是在学术、知识、制度、公共卫生与保健方面都优于中医。

当然，这还是一个深层面的东西，梁启超终生笃信科学，他为西医辩护，其实就是为了科学辩护，在给报纸写的文章中，他说：“我们不能因为现代人科学智识还幼稚，便根本怀疑到科学这样东西。……诊病应该用这种严密的检查，不能像中国旧医那些‘阴阳五行’的瞎猜，这是毫无比较的余地的。我盼望社会上，别要借我这回病为口实，生出一种反动的怪论，为中国医学前途进步之障碍——这是我发表这篇短文章的微意。”

由此看来，梁启超之所以替协和医院辩护，是怕说出真相影响西医乃至西学在中国的传播。

他虽然这样想，但他的朋友和亲戚就不这样看了。

他弟弟梁仲策写的《病院笔记》，就对当时的西医很是不屑。这本书告诉我们，早在梁启超入住协和前，曾经看过中医，诊断说“任其流血二三十年，亦无所不可”。但梁启超认为是扯淡，就去了协和医院，同时也为了支持科学事业。可当他在协和经外科手术割掉一个肾，得出的结论，也是“无理由之出血症”。

梁仲策由此说：梁启超“辛苦数十日，牺牲身体上之一机件，所得之结果，乃仅与中医之论相同耶。中医之理想，虽不足以服病人，然西医之武断，亦岂可以服中医。总而言之，同是幼稚而已”。

另一位朋友可能一直就看西医不顺眼，出了这样的事，更是让他愤怒，在对西医的诊治失误嬉笑怒骂后，说："我们的朋友里面，曾经有过被西医所认为毫无希望，而一经中医医治，不半月便霍然病愈的人，而且不止一二位。"

徐志摩也站出来说，西医所说的所谓"科学精神"，其实是"拿病人当试验品，或当标本看"。当时舆论，对西医的谴责和攻击甚嚣尘上。

协和医院始终闭着嘴，任这些人讲。因为他们知道，只要梁启超不讲他们的话，一切都会过去的。

梁启超可不是一般人，在那个年代，中国人心中对梁启超可谓是崇拜至极。他们觉得凡是梁先生的话就是对的，凡是梁先生赞成的，自己就坚决赞成，倘若不赞成，那就要犯错误。

有一次，一位奥地利提琴大师来北京演出，梁启超便在《晨报》撰文推荐说，不听这位音乐家的演出，那就难登文明殿堂。

这话一出，北京的学生有的去典当衣物，也要购买售价昂贵的入场券。乃至当时的大总统黎元洪也跑到演出现场，还给了这个音乐家一鲜花大提篮。

梁启超虽然公开场合不说协和医院的错误，但私下里，他却对自己的家人说"这回手术的确可以不必用"，还说"手术是协和孟浪错误了"。

虽然如此说，但三年后，病情加重，他还是住进了协和医院。几天后，也就是1929年1月19日，梁启超在该院病逝。

梁先生病逝的哀讯传出，当时的学界和政界皆深感痛惜，许多人在北京广惠寺和上海静安寺分别举行追悼会。人们的追悼词纷纷而至，冯玉祥将军称他"才大如海"；侯锷颂他"独挽神州危，正气永不死"。有一副"三十年来新事业、新智识、新思想，是谁唤起？"的挽联颇能道出梁启超先生的伟大之处。

回顾梁启超先生的一生，我们会发现，他的一生可谓是"多变"

的人生：由改良而倾向革命，复又回归改良，由拥袁（世凯）而后反袁，由投段（祺瑞）而后离段。用他自己的话说是“不惜今日之我与昨日之我斗争”，“所谓我操我矛以难我者也，今是昨非，不敢自默”。

然而梁启超的一生又是“不变”的人生，他的爱国之情、新民之志、变革之心从始至终都没有变过。

生前，梁启超最欣赏的两个政治家是日本的吉田松荫和意大利的加富尔，这两人也是善变之辈。而梁启超则称他们为善变的豪杰：“大丈夫行事磊磊落落，行吾心之所志，必求至而后已焉。若夫其方法随时与境而变，随吾脑识之发达而变，百变不离其宗，但有所宗，斯变而非变也。此乃所以磊磊落落也。”

让中国的历史记住这样一位“万变不离其宗”的前行者。